向上

北京市高精尖学科战略经济与军民融合交叉学科支持项目
战略经济对抗与经济战争模拟仿真演练中心支持项目
中央财经大学国防经济与管理研究院双一流和特色发展学科专项支持项目

战略与防务经济年度报告

——失落美利坚

2020

中 央 财 经 大 学 国 防 经 济 与 管 理 研 究 院
中国社会经济系统分析研究会国家安全战略与国防经济研究专业委员会

主　编/陈　波　郝朝艳
副主编/侯　娜　池志培

中国财经出版传媒集团
中国财政经济出版社

图书在版编目（CIP）数据

战略与防务经济年度报告.2020 ：失落美利坚／陈波，郝朝艳主编.--北京：中国财政经济出版社，2021.9

ISBN 978-7-5223-0735-0

Ⅰ.①战… Ⅱ.①陈… ②郝… Ⅲ.①经济战略－研究报告－世界－2020 ②国防经济－研究报告－世界－2020 Ⅳ.①F110 ②E0-054

中国版本图书馆CIP数据核字（2021）第179708号

责任编辑：卢关平　　　　责任印制：张　健

封面设计：孙俪铭

战略与防务经济年度报告

ZHANLUE YU FANGWU JINGJI NIANDU BAOGAO

中国财政经济出版社 出版

URL：http：//www.cfeph.cn

E-mail：cfeph@cfeph.cn

社址：北京市海淀区阜成路甲28号　邮政编码：100142

营销中心电话：010-88191522

天猫网店：中国财政经济出版社旗舰店

网址：https：//zgczjjcbs.tmall.com

北京富生印刷厂印刷　各地新华书店经销

成品尺寸：170mm×240mm　16开　12.75印张　222 000字

2021年10月第1版　2021年10月北京第1次印刷

定价：46.00元

ISBN 978-7-5223-0735-0

（图书出现印装问题，本社负责调换，电话：010-88190548）

本社质量投诉电话：010-88190744

目 录

图目录

表目录

代 序

失落美利坚

陈 波*

毫无疑问，美国虽只有两百多年的历史，但却上演了一幕自建国200年以来国家实力长盛不衰的罕见奇迹。在过去的20世纪，美国在地球上施加的影响比任何一个国家都大，从这个意义上说，过去的100年的确称得上是“美国世纪”。然而，新的世纪似乎却越来越不是美国的“下一个世纪”，贫富分化、社会撕裂、种族对立、政治极化……美国“山巅之城”的神话正在破灭，灯塔国的基础正在崩塌。在过去的数年，我们看到的那个自信满满的美国似乎不见了，国会和白宫斗、民主党和共和党斗、白人和黑人斗……如果现在说美国走向衰落还为时过早的话，但美国的失落却是实实在在的。不管从哪一个方面来说，美国对全球战

---

* 陈波（1971—），教育部哲学社会科学研究重大课题攻关项目首席专家，主持国家社会科学基金、教育部人文社科规划青年项目和国家发展和改革委员会、财政部、教育部等有关国家、部（省）重要课题和立法研究工作三十余项。主持“战略与经济研究书系”、“战略经济与安全系列丛书”、“国防经济学系列丛书”出版工作，出版 *Frontiers of Peace Economics and Peace Science*、《国防经济学》、《国防经济学前沿专题》、《国防预算与财政管理》、《战争、城堡与炸弹》、《和平经济学》等一系列专著、教材、译著。现任教育部军事教学指导委员会副主任委员兼普通高等学校组组长、北京市高精尖学科首席专家、中国技术经济学会国防技术经济分会理事长、中国社会经济系统分析研究会国家安全战略与国防经济研究专业委员会秘书长，中央财经大学国防经济与管理研究院院长、教授、博士生导师、博士后合作导师。

略与防务经济领域都有深远的影响。因此，我们将本年度《战略与防务经济年度报告》的主题定为“失落美利坚”。

一

从一个英国海外殖民地起步，美国通过独立战争、南北战争、西进运动、侵略墨西哥、美西战争等一系列战争逐步发展成美洲大陆第一强国。在第二次工业革命后美国强势崛起，通过在两次世界大战中买卖武器大发战争财，美国为其后的发展奠定了坚实的经济基础。苏联解体后，美国成为唯一的超级大国，不仅军事实力强大，拥有世界上最多的航母舰队——11 艘核动力航母；还是世界第一大经济体，美元在国际金融市场上也拥有绝对的“霸权”地位。作为世界上唯一的超级大国，美利坚纵横世界数百年，也可称得上是一个盛极一时的国家了。然而，美利坚似乎同样也难逃历史命运。如果我们简单对比一下，第二次世界大战结束时，美国 GDP 曾占到了世界的 56%，工业产值占到了世界的 40% 以上，黄金储备更是占到了世界的 75%，钢铁产量一度占到世界的 63.92%，石油产量占到了世界的 70% 以上，是当时名副其实的经济和工业霸主。而现在美国的 GDP 占世界的 24%，虽然还是第一，但相比 20 世纪 40 年代的 56% 已经腰斩。工业产值更是被中国远远甩在身后，钢铁产量上，中国的产量减去美国的产量，还占世界的 50%。至少也许可以这样说，美国已经度过了属于自己的最美好时代。

的确，曾经有那么一段时间，美国经济的方方面面都成为国际标准。美国在 1960 年曾是全球第一大市场，拥有最先进的基础建设、最优良的教育体系以及最支持商业发展的政府。美国曾是世界各大创新的发源地：从安全的高速公路到舒适的郊外型房屋，到电脑再到先进的药物。但正如斯彭格勒在《醒醒吧，美国：世人没那么喜欢你》中所写的，近些年来，除了一些复杂的软件代码，美国没再取得太多的成就。中国安装了全世界约 80% 的 5G 移动宽带网络设施，这是第四次工业革命的载体，就像第一次工业革命期间的铁路一样。而且中国正以快得多的速度向智能城市、自动化港口、自动驾驶汽车、自动编程机器人和其他大量5G应用迈进①。而就军事同盟体系而言，美国为维护霸权所带来的巨额军事负担让其越来越难以承受，迫使2019年尚在位的美国总统特朗普不得不到处向盟国收取“保护费”。特朗普上台以来，美国与盟国之间的军事关系渐行渐远。法国总统马克龙2019年甚至感叹：“北约已死”，“西方主导的霸权行将结束”，从一个侧面揭示了美欧之间的复杂矛盾。这也许是美国走向衰落的另一个前兆。

其实围绕美国的衰落国际学术界早有过多次争论。挪威政治学家约翰·加尔通著名的《美帝国的崩溃》曾在社交媒体上广为传播，某种程度上也许代表了人们的另外一种看法。耶鲁大学的历史学者保罗·肯尼迪2009年旧调重弹，认为全球权力格局已无可挽回地发生根本性裂变，开始从西方向亚洲转移。如果说肯尼迪的话还比较含蓄的话，那么新加坡前驻联合国大使马凯硕在题为《新亚洲半球：不可阻挡的全球权力东移》的书中则明确反讽，美国不仅事实上已失去全球带头大哥的地位，且其思想上还拒不承认事实。其原话是，“可悲的是，西方知识界依然沉迷于西方超级霸权的心态里面难以自拔。然而，西方之外的世界却高歌猛进。西方霸权的逐渐衰落大势所趋，无法逆转。”其实于他们之前，就已有赫尔曼·卡恩、傅高义等在内的美国学者纷纷预言，美国必然衰落。然而，就在这种衰落论调甚嚣尘上，美国全国上下弥漫着一股强烈的悲观情绪之时，约瑟夫·奈的《注定领导世界：美国权力性质的变迁》却横空出世，对盛行的“美国衰落论”予以了严厉的驳斥，认为国家实力不单纯取决于甚至也不主要取决于军事实力和经济实力，他据此表示，美国并非因军事实力和经济实力而最强，而是因被称为“软实力”的“第三个侧面”才称雄世界。不管争论如何，即便普通人也能感到美国这些年至少发生了这么几个明显的改变：其一是从建国的民主理想到实操之中的金权政治的蜕变；其二是

① 斯彭格勒：“醒醒吧，美国：世人没那么喜欢你”，香港亚洲时报网站，2021-07-24。

个人主义的立国精神在工业化和城镇化过程中已经迷失了方向，在全球化和技术迭代的今天更导致了社会的原子化和割裂中产的贫富分化；其三则是美国对外霸权已经越来越没有出路。美国建国时的分权和制衡的民主理想和制度设计，在经历两百多年的演变之后，逐渐变成无法解决任何“应兴应革”事物的政治僵化，以及日益被财团所把持的金权政治横行①。

2019 年，世界见识了特朗普，也更深地见识了美国。美国人在一个特殊的时刻选择了特朗普，2016 年 11 月 9 日，特朗普成功当选美国第 45 任总统，并于 2017 年 1 月 20 日宣誓就职迎来了自己的高光时刻。特朗普上台以来，提出“美国优先”的口号，在国际上不断退群以及“只许州官放火不许百姓点灯”双重标准在国际上受到谴责和反抗。美国国际地位在萎缩，中东主导权丧失，欧美裂痕扩大……美国振臂一呼群起响应的日子已不复存在。特朗普成功地让美国成了“孤家寡人”。2019 年全年，特朗普都在弹劾的“达摩克利斯之剑”阴影下度过，刚出“通俄门”虎口，又落“通话门”陷阱。美国对中国的贸易战不仅没能使中国对美国屈服，美国的贸易逆差却不减反增。有分析认为，如果美国经济再次陷入衰退，那它一定是“特朗普衰退”。特朗普对美国民众许下的“让美国再次伟大”的承诺不但没能成为现实，如果说有衰落，那么若干年后，特朗普一定在美国衰落的历史上是一个标志性人物。

然而，现在就说“美国衰落论”显然还言之过早，如果用我们平常所理解的“衰落 ”一词，那美国从来就没有衰落过。非但如此，应当看到，美国的真正国力在最近这三十年中反而得到了实质上的提升。事实上，“美国衰落”这个词其实并不是第一次出现，在 20 世纪美苏争霸的时候，美国衰落论就经常出现。但是自从苏联解体之后，“美国衰落”这词已经好多年没出现了，不过这几年随着中国崛起，“美国衰落”这词又卷土重来了。斯坦福大学胡佛研究所约瑟夫 · 约弗直至研究发现“美国衰落论”具有明显的周期性，从时间上算大概每 10 年一个周期。不过与美苏争霸所

---

① 吴晨：“美国能否和平衰落”，《经济观察报》，2020 - 08 - 03。

不同的是，这次“美国衰落”不管是不是真的，但美国难掩“失落”却是肯定的，这也是2020年年度报告主题定为“失落美利坚”的原因。进入新时代，美国再也没有了苏联解体之后，拔剑四顾心茫然，打眼一望全世界竟再无一合之敌的良好感觉，于是美国干脆明确提出“美国优先”，连“世界警察”这块“遮羞布”也不要了。

40多年的快速发展，确实已经让中国成长为世界上举足轻重的国家。在21世纪第二个十年，思考中国未来走向和发展确实具有重要意义。但如果把这种思考建立在美国正在衰落的幻觉上，那么无疑将是异常危险的。要看到，美国跟现在的世界各国比，仍然是当仁不让的霸主，美国飞机制造全球第一，芯片制造全球第一，石化业炼油量全球第一，汽车制造规模全球第二……在制造业领域，美国仍然有核心优势，掌控众多“卡脖子”技术。互联网高科技行业，像谷歌、网飞、亚马逊……但凡我们耳熟的公司，几乎全是美国的。虽然特朗普上台以来，两党政治斗争激烈，但是只要经济底子还在，企业家持续提供创新动力，美国也没那么容易败落。

至于中国将从美国手里接掌世界领导权之说，恐怕更是言之过早，我们切不可被这些夸大其词的说法忽悠而忘乎所以。当我们看到在一个急需秩序的时代，全球秩序的维护者却放弃了它的责任，转而攻击现有秩序的时候，中国更需要的是放眼世界，在世界变局中保持战略定力。既要清晰看到中国自身面临的诸多困难，也要尽量充分发挥中国对世界事务的影响力，为世界和平发展作贡献，也为中国的长期可持续发展创造最有利的外部条件。除此之外，中国还需要虚心学习美国，不独要继续夯实经济发展这一硬实力，同时也需建构起自己的魅力，即软实力。多打开一扇门，时刻保持对世界的好奇心，永远保持开阔的心胸和开放的心态，永远怀揣着对世界的善意和对人类命运共同体的热爱。失落的大国需要记住这一经验教训，大国崛起更要有这样的胸襟。

二

世界正经历百年未有之大变局，国际秩序深刻调整，大国战略竞争加剧，这种“变”在2019年更为明朗。纵观西方发达国家，这一年，“乱”似乎成为常态。美国继续任性“退群”，欧洲麻烦重重，分离主义在英国国内乃至欧洲多国都有抬头之势；难民危机、经济问题、民粹主义等诸多压力叠加。本年度报告在战略与防务经济更广义层面，我们关注战略安全、世界经济、全球冲突等总体情况，也关注国际社会为维护和平所采取的努力与现实挑战。

2019年世界和平的基础继续受到侵蚀，作为现有秩序最重要的构建者——美国，正在快速走向它的对立面，而其内部的失序也使得其越来越难以在世界事务中起到正面作用，世界走向百年未有之大变局日趋明显。大国纷纷开启核武器现代化项目，核不扩散机制受到冲击，大国竞争持续升温。美国特朗普政府掀起的保护主义浪潮进一步撕裂了世界经济秩序，国际制度体系也进一步瓦解。科学技术日益成为大国竞争的核心，深刻影响世界经济繁荣以及人类的进步。《原子科学家公报》的科学家们在考察了2019年的事件之后，将末日时钟再往前拨了20秒，认为这是二战以来最为危险的时刻，甚至超过了冷战最危险的时候①。

2019年全球经济下行压力增加，全球GDP总量达87.8万亿美元，同比增长2.4%，为金融危机之后十年来全球经济增速的最低水平。受全球经济全面下行、贸易摩擦、主要商品价格下降等影响，全球商品贸易量和贸易额同步收缩，同比分别减少0.1%和3.0%，全年商品贸易额达19.1万亿美元，服务贸易总额为6.1万亿美元。随着美国减税效应的减弱，全球投资活跃增加，2019年全球外国直接投资流入总额达1.5万亿美元，同比增长3.0%。2019年全球货币政策重启宽松，美联储等主要国家央行多次降息，主要国家通货膨胀率上升，推动全球主要股票市场股指整体上涨，债券收益率走低。市场避险情绪以及美国经济相对温和增长推动美元价格小幅上涨，兑主要国家货币汇率在波动中有所上升。

2019年，全球国家冲突的数量从2018年的52起上升到54起，其中

① 本部分概括性总述大多取自正文各章的分析，原始出处可在后面各章中找到。

有7起达到了战争标准；非国家冲突的数量从2018年的80起下降到2019年的67起；单边暴力为31起，比2018年减少3起。2014年有组织暴力造成的死亡总人数高达131920人，2015—2019年则连续五年下降，2019年下降至75599人，其中国家冲突导致的死亡人数为51096人，与2018年的53081人相比减少了3.7%，这是自2012年以来国家冲突死亡人数最低的一年。然而非国家冲突导致的死亡人数在2019年达到了新高峰，有19588人死于非国家冲突。单边暴力导致4915名平民被杀害，相较2018年的死亡人数4515人有所上升。2019年，索马里国家冲突导致的死亡人数仅次于阿富汗和叙利亚。恐怖主义行径继续肆虐，恐怖组织“伊斯兰国”参与的各种类型冲突共有23起，造成了7736人死亡。

联合国成立七十余年来，维和行动的环境日新月异，全球维和的态势急迫，凸显了采取多边行动预防冲突、维持和平及保持和平的必要性。截至2019年底，为了支持履行安全理事会授权的任务，来自120多个国家的军警和文职人员正在执行13项维持和平行动。与2018年情况不同的是，联合国海地司法支助特派团（以下简称联海司法支助团）已于2019年10月15日完成任务。2019年联合国在不同国家和区域部署了30多个特别政治任务、办公室和特使，其中包括部署在阿富汗、哥伦比亚、伊拉克、利比亚、索马里、叙利亚、也门和中东的大型政治任务。联合国总共在90多个国家和地区提供了预警、分析、斡旋和调解服务，支持会员国预防冲突和巩固和平。

三

2019年，美国盟友之间频繁“对呛”。美欧在北约军费、对俄关系等问题上分歧难弥，美日韩因为军费分摊问题嫌隙加深。美国宣布对欧盟部分商品加征关税后，又拟对法国数字税展开关税报复。战略与防务经济涉及国防与经济的层层交叠……为此，本年度我们延续上年度议题，重点关注军力、军费，这反映国防经济投入；关注军工、军贸，反映了军事生产与销售；关注军控，反映了国际社会裁军的努力。

军力是一个国家综合国力最直观、最直接的体现，也反映了国家对外寻求国家利益最大化的实力。世界军队整体规模自 1994 到 1995 年之间上升较快，一年的时间内上升了约 8000 万人，但自 1995 年以后，世界军队整体规模呈下降趋势，最近几年比较稳定，大约保持在 2.8 亿人左右。最近几年，美国现役人数持续增长，2019 年美国现役军人人数在 137 万人左右，较 2018 年增长约 3 万人。2019 年俄罗斯现役人数达到 90 余万人，欧洲国家也在扩大其军事规模。

2019 年，全球军费开支总额为 19220.95 亿美元，比 2018 年增加了 3.63%，达到了冷战之后的新高度。与以往不同，2018—2019 年，全球各个地区的军费开支都有所增加，其中，北美洲增长速度最快，涨幅高达 5.07%；其次是欧洲，涨幅为 4.96%，这也是欧洲在近十年中首次增速超过亚洲；亚洲增速为 4.92%，略小于欧洲。全球军费开支最多的前十个国家军费总额高达 14287.78 亿美元，占全球的 74.33%。2019 年全球军费开支持续攀升反映了大国竞争日渐激烈，全球的不安全与不稳定因素在增加。

全球军工企业防务业务收入在经历了五年不断下滑之后，于 2016 年出现了增长。2018 年、2019 年全球军工生产及销售依旧呈现垄断格局，军工生产主要集中在美国、西欧等经济发达国家。特别是美国的防务企业无论在数量还是规模上都占据主导地位，其军工生产的增长也带动了全球的增长势头。2018 年和 2019 年，众多大型防务企业回归并购市场，防务企业并购活动涉及总金额不断刷新纪录，企业强强联手、互补双赢成为战略并购的主题。随着世界军费支出不断增长，全球军火生产和销售预计会继续保持上升势头，而对高新装备和关键技术的关注，会使创新成为军事工业发展的主题。

进入 21 世纪以来，全球武器贸易规模呈稳步增长态势。2015—2019 年延续了这一趋势，主要常规武器转让量比 2010—2014 年增加了 5.5%。相比 2010—2014 年，美国和法国武器出口显著增加，分别增长了 23% 和

72%，所占全球军贸市场份额上升到36%和7.9%，达到1990年以来每五年期的最高水平。而俄罗斯的武器出口显著减少，自2010—2014年到2015—2019年下降了18%。在武器进口方面，亚洲和大洋洲武器进口规模虽比上一个五年下降了7.9%，但仍是全球进口武器最多的地区，占全球武器进口总量的41%。由于地区冲突和紧张局势加剧，中东地区武器进口从2010—2014年至2015—2019年增长了61%。而发生冲突的国家或地区，如印度、阿拉伯联合酋长国、巴基斯坦在2015—2019年武器进口也显著增长了。

受大国战略竞争加剧影响，全球战略稳定和国际军控裁军进程在2019年遇到重大挑战。以美俄退出《苏联和美国消除两国中程和中短程导弹条约》（以下简称《中导条约》）为标志，美俄双边及全球军控裁军机制受到严重破坏。美国单方面退出伊朗核协议之后，不断增加对伊朗的经济和军事压力，导致伊朗核问题出现较大反弹。主要大国之间、部分大国和中小国家之间在生化武器的使用及调查方面互有指责，围绕网络空间、外层太空和人工智能等新兴领域的军事化及其控制相互博弈。与此同时，国际社会为推动全球军控和裁军也投入了大量努力，是各国人民向往和平、稳定和安全的最基本反映。

人类的历史进程很大程度上为自然的力量所塑造，毕竟自然提供了人类发展的物质基础。在当前人类生存和发展面临的种种威胁中，来自气候变化的威胁是其中最大的一个，事关人类存亡。气候变化在地球演化史上并不罕见，但是现有的科学证据表明，当前气候变化的主要原因是人类活动产生的温室气体过量排放，而且当前剧烈变化的趋势超出了人类和自然界适应、应变的能力。人类社会有意识地应对气候变化自20世纪70年代开始，主要分为减缓和应对两个方面。最初采用的通过国际协定制定各国减排目标的自上而下的模式面临着诸多困境，成效微弱。2019年全球多地大范围的围绕气候变化的民众活动预示着更加分散和广泛动员的气候政策的可能。气候变化政策面临的诸多挑战意味着政治解决的难度极大，而更为有效的路径可能在于全球的科技创新以及相关绿色技术的发展。

四

中国处于近代以来最好的发展时期，世界处于百年未有之大变局，两者相互交织。2019 年，在变局中摸索寻路的世界，因为中国担当、中国方案以及“中国之治”而有了更多前行动力。中国正在迅速从边缘走向世界舞台的中央，随着中国成为世界上有影响的大国，中国的发展也已离不开世界，世界上的任何风吹草动也都会影响中国，世界需要读懂中国，中国也需要了解世界。基于此，为全面、准确地反映国际社会战略、安全与经济这一交叉领域最新发展情况，也为了全面加强中国在此领域的认识和研究，我们本年度延续编发《战略与防务经济年度报告》，以年度报告的形式反映我们对过去一年全球战略与防务经济主要领域的分析和判断，鉴于国内在本领域研究的数据贫乏，也尽可能引用国际权威数据库数据，提供连续性数据支撑。

年度报告中，每年度我们会选取一个引导性主题进行总述分析，除此外，整个年度报告重点可分为三大部分。第一部分是更广义战略层面，关注全球战略安全、经济、冲突等总体情况，主要包括以下四个方面的内容：

◇ 战略安全

◇ 世界经济

◇ 全球冲突

◇ 维和

第二部分是较狭义层面，重点关注军力、军费、军工、军贸、军控等防务经济内容，主要包括：

◇ 军力

◇ 军费

◇ 军工

◇ 军贸

◇ 军控

第三部分是根据每年国际社会发生的突出事件、情况，选取在战略与防务经济或相关交叉领域上述几个方面所未能涵盖的当年突出议题，本年度选取的是“气候变化”。

范围上，年度报告重点定位在对全球整体情况的反映，不重点突出中国，里面涉及的中国情况主要是为了比较等原因由国际相关数据库给出的数据情况，为了完整期间我们没有进行特殊处理，数据不一定与中国统计口径和官方数据一致，也并不代表我们的观点。

时间上，年度报告主要定位对过去一年情况的分析和评估，为方便比较，有的领域延伸到了以前年份，并对未来一年的情况进行趋势性预判。考虑数据的可获得性或权威性，个别章节我们给出的是过去一年前一年的数据，但除非有大的变化，我们各年度会保持相同的节奏，以有利于数据记录和分析的完整性。

择一事，终一生。从来把一件事坚持做下去也许都不是容易的事。感谢参加本年度报告编写团队的每一位成员，在这样一个多变而复杂的社会中，大家牺牲了很多属于个人的闲暇和时间，专心做事，潜心问学，而每个人优秀的学识、智慧和努力也都确保了我们能在一个更为客观的角度观察世界、体味中国、热爱国家。

《战略与防务经济年度报告》出版以来，我们收到许多学人、朋友和单位的鼓励、支持，这也给我们编写《战略与防务经济年度报告：失落美利坚》及后续年份的年度报告提供了许多的动力，我们一定用心地感受大家的厚爱、关心与帮助，我们也会更加努力地将年度报告做得越来越好！

1. 战略安全[*]

池志培[**]

摘　要：战略安全的核心关注是世界和平的总体形势。在2019年，世界和平的基础进一步被侵蚀，世界大变局之势愈发明显。作为世界和平基础的核安全、大国实力平衡、经济相互依赖以及国际制度都延续了近年来的弱化趋势。在具体热点领域，围绕新技术发展的大国博弈将使得世界长期的战略稳定面临严峻挑战。

关键词：战略安全　实力平衡　经济相互依赖　国际和平

在各种最高层级的国家战略文件中，战略安全总是处于一个核心位置。战略安全关注世界和平，而威胁则来自各种引发国家间的大规模冲突的危险。本章对2019年的战略安全讨论，将首先概览2019年世界战略安全的总体形势，再进而讨论2019年世界和平的基础的情况和趋势，这其中包含核安全、大国实力结构、国家间的经济联系以及国际秩序。而在接下来针对具体问题的讨论中，本章选择了大国技术政治这一对于人类今后的战略安全有着重要长期影响的当年热点议题。

一、世界战略安全总览

2019年世界战略安全形势总体和平，但是地区冲突依然不断，尤其是在

* 基金项目：北京高校高精尖学科“战略经济与军民融合”交叉学科（GJJ2019163）支持项目、中央财经大学双一流和特色发展引导学科专项（022959918005）资助。

** 池志培（1984—），广东韶关人。2002—2009年就读于北京大学哲学系，获哲学学士、硕士学位，同时辅修公共管理。2009年8月至2014年12月就读于美国亚利桑那州立大学政治科学系，获政治科学博士学位。现为中央财经大学国防经济与管理研究院、财经研究院助理研究员，研究方向为国家安全、中美关系、技术政治等。在《国际政治研究》、《中国军事科学》、《国际政治科学》、《太平洋学报》等杂志上发表论文多篇。出版专著《技术政治：战略、安全与经济》等。参与国家级、省部级纵向及横向课题15项，主持有关课题5项。译著有“凤凰文库·海外中国研究系列”《认知诸形式：反思人类精神的统一性和多样性》，参译《国际安全新议程》、《和平的无形之手——资本主义、战争机器与国际关系理论》等。

中东地区，叙利亚和也门的内战酿成了巨大的人道主义危机。世界和平的基础继续受到侵蚀，作为现有秩序最重要的构建者——美国——正在快速走向它的对立面，而其内部的失序也使得其越来越难以在世界事务中起到正面作用，世界走向百年未有之大变局日趋明显。大国纷纷开启核武器现代化项目，核不扩散机制受到冲击，大国竞争持续升温，主要大国之间关系凸显战略竞争热化的态势。美国特朗普政府掀起的保护主义浪潮进一步撕裂了世界经济秩序，而国际制度体系也进一步瓦解。科学技术日益成为大国竞争的核心，深刻影响世界经济繁荣以及人类的进步。而作为 21 世纪对人类最大的威胁，气候变化危机依然没有得到有力应对[①]。《原子科学家公报》的科学家们在考察了 2019 年的事件之后，将末日时钟再往前拨了 20 秒，即还有 100 秒到午夜——午夜即人类文明毁灭之时，这是二战以来最为危险的时刻，甚至超过了冷战最危险的时候[②]。

从冲突数据上看，2019 年世界依然大致和平，主要的大国之间没有发生直接的武装冲突，甚至一般国家之间的冲突也不多见。但是这种和平也并非一片祥和，地区冲突与内战仍不鲜见[③]。叙利亚的内战仍在继续，多国势力的卷入使得这场持续了 9 年多的战争难以结束。美军对“伊斯兰国”领导人进行了斩首行动，特别是在 10 月 27 日击杀了其首领巴格达迪，但“伊斯兰国”的残余势力依然在世界多地活动。中东的另一场战争，即也门的内战造成了一场巨大的人道危机，并带来中东地区局势的进一步动荡，沙特最大的炼油厂也在 9 月遭到无人机袭击。中东的乱局现在为沙特和伊朗之间的千年教派冲突所驱动，而美国在特朗普政府下采取完全倒向以色列和沙特的政策使得局势进一步恶化。美军和伊朗在霍尔木兹海峡附近亦有针对对方无人机的行动。美国还和阿富汗塔利班开始进行和平谈判，试图从阿富汗脱身，但是否能为阿富汗人民带来和平的前景则很不乐观。东欧乌克兰的冲突仍在继续，并间接带来了一场美国国内政治危机——美国历史上第四次对总统进行弹劾。非洲利比亚的内战也没有停息，萨赫勒地区的非洲国家也继续面临着与伊斯兰武装组织的持续冲突以及恐怖主义的肆虐。南美的委内瑞拉国内持续动荡，

---

① 参见本书《气候变化》一章。

② Bulletin of the Atomic Scientists Science and Security Board，“Closer than Ever：It is 100 Seconds to Midnight”，https：//thebulletin. org/wp - content/uploads/2020/01/2020 - Doomsday - Clock - statement. pdf，p. 4. 2020 年初报告对于 2019 年的分析。

③ 详细的数据及讨论可参见本书《全球冲突》一章，此处不再赘述。

美国的高压政策与干涉使得局势进一步恶化，后者甚至在2019年11月与委反对派联合发动了一场滑稽的未遂政变[①]。此外，恐怖主义袭击仍不时发生，特别是独狼式袭击，如2019年3月15日在新西兰针对穆斯林的恐怖袭击造成了51人死亡、49人受伤的惨剧。美国国内暴力事件频发，2019年发生了有记录以来最多的群体枪击案[②]。

作为世界和平基础的核安全形势在2019年既有积极亦有消极变化。美朝之间举行了领导人峰会，特朗普更是成为首位以现任总统身份踏上朝鲜国土的美方领导人，但这些“真人秀”般的会晤更多只是形式，两国官员的后续谈判也没有实质进展。朝鲜也再次试射了弹道导弹。一些更为现实的美国政策专家认为美国追求的朝鲜去核的目标不切实际。在美国退出伊朗核协议并重新施加经济制裁后，伊朗也开始暂停履行协议的部分内容[③]。另外，核大国纷纷推进了核武器的现代化计划。8月俄罗斯一个试验场发生核泄漏事故，造成人员伤亡[④]。俄罗斯在年末宣布一种新型的导弹——“先锋”高超音速导弹服役，号称可以避过所有的导弹防御系统[⑤]。而美国正式退出了《中程导弹条约》，并开始生产和装备战术核武器。美俄之间也没有就《新削减战略武器条约》进行续约谈判。国际核军控机制面临着越来越不乐观的未来。

不同的国际安全理论对于国际和平的基础有不同的理解，从这些不同的理论角度出发，国际和平的基础主要有三个：实力结构、经济相互依赖与国际秩序。世界的实力结构在2019年并没有大的变化，从经济实力和军事实力来看[⑥]，美国仍然是唯一的超级大国，但是其国内政治、社会危机越来越明显，而一个不按规则出牌的总统与无法适应现代媒体环境的社会制度更是恶化了国内政治生态，政府经历了有史以来最长时间的停摆，国会更是启动了

---

① Alex Ward, "The ‘ridiculous’ failed coup attempt in Venezuela, explained", *Vox*, May 11, 2020, https://www.vox.com/2020/5/11/21249203/venezuela-coup-jordan-goudreau-maduro-guaido-explain.

② Jason Silverstein, "There were more mass shootings than days in 2019", *CBS News*, January 2, 2020, https://www.cbsnews.com/news/mass-shootings-2019-more-than-days-365/. 群体性枪击事件指除枪手外，有4个人以上中枪的枪击事件。

③ 中国新闻网：“国际原子能机构证实伊朗低浓缩铀已超过300千克限额”，新华网，2019-07-02，http://www.xinhuanet.com/world/2019-07/02/c_1210175347.htm.

④ 王慧：“俄火箭发动机试验爆炸出现核泄漏?”，观察者网，2019-08-10，https://www.guancha.cn/internation/2019_08_10_512999.shtml.

⑤ "Russia deploys Avangard hypersonic missile system", *BBC*, December 27, 2019, https://www.bbc.com/news/world-europe-50927648.

⑥ 参见本书后几章《世界经济》与《军力》、《军工》和《军贸》。

美国有史以来的第四次总统弹劾。对中国国力增长的恐惧已经引发了美国前所未有的战略焦虑，中美贸易战逐渐变成了科技战。对世界战略安全的未来而言，美国对中国的战略焦虑与伴随而来的敌对政策将是最大的挑战之一，即所谓的“修昔底德陷阱”。而在经济相互依赖上，国际自由贸易体系遭到了前所未有的攻击，美国特朗普政府采取一系列的贸易保护主义措施并挑起了一系列贸易纠纷，威胁着经济全球化的进程。在美国的阻挠下，世界贸易组织（以下简称世贸组织）的仲裁机构也在2019年底因仲裁法官人数不足而陷入瘫痪。特朗普政府的“美国优先”不仅威胁着全球经济相互依赖，也威胁着另一个全球和平的基础，即以各种国际制度为代表的国际秩序。从这三个角度看，世界战略安全的基础日益不稳。

技术政治逐渐来到了世界政治舞台的中央。一方面，大国为了获得和保持战略优势，围绕科技发展推出了一系列政策，展开了激烈的争夺。另一方面，日新月异的新技术也对人类社会提出了巨大的挑战，而没有能力作出恰当回应的社会则面临着失控的危险，即可能摧毁这些社会有序运作的基础。

二、战略安全基础

在不同的理论视角看来，世界战略安全与和平的基础有所不同：在战略研究者看来，核武器下的恐怖平衡是世界和平的基石；从现实主义的角度看，国际体系中的大国实力对比是国际社会稳定与否的决定因素；在自由主义理论中，国家间因经济全球化而形成的相互依赖使得战争的可能性变得很小；而自由主义和建构主义又都相信各种国际制度所组成的国际秩序是世界和平的重要因素。本章通过考察国际社会2019年在这些方面的情况和发展趋势以探讨世界战略安全形势。

（一）核安全基础

核武器作为人类有史以来最为强大的武器，它的出现从根本上改变了大国的军事战略，战略考量不再是首先以胜利为目的，而是以和平为首要考量，因为一旦发生核战争就不会有胜利者，在没有一方能够确保一次全部摧毁对方核反击能力的情况下，参与核战争的各方都会遭受不可承受之损失。二次核打击能力的存在产生的巨大威慑力使得大国之间维持了二战后长久的和平。这也就是所谓的“恐怖的平衡”（balance of terror）。这背后的逻辑是相互确保摧毁是战略稳定和世界和平的基石。核大国之间要互相保持对对方的脆弱性，确保核战争不会有胜利者，以此来阻止核战争的发生。为了维持这种相互的脆弱性，主要核大国在核力量、运载工具以及反导系统的发展上达成协议，而作为最大核武国家的美俄之间的相关条约则成为了全球战略稳定和世界和平的基础。

在 2019 年，这种核恐怖的平衡逻辑的基础还在。各主要大国的核力量保持了稳定，这也就意味着战略安全得到了维护。中美俄拥有完整的战略武器体系，包括陆基弹道导弹、战略轰炸机以及可发射弹道导弹的核潜艇（见表 1. 1）。美俄依然拥有最强大的核力量，中、法、英次之。

表 1. 1　　2019 年世界战略武器数量　　单位：枚、艘、架

	美国	俄罗斯	中国	法国	英国	印度	巴基斯坦	朝鲜	以色列
核武器数量	5800（1750）	6375（1600）	320	290（280）	215（120）	150	160	30—40	90
运载工具									
洲际导弹	400	340	98						
可发射弹道导弹核潜艇	14	10	4	4	4	1			
轰炸机	157	138	211						

资料来源：核武器数据来自 SIPRI Yearbook 2020，核运载工具数据来自 *Military Balance* 2020.
说明：核武器数量后的括号内的数值为已部署（deployed warhead）的核武器数量。

在 2011 年生效的美俄《新削减战略武器条约》下，两国都在削减核武器的数量。目前，《新削减战略武器条约》各项计划目前进展顺利，美俄双方都实现了约定的目标。但是特朗普政府对在 2021 年期满后续约并没有表示出兴趣，而在 2019 年 11 月俄罗斯总统普京表示谈判一个新的条约取代《新削减战略武器条约》的时间已经不够①。美国在 8 月退出《中程导弹条约》更使得续约前景蒙上阴影。这给世界战略稳定和安全带来了潜在威胁。

美国在 2019 年生产和部署了第一批小当量核弹头。这些弹头用于潜射的三叉戟导弹上。许多分析家认为这增加了核冲突的危险，因为对核武器的识别无关当量大小，一旦使用就会是核战争。核战争的危险来自对核武器的使用，使

① Tom Balmforth, "Russia says it's already too late to replace new START treaty", *Reuters*, November 1, 2019, https: //uk. reuters. com/article/uk – russia – usa – missiles/russia – says – not – enough – time – left – to – draft – new – start – arms – control – treaty – ifax – idUKKBN1XB3NQ? il =0.

用小当量的核武器并不能减少敌对方使用核武器报复的可能性。

面对美国咄咄逼人的核武战略，俄罗斯在2019年底部署了“先锋”高超音速导弹，这种速度号称可达20倍音速的新型战略武器将使得任何导弹防御系统无效。

美国和朝鲜在2019年进行了两次领导人峰会。但是与会面的热闹相比，进展却不尽人意。在2019年的新年致辞中，金正恩表达了与特朗普会面的意愿。接着两国元首2月在越南河内举行峰会，但双方没有达成任何协议，甚至连声明都没有发表就提前草草结束[①]。双方在弃核的幅度和解除制裁的范围上无法达成一致。但两国并没有放弃外交接触，美韩也在3月宣布取消了“关键决断”和“鹞鹰”演习以示善意。金正恩在4月表示愿意再尝试一次峰会，并设定了年底作为外交谈判的截止日期，而特朗普也表示可以先进行一些“小交易”，分步骤进行。朝鲜在5月进行了短程弹道导弹实验进行施压。经过了一系列的外交，包括朝美领导人之间的通信，特朗普在6月30日在朝韩非军事区与金正恩举行了峰会，而特朗普也成为第一位踏入朝鲜领土的美国现任总统。双方同意在未来几周内进行工作层面的讨论。但是后来事实表明这次会面依然是形式大于实际，双方工作层面的讨论在10月4—5日才进行，并且迅速破裂。朝鲜在7—10月连续进行了多次导弹实验，10月2日甚至进行了第一次的潜射导弹实验，试图增加谈判的紧迫性。但在朝方多次宣布的2019年底的最后期限之前，双方并没有取得任何进展。在双方都缺乏信任和不愿意先放弃自己筹码的情况下，谈判注定会是徒劳。随着特朗普第一任期临近届满，两国达成任何协议的可能性更为渺茫。

美国在2018年全面退出了《关于伊朗核问题联合综合行动计划》（Joint Comprehensive Plan of Action on Iran Nuclear Issue，后文简称为伊朗核协议），恢复了对伊朗的经济制裁，并在2019年5月取消了制裁豁免，试图彻底切断伊朗与外国的经济联系。伊朗随即宣布除非欧盟、中国能够缓解美国的经济制裁，其将暂停履行部分条约义务。欧盟与其他的协议方虽然有意挽救协议，让伊朗继续执行协议的内容，但是由于美国对国际金融体系的控制以及美元的主导地位，这些尝试的效果很有限。国际原子能组织随后也证实伊朗突破了协议规定的核原料库存限制。这使得已经缓和的伊朗核问题重新成为了国际核不扩散的热点问题。

---

① 雷志华：“‘金特会’剧情反转，核谈走向成谜”，《南风窗》，2019-03-27。

2019 年，相互威慑为基础的国际核秩序虽然在表面上没有大的变动，但实则暗流涌动，而这也是末日时钟再次被调快的一个重要原因。其中最重要的原因是美国对于国际核秩序的破坏，而美国对于绝对核优势的追求也将世界推向了新的核军备竞赛边缘，并增加了核扩散的危险。

（二）实力基础

国际安全学者，尤其是现实主义者，一般认为国际体系的实力结构[①]对于整个体系的和平与冲突有着关键影响。当然，学者们对于哪种结构对于和平更为有利并没有一致看法。在均势（balance of power）情况下，各方会相互威慑而保持格局稳定，因为没有一方的实力是主导性的，能够无视来自他国的制衡。而在实力均势被破坏的时候，系统的冲突风险就会增高。而关注于权力转移的学者则认为，由于国家之间实力增长的不平衡，主导的大国会面临新兴大国快速崛起的挑战，而主导大国与新兴大国实力接近时最容易发生冲突，这就是哈佛大学著名政治学家格雷厄姆·埃里森（Graham Allison）所谓的“修昔底德陷阱”。因此，战略安全与国家实力结构是紧密相关的，而在现有的实力结构发生快速变化时，战略安全面临的威胁也会随之变大。

在冷战结束后，美国成为唯一的超级大国，综合国力远超其他国家。有许多学者认为这种美国主导的国际体系对于国际和平是有利的，因为美国的国力优势极大，再加上它独特的地缘优势，潜在的竞争者几乎无法挑战它的地位，从而避免了霸权争夺引起的战争[②]。国际社会的实力结构具有一定的长期性，其变化相对缓慢。即便在今天，除了经济总量上为中国接近以外，美国的军事实力、技术实力、软实力等依然在面对其他国家时享有极大的优势。在 2019 年，这种综合国力上的优势依然明显，这从本书其他章节的数据中也可以看到。2019 年，美国仍然占世界 GDP 的 21.6%[③]，虽然与冷战后的高点 2001 年互联网泡沫时的 31.8% 有一定的差距，但是与 1991 年的 25.9% 相去

---

① 一般认为，国际体系的实力结构是指体系中主要大国之间的实力对比，并不关注国际体系中的中小国家。当然，对于大国也并没有一个公认的定义，但一般也认为大国至少要在国际上有重大的影响力，如担任联合国常任理事国，又或者拥有可以独立维护自身国家安全的力量等。

② 比如 Niall Ferguson，“A World Without Power”，https：//foreignpolicy. com/2009/10/27/a - world - without - power/；Wohlforth, William C.，“The stability of a unipolar world”，*International security* 24. 1（1999）：5 - 41.

③ GDP 数据来自世界银行，占比由作者计算。https：//data. worldbank. org/indicator/NY. GDP. MKTP. CD？locations = US - CN.

并不远。而军力则更是遥遥领先，不管是军费规模还是武器装备水平都远超其他任何国家。技术上的领先在2019年也依旧明显，尤其是其针对中国发起的科技战更是体现出了其在基础与前沿科技上的优势①。因此，从这个角度看，战略安全与世界和平的权力结构基础并没有发生根本变化。

但是，正如许多安全理论家所注意到的，不仅是当下的实力结构，权力结构上的变化趋势也对战略安全有重大影响，这其中最为显著的因素是中国的崛起，所谓的"修昔底德陷阱"也正是指向实力结构的变化趋势与速度。在2019年，中国占世界GDP的比重为13.6%，与美国还有相当的差距。但如果按照购买力平价计算GDP，中国则已经远超美国。中国在科技发展上取得的重大成就更是让美国政府担心其科技垄断地位会消失。如在2019年，中国实现了人类探测器首次在月球背面着陆。2018年开始的贸易战在美国政府中的鹰派的引导下，逐渐变成了对中国的技术战②。2019年的中美关系遇到了两国建交以来最大的挑战，美国不断地对中国实施全面的极限压力政策。不过，在2019年末，中美终于达成了第一阶段的贸易协议——贸易战达成了部分休战协议，但是在技术领域，美国的打压和遏制并没有丝毫的放松。

除了中国的快速崛起以外，美国国内的政治失序也许是让更多人认为美国在快速衰落的最重要原因。应该说，美国的政治极化和混乱是一个长期现象，特朗普只是美国的病症，而不是病因，但是不可否认的是在特朗普就任总统之后，这种极化和混乱达到了一个前所未有的程度。根据皮尤2019年的民意调查，共和、民主两党的支持者在一系列的国内问题上体现出了极端的党派差异③。而共和、民主两党的精英则因为边界修墙和非法移民的问题争执不下、互不相让，使得预算法案迟迟无法得到通过，导致美国政府在2019年经历了历史上最长时间的政府停摆：从2018年12月22日至2019年1月25日，共计35天。但这只是2019年激烈党争的开始，围绕着"通俄门"的穆勒报告、控枪、边境难民危机等问题两党激烈交锋。而在下半年，随着特朗普试图利用美国对乌克兰的军事援助来胁迫乌克兰调查前副总统拜登的儿子的丑闻曝光，民主党控制的众议院发起了美国历史上第四次总统弹劾。混乱

① 可参见本书其他相关章节的具体数据。

② 可参见池志培："美国对华科技遏制战略的实施与制约"，《太平洋学报》2020年第6期，第27—42页。

③ Pew Research Center, "In a Politically Polarized Era, Sharp Divides in Both Partisan Coalitions", December 17, 2019, https://www.pewresearch.org/politics/2019/12/17/in-a-politically-polarized-era-sharp-divides-in-both-partisan-coalitions/.

的局面使得美国政府无力处理社会中长期存在的问题，包括医疗、基础设施、不平等、种族主义等。同时，美国的政治混乱也延伸到了其对外政策，特朗普政府的破坏性政策从根本上破坏了美国对外政策的基础，包括其国内的对外政策机构、盟友与各种多边机制。美国著名政治学家和《华盛顿邮报》专栏作者德雷兹纳（Daniel Drezner）在《外交事务》杂志上撰文，哀叹美国的衰落也许再无法恢复[①]。无论美国的左派还是右派，都有人希望通过将中国树立成苏联那样的敌人来团结国内、缓解危机，但是也有可能当真正危机来袭的时候，不但没有实现团结反而将已有的缝隙撕扯成裂痕，勉力维系的社会最终崩塌。

作为世界上最强大的国家，美国的动荡也会带来世界的动荡。如果美国失序的社会不断地产生类似特朗普这样的总统，可以设想对于世界的战略安全将有难以估量的负面影响。作为世界上最重要的双边关系，中美关系的走向将直接影响世界局势的演进。美国对中国的围堵反映了超级大国对新兴大国的恐惧，而其采取的举措给世界战略安全带来了极大的隐忧。更为令人忧虑的是，权力结构的变化带来的战略动荡也许才刚刚开始。

（三）经济基础

基于自由主义视角的国际安全研究普遍认为，不断加强的国家间联系，尤其是经济上的相互依赖会减少国家间冲突的可能性，有利于战略安全和世界和平。

首先，经济的相互依赖提高了国家间战争的成本，战争所带来的经济动荡和全球贸易的损失在全球化的今天对于任何国家来说都难以承受。相比从前相互孤立的经济而言，当代战争的经济成本将会更高。这一方面迫使国家寻求战争以外解决冲突的方式，另一方面也使得冲突双方能够更加有效地沟通。

其次，不仅仅是民用经济，军备生产也已经全球化，军备生产的产业链也随着全球化的生产而分布开来。比如，美国的武器生产也需要来自中国的零件。并且军需用品的生产比武器的生产面临着更大的整合调整供应链的压力。这也使得战争的可能性更小，因为如果需要为战争进行军事准备，就意味着需要大规模调整武器、军需用品生产的全球产业链，这将给相关国家足

---

① Drezner, Daniel W.,“This Time is Different: Why US Foreign Policy Will Never Recover”, *Foreign Affairs*, Vol. 98 (2019): 10.

够的预警时间和谈判斡旋的时间。

再次，全球化的经济也使得军事行动的收益大大减少。在殖民时代，军事征服可以确保原料供应和商品市场，但是在经济全球化的今天，无需军事征服就可以通过全球分工来实现这些收益。

最后，全球金融市场的联系和资金转移的便利也使得国家更难以进入战争，任何国家发动战争的决定都会使其立刻面临资金撤出、货币贬值和股市大跌的威胁，受到资本市场即刻的惩罚。这对任何国家都是一个巨大的威慑。

因此，经济的互相依赖或者说经济全球化的进程可以视为战略安全的一块基石。但是2019年的世界经济却始终为美国特朗普政府发动的贸易战的阴云所笼罩，尤其是对中国的贸易战，甚至出现了大量中美“脱钩”的声音。即便年底中美两国在贸易问题上达成了初步协议，贸易战依然给全球经济带来了巨大的破坏，尤其是中国和美国[①]。美国对中国的技术战也从根本上动摇了两国科技合作的根基，使得世界科技发展有可能分化为两个不同的生态系统。技术上的分离也将从根本上削弱经济及其他方面的联系，并使许多全球性问题更加难以得到解决，人类的进步放缓。同时，贸易战的不断升级也使得双边的其他关系陷入紧张，而这也凸显了传统的贸易和平论的局限。

经济全球化进程受阻还使得国家越来越多地转向了区域化的经济整合。缺少了美国的《全面与进步跨太平洋伙伴关系协定》进入了实施的第一年。而欧洲和日本的经济伙伴协议则在2019年2月1日起实施，组成了世界上经济规模最大的自由贸易区。《美墨加三国协议》取代了《北美自由贸易协定》，在2019年确定了协议终稿，且陆续获得了三国政府的批准。在东亚，东盟领导的16国参与的《区域全面经济伙伴关系协定》谈判在2019年底也终于达成了最终协议，但印度因为担心国内产业的竞争力而在最后时刻宣布退出。参与国希望在2020年签署并批准协议。在经济全球化举步维艰的时候，区域化或者双边贸易协定的趋势预计还会进一步加强。

在中美贸易战的逆风之下，世界贸易出现了2009年以来最长时间的下滑，2019年6月后连续两个月出现了同比下滑[②]。全球经济进入失速阶段，而随着经济下滑趋势越来越明显，各国也会越来越倾向于增加贸易壁垒以保

---

① UNCTAD, “Trade war leaves both US and China worse off”, https://unctad.org/en/pages/newsdetails.aspx?OriginalVersionID=2226.

② Dan Kopf, “Global trade growth is on its longest losing streak in a decade”, *Quartz*, January 29, 2020, https://qz.com/1791936/global-trade-plummeted-in-2019/.

护国内的产业。

2019 年，世界战略安全的经济基础受到了前所未有的挑战。美国作为战后经济全球化的奠基者和贸易体制的最大掌控者，对经济全球化的敌视态度将给全球经济联系带来极为负面的影响，而其他国家的努力短期内也很难完全抵消这种影响。更为重要的是，美国的态度和政策将助推世界范围内保护主义的浪潮，将在一定时期内给全球经济一体化带来严重负面效应。但是从另一个角度看，经济全球化的浪潮并不会因为美国的逆行而停下，而是以另一种更为现实的形式进行。将经济全球化的努力与美国部分脱钩或许将有利于经济全球化更为稳定和健康地发展，从长期来看，对全球战略安全的影响也有可能是正面的。世界将会意识到过度依赖于美国将是危险的，进而发展出更为稳健的制度安排。

（四）制度基础

自由主义者和建构主义者都很强调各种国际制度为基础的国际秩序的重要性，虽然基于不同的理由。在自由主义者看来，国际制度通过提供信息和协调机制来解决国际合作中的囚徒困境以及集体行动的困难，因此可以减少国际冲突的发生。而在建构主义者看来，国际制度和秩序不只是实现利益的工具，而且可以重塑国家对于利益和行为合宜性的认识。在很多情况下，国家遵守规则并不一定能获得更多的利益，而只是自然地愿意遵守那些已经内化的规则。许多多边或者双边制度，比如核军备控制、禁止生化武器等使得国际社会更为和平。不管基于什么样的理论基础，国际制度与秩序都是战略安全的制度基础。这些制度，有正式和非正式的，也有全球性和区域性的，而核心则是多边主义。

对于多边主义的制度和秩序而言，2019 年延续了近年来备受冲击的困境。西方学者把二战以后美国主导的世界秩序称为自由主义世界秩序（the liberal international order）。在冷战结束以后，美国试图将这个秩序推行到全世界。美国在军事、经济以及价值观上的主导权和领导权是这个秩序的基础。而随着美国的相对实力下降以及国内政治与社会的日益失序，这个基础已经不再牢靠。虽然这个秩序号称世界秩序，但其实质上更多地反映了西方国家的利益和价值观。在全球权力向新兴国家和发展中国家转移的过程中，现有国际制度的权力基础已慢慢不复存在。但与之前美国政府试图维持这些制度不同，美国总统特朗普的言行和政策加速了它们的衰落。2019 年 3 月，美国承认了以色列军事占领的叙利亚戈兰高地的主权，破坏了国际上关于军事占领与领土的规范[①]。5月，美国收紧对伊朗制裁的同时也使得伊朗核协议逐渐失去了效力，伊朗决定逐步突破协议的限制。8月美国正式退出了《中程导弹条约》，同时也无意延长《新削减战略武器条约》。在9月联合国的讲话中，特朗普强调了“美国优先”的单边主义，全面拒斥了全球化与多边主义。特朗普政府对多边贸易体系的破坏最为严重，美国滥用国家安全例外来进行单边主义的贸易保护措施，攻击多边贸易体系，拒绝任命世贸组织上诉机构的常设法官，使得该机构在2019年12月11日后陷入瘫痪[②]，其他国家不得不寻求其他临时的机制来解决贸易争端。

包括中国、欧盟、日本在内的许多国家通过各种场合表达了对全球多边治理体系的支持，但是由于美国在现有国际体系中的核心地位，这些国家能起的作用有限。最为明显的例子是在美国退出伊朗核协议后，为了维护这个协议以让伊朗继续遵守协议内容，欧洲推出了“贸易互换支持工具”（INSTEX）来避开美国的制裁，寻求在美元体系外为欧洲国家与伊朗的贸易提供金融支持。但是来自美国的压力使得这个工具并没有起到什么作用，在2019年甚至没有完成哪怕一笔交易，因为没有欧洲公司愿意承担被美国制裁的风险。

在2019年，现有的世界制度和秩序正面临危机，并且在接下来的一段时期内还将加重。相对于战略安全的实力和经济基础，战略安全的制度基础要更为脆弱。由于美国在现有世界秩序中的中心地位，其对世界秩序的破坏要更为致命。但是美国的单边主义也暴露了现有世界秩序的弱点——权力过于集中在美国。世界制度和秩序亟须改革，而从这个角度看，战略安全也将面临更大的挑战。如果能够完成这种转型，全球战略安全将建立在更为稳固的基石之上。但是，站在今天，并没有一个国家能够提供可为各国广泛接受的转型方案以及愿景。

三、战略安全热点——技术政治

在回顾了2019年世界战略安全的基础之后，这一部分将聚焦于当下对未

① BBC，“Golan Heights：Trump signs order recognising occupied area as Israeli”，*BBC*，March 25，2019，https：//www. bbc. com/news/world – middle – east – 47697717.

② Ana Swanson，“Trump Cripples W. T. O. as Trade War Rages”，*The New York Times*，Dec. 8，2019，https：//www. nytimes. com/2019/12/08/business/trump – trade – war – wto. html.

来战略安全有决定性影响的具体热点问题——技术政治。在本章中，技术政治包含两部分内容：一是国家间围绕着技术的争夺；另一则是技术对人类政治的影响。

随着最近几年各种新技术的出现，如量子计算机、量子通信、人工智能、新能源等，人类似乎将再次迎来一场科技革命。而能够在这场科技革命中获得优势地位的国家将能在国际社会中占得优势地位，毕竟每一次科技革命都重塑了世界的权力格局。许多学者已经断言，21 世纪的大国竞争将围绕科技展开。而美国的霸主地位又极大地依赖于它在科技领域的领先地位。中国科技的快速发展引发了美国的极度焦虑。在贸易战背景下，这种焦虑转变成了一系列针对中国科技发展的遏制政策，即许多学者所言的“技术冷战”、“科技战”或“技术战”。

在 2019 年，美国对华的科技遏制变得愈加咄咄逼人，阻碍中国技术进步的意图日益明显。各级高级官员在各种场合污蔑中国的科技发展依赖于“窃取”美国的技术，将包括华为在内的一系列中国高科技公司、研究机构列入出口管制黑名单，同时禁止美国政府与企业购买中国科技公司的服务与产品，严格限制中国对美国科技公司的投资。中国在美的各种科技研究人员或者参与中国科技项目的美国研究人员都受到了美国执法机构的特殊对待，被滥用刑诉。美国同时也收紧了对中国学者和留学生的签证，甚至许多在美举办的学术会议中国专家都无法参加①。此外，美国还威逼利诱其他国家围堵中国，尤其是围绕着华为的 5G 设备和服务。除了美国的几个盟国，如澳大利亚、日本外，其他国家并不愿意迅速排除华为。欧洲则成为一个主战场，尤其是英国、德国。

美国这种主要基于阻碍中国科技发展的战略也招到了普遍的批评。美国国内的有识之士也批评这种做法，认为更有效的政策是加大美国对科技发展的投入、提高教育、改革移民政策等②。相比之下，欧洲的政策更为防御性，欧盟在 2019 年收紧了外国投资政策，要保护欧盟的技术优势。在这种浪潮的

---

① 人民网：“外交部证实：中国因签证缺席宇航联大会”，人民网—国际频道，2019 - 10 - 23，http：//world. people. com. cn/n1/2019/1023/c1002 - 31416989. html；奕含：“‘墨子号’成果获美国大奖，潘建伟签证受阻未出席”，观察者网，2019 - 02 - 21，https：//www. guancha. cn/industry - science/2019_02_21_490959. shtml.

② CFR，“Innovation and National Security：Keeping Our Edge”，*Independent Task Force Report*，No. 77，September 2019，https：//www. cfr. org/report/keeping - our - edge/pdf/TFR_Innovation_Strategy. pdf，pp. 5 - 6，48 - 52.

影响下，日本等国也修订了投资审查的法律[①]。

大国为了科技霸权而进行的竞争对于战略安全有着长远的影响。如果激烈的竞争使得大国无法在相关领域进行合作，那么许多人类共同的威胁将无法得到有效应对。比如，虽然美国在科技研发上具有一定的优势，但是缺少中国强大的制造能力，这些技术将难以有效地造福人类。以太阳能技术为例，虽然中国在太阳能的基础研发上并没有优势，但是通过中国强大的制造能力，太阳能的成本从 1977 年的每瓦特 77 美元降到了现在的 0.13 美元[②]，绝大多数的价格下降是从中国进入太阳能电池板的制造行业开始的，仅仅 2008 年到 2013 年价格就下跌了 80%。而 2019 年的最新研究表明，在许多中国城市，太阳能发电的价格已经低于网电的价格[③]。这是对人类解决气候变化问题的巨大贡献。如果没有不同国家间的科技合作，这种革命性变化的可能性就将大大减少。同时，各国之间的科技合作也能减少各国之间直接发生冲突的可能性，科技合作本身就是增加透明度和相互依赖的最好方式之一。

技术政治的另一个方面是技术发展对于政治的影响，并进而对战略安全产生影响。每一次的技术发展都重塑了社会并影响了政治，但是社会与政治对技术的适应却时常滞后，这种滞后常常带来灾难性的后果。

过去几十年技术发展的最显著后果之一是，通过信息技术的快速发展，已经在事实上打造了一个信息化的虚拟地球村，特别是在经济较为发达的地区和国家已经实现了数字互联。信息传递已经实现了近乎零成本且实时。但是这种信息的快速传递并没有使得人们的公共讨论更为理性，社会的运转更为科学。相反，各种阴谋论、虚假信息更为泛滥。而且人们往往只接受自己希望相信的信息。这导致了社会对于特定问题的讨论更为极端和分裂，并带来了严重的政治后果。西方放任自流的自由主义制度特别难以适应这种技术的发展，而这也是西方近年来民粹主义泛滥、社会撕裂的重要原因。在它们的社会中并没有哪一种力量有动力去改革已经明显滞后于技术发展的政治制

① Wataru Suzuki, "Five things to know about Japan's new foreign investment rules", *Nikkei Asian Review*, October 18, 2019, https://asia.nikkei.com/Politics/Five-things-to-know-about-Japan-s-new-foreign-investment-rules.

② "Will solar panels get cheaper?", *Solar Nerd*, January 16, 2020, https://www.thesolarnerd.com/blog/will-solar-get-cheaper/.

③ Josh Gabbatiss, "Solar now 'cheaper than grid electricity' in every Chinese city, study finds", *Carbon Brief*, August 12, 2019, https://www.carbonbrief.org/solar-now-cheaper-than-grid-electricity-in-every-chinese-city-study-finds.

度。政客们不愿意去限制有害的信息，因为担心被对手攻击为侵犯个人权利；主流的自由主义知识分子则幻想着正确的信息和错误的信息在信息的开放地自由竞争，最后正确理性的信息会胜出，安然地把持着道德制高点而不敢挑战传统智慧；而高科技公司则不愿意控制极端信息和谣言等，因为这些信息往往最能吸引眼球，增加用户黏性，使得这些公司可以更好地出售广告；一般人则既无能力也无动机去甄选泛滥的信息，而为各种“回音室”（echo chamber）中的信息所淹没。被奉为神圣不可侵犯的个人权利由此将社会带入了一个最差的结果之中，理性讨论社会问题的基础不再存在，而理性的政策出台变得更加不可能。社会进入了一个“后真相”时代，“事实”不再存在，只有个人各自愿意相信的“事实”。这种荒唐在美国总统特朗普身上体现得淋漓尽致，自当选至2019年12月，特朗普总共做了15413个虚假或者不实的陈述①，而许多这些谎言被他的支持者接受成了“现实”。在各种社会政治运动中，不同参与者知道、了解的“事实”已经完全不同，这使得冲突更为激化和不可调和，对于人类政治前途的影响不可低估②。而战略安全的讨论如果不能基于科学和事实，那么安全只能是幻影。人类现有的政治制度，尤其是被西方奉为圭臬的新自由主义，迫切需要改革来适应技术进步。

信息技术只是其中一种影响人类未来战略安全的技术，其他技术也有可能带来同样甚至更大的冲击，比如人工智能。人工智能武器、人工智能化生产等将冲击我们已知的所有社会秩序，而如果我们不能快速地革新社会制度，那么战略安全的前景将不容乐观。不仅是技术本身，我们对技术的预期也足以让我们当下的战略安全受到挑战，比如前文所提及的各国对于新技术发展的博弈。技术政治将成为未来战略安全讨论的一个核心内容。

五、展　望

2019年的世界战略安全基础，不管是其核安全、实力基础、经济基础和制度基础都面临着前所未有的挑战，世界正快速进入大变局。核平衡面临着

---

① Glenn Kessler, Glenn Kessler, Salvador Rizzo and Meg Kelly, “President Trump has made 15413 false or misleading claims over 1055 days”, *The Washington Post*, Dec. 16, 2019, https://www.washington-post.com/politics/2019/12/16/president-trump-has-made-false-or-misleading-claims-over-days/.

② Laura Chinchilla, “Post-Truth Politics Afflicts The Global South, Too”, *The New York Times*, Oct. 15, 2019, Https://Www.Nytimes.Com/2019/10/15/Opinion/Politics-Global-South.Html.

新的大国核军备竞赛的威胁，国际权力转移也使得现有大国加大了对新兴大国的打压围堵，世界的经济联系为保护主义和贸易战所冲击，而世界秩序的制度基础也频频为某些大国的单边主义所挑战。技术政治在 2019 年的发展也昭示着战略安全将面临长期的艰巨挑战。在今后一段时间内，这些驱动变化的力量将进一步显现和强化。核不扩散机制和大国战略稳定的破坏以及大国竞争的激烈使得军备竞赛（包括核武器）的阴影复现。大国兴衰变化与权力格局的演变将继续，美国相对实力下降的趋势也难以逆转。国际制度和秩序也将因为国际社会的实力格局的变化而不得不继续调整。而技术政治时代的到来也使得人类社会政治制度改革的问题日益突出，如果没有充分的改革，即将到来的技术革命将使得人类跌入深渊。正面临百年未有之大变局的国际社会将不得不面对全球战略安全的动荡，而世界正在进入一个非西方主导的秩序。

2. 世界经济*

王萍萍**

摘　要：2019 年全球经济下行压力增加，全球 GDP 总量达 87.8 万亿美元，同比增长 2.4%，为金融危机之后十年来全球经济增速的最低水平。受全球经济全面下行、贸易摩擦、主要商品价格下降等影响，全球商品贸易量和贸易额同步收缩，同比分别减少 0.1% 和 3.0%，全年商品贸易额达 19.1 万亿美元。服务贸易总额为 6.1 万亿美元。随着美国减税效应的减弱，全球投资活跃增加，2019 年全球外国直接投资流入总额达 1.5 万亿美元，同比增长 3.0%。2019 年全球货币政策重启宽松，美联储等主要国家央行多次降息，主要国家通货膨胀率上升，推动全球主要股票市场股指整体上涨，债券收益率走低。市场避险情绪以及美国经济相对温和增长推动美元价格小幅上涨，兑主要国家货币汇率在波动中有所上升。

关键词：经济增长　国际贸易　对外投资　国际金融

世界经济是世界各国之间相互依存、相互作用而联结形成的经济体系。各个国家或地区通过国际分工、国际合作、国际交换、国际贸易等形式日益形成密切的联系。通常，可以货币为单位对世界范围内商品和服务进行计量，以此来反映世界经济发展情况。世界经济主要包括国际贸易、国际投资、国际金融等内容。

一、经济总量

2019 年全球经济增长缓慢，世界银行和国际货币基金组织都曾多次下调 2019 年全球经济增长预期。据世界银行统计，2019 年全球 GDP 增速为 2.4%，

---

* 基金项目：北京高校高精尖学科“战略经济与军民融合”交叉学科（GJJ2019163）支持项目。

** 王萍萍，女，（1989—），清华大学经济管理学院博士，现任中央财经大学国防经济与管理研究院副教授。主持中国博士后科研基金、海南省军民融合财税政策研究等课题，在《经济管理》、《管理评论》、《管理工程学报》等期刊发表多篇学术论文。研究方向：军民融合、军工企业技术创新、企业技术转移。

为金融危机之后十年来全球经济增速的最低水平；以 2010 年不变价美元计，2019 年全球 GDP 总量为 84.9 万亿美元（见图 2.1）。

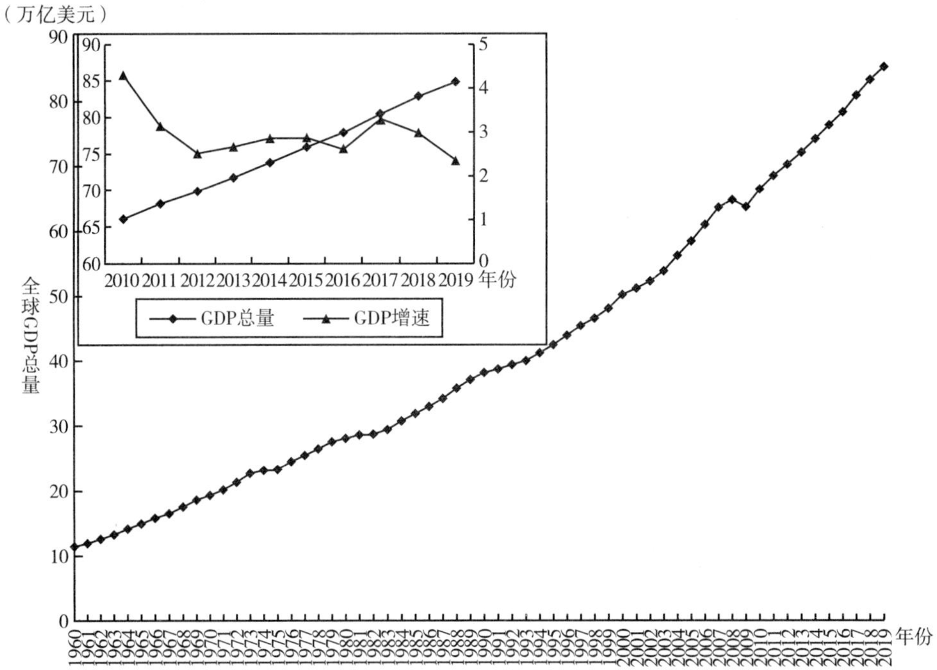

图 2.1 1960—2019 年全球经济总量（GDP）（以 2010 年不变价美元计）

资料来源：世界银行。

以现价美元计[①]，2019 年全球 GDP 总量为 87.8 万亿美元。其中，美国 GDP 总量为 21.4 万亿美元，占全球 GDP 总量之比为 24.4%；中国 GDP 总量为 14.3 万亿美元，仅次于美国，占全球 GDP 总量之比为 16.3%，份额持续增加。日本和德国 GDP 总量分别为 5.1 万亿美元、3.9 万亿美元，占全球 GDP 之比分别为 5.8% 和 4.4%。2019 年印度超过英国和法国，GDP 总量排名由 2018 年的第七位上升至第五位，为 2.9 万亿美元，占全球总量之比为 3.3%。英国、法国、意大利、巴西和加拿大 GDP 总量分别排名第六至第十位。2019 年美国经济表现相对乐观，GDP 总量相当于排名第三至第九位的 7 个国家 GDP 总量之和，占全球份额与 2018 年（23.9%）相比也有所增加（见图 2.2）。

① 数据来源于世界银行数据库，数据更新日期为 2020 年 12 月 16 日。如非特别注明，本文所述 GDP 均以现价美元计。

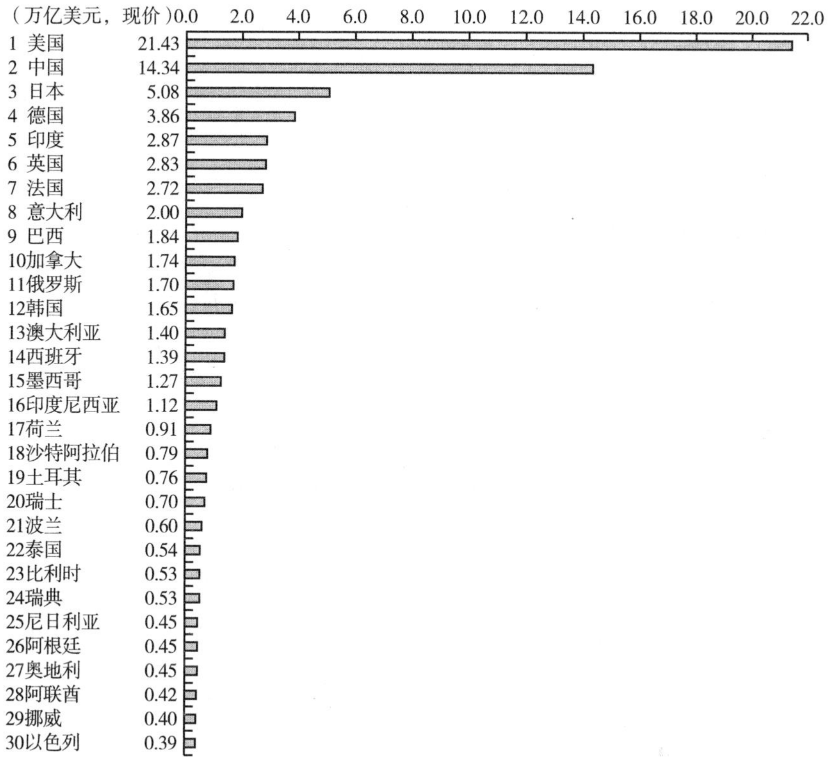

图 2.2　2019 年全球前三十大经济体 GDP 总量

注：排名仅限于世界银行数据库中报告了 2019 年 GDP 数据的国家。

资料来源：世界银行。

2019 年全球年中人口为 76.74 亿人，人均 GDP 为 11441.7 美元，高于 2018 年的人均 GDP 水平（11385.7 美元）。从 GDP 总量上看，中国、印度和巴西作为发展中国家有较好的表现。但是人均 GDP 却远低于发达国家。2019 年，印度、巴西和中国人均 GDP 分别为 2099.6 美元、8717.2 美元和 10261.7 美元。而排名第一的卢森堡人均 GDP 则为 114704.6 美元。GDP 总量排名前十国家的人均 GDP 情况见图 2.3。

分区域来看，东亚与太平洋地区 GDP 总量为 27.0 万亿美元，年中人口为 23.4 亿人，人均 GDP 为 11530.1 美元；北美 GDP 总量为 23.2 万亿美元，年中人口为 3.7 亿人，人均 GDP 为 63344.1 美元；欧洲与中亚地区 GDP 总量为 22.8 万亿美元，年中人口为 9.2 亿人，人均 GDP 为 24744.1 美元；拉丁美洲和加勒比海地区 GDP 总量为 5.7 万亿美元，年中人口为 6.5 亿人，人均 GDP

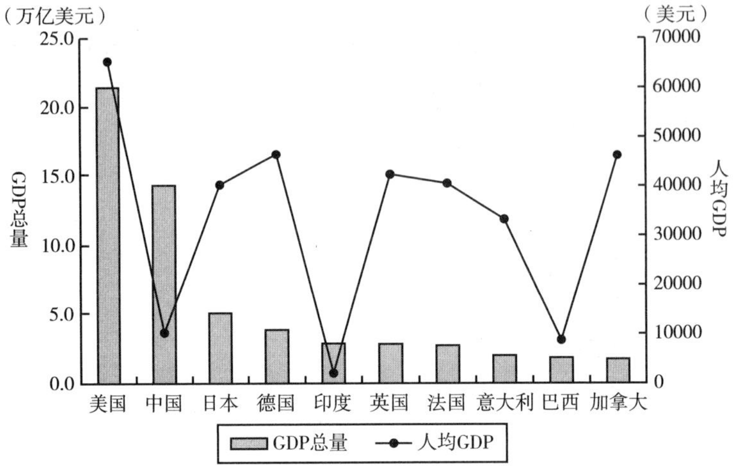

图 2.3　2019 年 GDP 总量排名前十的国家及其人均 GDP

资料来源：世界银行。

为 8869.9 美元；中东与北非地区 GDP 总量为 3.7 万亿美元，年中人口为 4.6 亿人，人均 GDP 为 7991.1 美元；南亚 GDP 总量为 3.6 万亿美元，年中人口为 18.4 亿人，人均 GDP 为 1956.6 美元；撒哈拉以南非洲地区 GDP 总量为 1.8 万亿美元，年中人口为 11.1 亿人，人均 GDP 为 1596.2 美元。欧洲与中亚地区、拉丁美洲和加勒比海地区、中东和北非地区人均 GDP 与 2018 年比有不同程度下滑（见图 2.4）。

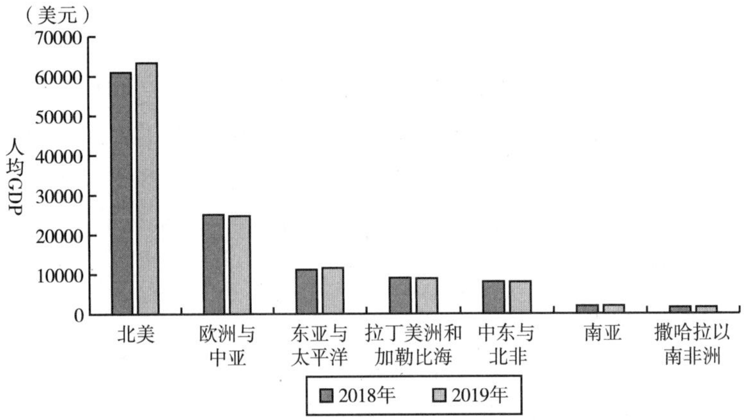

图 2.4　2018—2019 年全球分区域人均 GDP 水平

资料来源：世界银行。

二、经济增长

2019 年全球经济保持增长，但增长率仅为 2.4%，为金融危机之后十年来的最低增长水平，不及世界银行 2019 年 6 月发布的 2.6% 的预测增速值，这主要是由于全球贸易和投资的疲软造成。从图 2.5 可以看出，2019 年全球贸易、投资和消费的增长率均低于长期（1990—2018 年）平均值，且低于 2015—2018 年的增长率水平。

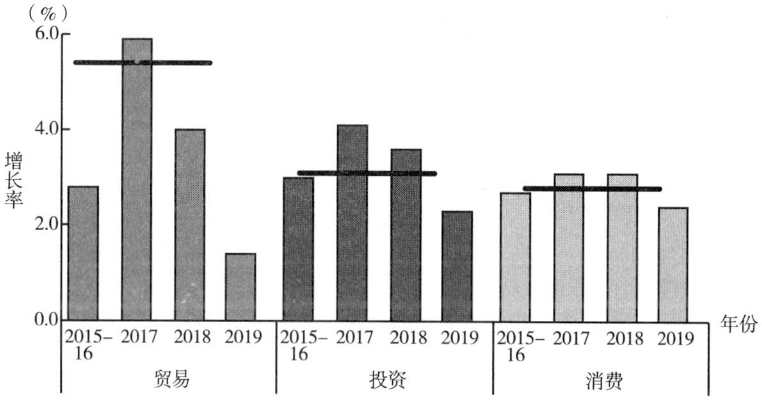

图 2.5　2015—2019 年全球贸易、投资和消费变化情况

资料来源：世界银行：《全球经济展望》2020 年 1 月期。

一些主要的经济活动指标也达到了 2008 年金融危机后十年来的最低水平。根据摩根大通全球制造业 PMI 指数，2019 年全球有 6 个月制造业 PMI 指数位于荣枯线（50）以下（见图 2.6）。

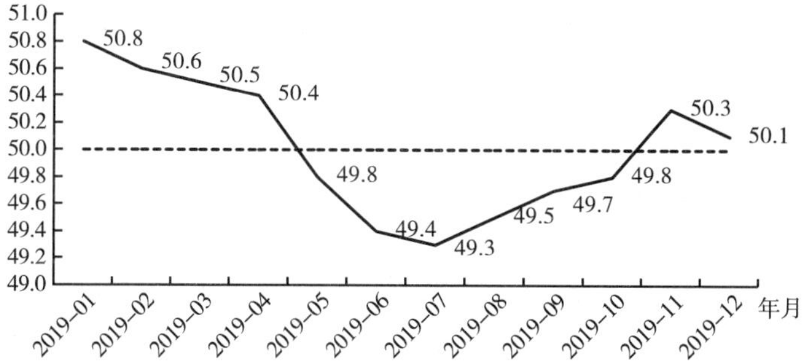

图 2.6　摩根大通全球制造业 PMI

资料来源：Wind 数据库。

2019 年，经济增长的疲软在全球范围内是普遍现象。2019 年 GDP 排名前十的经济体中，除日本和英国之外，其余国家 GDP 增速均出现不同程度的下降（见图 2.7）。

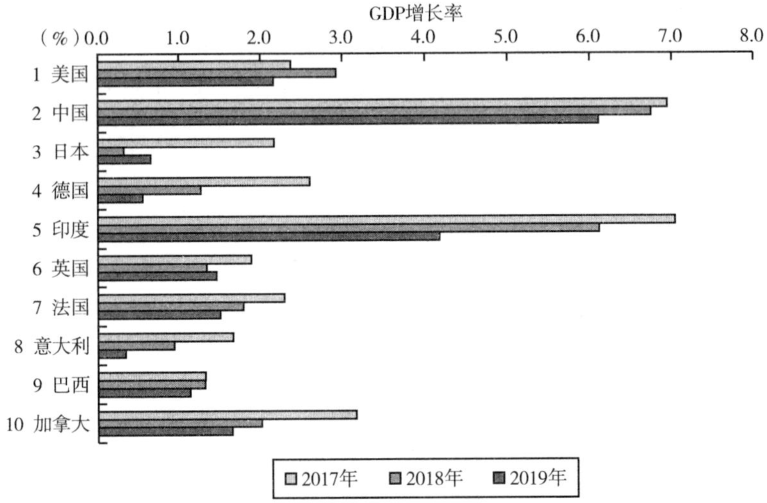

图 2.7　2019 年全球前十大经济体经济增速变化

据世界银行估计，2019 年发达国家、新兴市场和发展中经济体（EMEDs）经济增长率分别为 1.6% 和 3.5%，与前两年相比增速均有所下降。2019 年第一至四季度全球 GDP 增速分别为 2.5%、2.4%、2.5% 和 2.4%。南亚地区 GDP 增长率继续保持领先，增速达到 4.1%，主要南亚国家印度和孟加拉国增速分别为 4.2% 和 8.2%。东亚与太平洋地区 2019 年 GDP 增长率为 3.8%，其中中国经济增长表现较好，增速达 6.1%。总体来看，世界银行划分的几个区域 2019 年 GDP 增速均不及前两年（见图 2.8）。

发达经济体中，2019 年美国经济增长表现相对较好。在全球经济增长整体放缓的趋势下，2019 年美国经济温和扩张但增速有所放缓，2019 年 GDP 增长率达 2.3%，一至四季度增速分别为 2.7%、2.3%、2.1% 和 2.3%。2019 年美联储三次降息成为支撑美国经济温和扩张的主要动力，降息进一步提振个人消费，而个人消费占美国经济总量的 70%。2019 年美国失业率再创新低，仅为 3.7%，是 50 年以来的最低水平，强劲的劳动力市场仍然是经济增长的有力支撑。但是特朗普政府的减税政策以及政府支出增加对经济的刺激作用在 2019 年逐步减弱甚至可能成为拖累；贸易战及政策的不确定性打击了

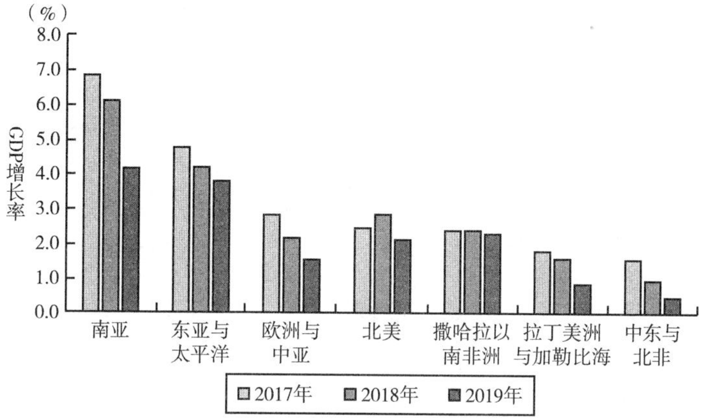

图 2.8　2017—2019 年全球分区域 GDP 增长率变化

资料来源：世界银行。

投资和市场信心，企业固定资产投资持续走弱，制约了出口和制造业增长①②。

2018 年欧元区的经济情况已经出现恶化，2019 年则更加严重，一些经济体甚至一度濒临崩溃。受贸易战和汽车产能下降拖累，德国工业部门尤其糟糕，全年 GDP 增速仅为 0.56%，较前两年大幅放缓，创 6 年来的新低。2019 年日本经济增长 0.65%，好于 2018 年：一方面，贸易战和 2019 年 10 月份开始上调的消费税对经济增长造成负面影响；另一方面，政府大力扶持就业，就业率达到近几十年的最低水平；同时超宽松货币政策仍然维持，助涨投资热情，投资成为拉动经济增长的主要动力。

全球主要发达经济体制造业 PMI 也有多个月份位于荣枯线之下。2019 年德国支柱产业机械制造业订单同比减少 9%，这也解释了为什么德国全年制造业 PMI 都位于荣枯线之下。日本和韩国全年有 10 个月制造业 PMI 指数小于 50，美国制造业 PMI 指数逐月下降，全年平均值仅为 51.3，比 2018 年下降 12.9%（见表 2.1）。

表 2.1　2019 年全球主要发达国家制造业 PMI 指数

日期	美国	欧元区	日本	英国	法国	德国	韩国
2019-01	56.6	50.5	50.3	52.6	51.2	49.7	48.3
2019-02	54.2	49.3	48.9	52.1	51.5	47.6	47.2

① https://baijiahao.baidu.com/s?id=1648957839137176594&wfr=spider&for=pc.

② https://baijiahao.baidu.com/s?id=1654386357751351492&wfr=spider&for=pc.

续表

日期	美国	欧元区	日本	英国	法国	德国	韩国
2019 - 03	55.3	47.5	49.2	55.1	49.7	44.1	48.8
2019 - 04	52.8	47.9	50.2	53.1	50.0	44.4	50.2
2019 - 05	52.1	47.7	49.8	49.4	50.6	44.3	48.4
2019 - 06	51.7	47.6	49.3	48.0	51.9	45.0	47.5
2019 - 07	51.2	46.5	49.4	48.0	49.7	43.2	47.3
2019 - 08	49.1	47.0	49.3	47.4	51.1	43.5	49.0
2019 - 09	47.8	45.7	48.9	48.3	50.1	41.7	48.0
2019 - 10	48.3	45.9	48.4	49.6	50.7	42.1	48.4
2019 - 11	48.1	46.9	48.9	48.9	51.7	44.1	49.4
2019 - 12	47.8	46.3	48.4	47.5	50.4	43.7	50.1
PMI < 50 月数	5	9	10	8	2	12	10

资料来源：Wind 数据库。

新兴市场和发展中经济体（EMEDs）经济增长率 3.5%，低于 2018 年 4.3% 的增速。其中，受国内信贷环境持续恶化拖累以及私人消费低迷影响，印度经济增长率由 2018 年的 7.2% 大幅下滑至 2019 年的 4.2%。得益于贷款条件的放松和改革的推进，巴西 2019 年经济温和回升，GDP 增长 1.1%。在俄罗斯，宽松的货币政策以及政府加大对固定资产投资的力度对经济有所提振，但 2019 年初增值税税率的提升导致国内消费疲软，全年 GDP 增长率为 1.3%。2019 年阿根廷仍未摆脱 2018 年国内金融危机的影响，经济再一次负增长，GDP 同比下滑 2.1%。同样出现负增长的还有墨西哥，墨西哥经济在 2019 年仅有 1 月、2 月、4 月和 12 月保持增长，全年 GDP 下滑 0.05%。2019 年全球 GDP 增长率排名前二十和后二十的国家如表 2.2 所示。

表 2.2　2019 年实际 GDP 增长率排名前二十和后二十的国家

经济增长率排名前二十的国家	东帝汶	18.72%	经济增长率排名后二十的国家	津巴布韦	-8.10%
	图瓦卢	9.76%		伊朗	-6.78%
	卢旺达	9.43%		黎巴嫩	-6.7%
	埃塞俄比亚	8.36%		赤道几内亚	-5.58%
	孟加拉国	8.15%		帕劳共和国	-4.25%
	吉布提	7.77%		尼加拉瓜共和国	-3.88%
	亚美尼亚	7.60%		刚果共和国	-3.54%

续表

经济增长率排名前二十的国家	柬埔寨	7.05%	经济增长率排名后二十的国家	苏丹	-2.5%
	越南	7.02%		利比里亚	-2.28%
	塔吉克斯坦	7.01%		阿根廷	-2.09%
	尼泊尔	6.99%		海地	-1.68%
	马尔大夫	6.99%		阿曼	-1.65%
	贝宁	6.87%		纳米比亚	-1.13%
	乌干达	6.80%		莱索托	-0.81%
	加纳	6.48%		安哥拉	-0.62%
	科特迪瓦	6.23%		斐济	-0.45%
	中国	6.11%		巴巴多斯	-0.1%
	冈比亚	6.06%		墨西哥	-0.05%
	菲律宾	6.04%		巴拉圭	-0.03%
	毛里塔尼亚	5.93%		特立尼达和多巴哥共和国	0%

资料来源：世界银行。排名仅限于世界银行数据可得的国家。

三、国际贸易

国际贸易亦称全球贸易、世界贸易。国际贸易反映了世界各国或地区之间的商品流通活动，是一种超越国家界限、超越国民经济范围的商品流通。国际贸易是各国的社会生产过程在流通领域的延伸，是社会再生产过程的重要组成部分。国际贸易根据商品形态可以划分为货物贸易和服务贸易。

（一）国际贸易总体情况

美国挑起的贸易战继续拖累全球贸易，2019 年成为 2010 年以来唯一一个全球商品贸易量和贸易额同步出现负增长的年份（见图 2.9），与此同时服务贸易增速也大幅放缓。其中，全球商品贸易量继 2018 年增速放缓至 2.9% 之后 2019 年出现负增长，商品贸易量同比下降 0.1%；2018 年商品贸易额同比增长 10.2%，2019 年商品贸易额则出现了 -3.0% 的负增长，减少至 19.1 万亿美元；2019 年服务贸易增速则由 2018 年的 8.4% 放缓到 2.1%。

从地区表现来看，2019 年所有地区商品贸易额都出现了下降，其中中东和南美地区商品贸易额降幅最大，分别下降 6.4% 和 5.8%；南美和中东地区贸易量分别同比减少了 2.2% 和 3.4%，其余地区贸易量同比则有小幅增加（见图 2.10）。

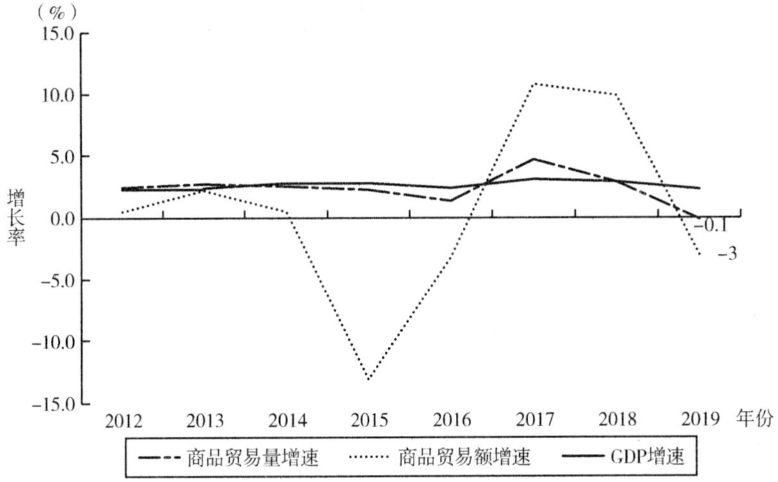

图 2.9　2012—2019 年全球 GDP 增速和贸易量增速变化趋势

资料来源：WTO.

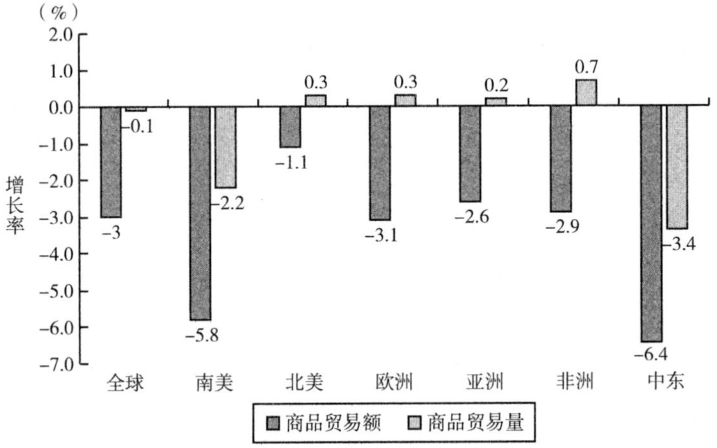

图 2.10　2019 年主要地区商品贸易量和贸易额增长情况

资料来源：WTO.

2019 年全球贸易收缩一方面是由全球经济增长乏力造成的，另一方面与美国贸易政策的高度不确定性密切相关。从图 2.11 可以看出，2019 年全球经济政策不确定性在温和波动中有所增加。相较而言美国贸易政策不确定性在剧烈波动中大幅增加。2019 年美国贸易政策不确定性指数最高达到 1374，全年平均值为 797，而 2010 年至 2017 年的平均值仅为 75。

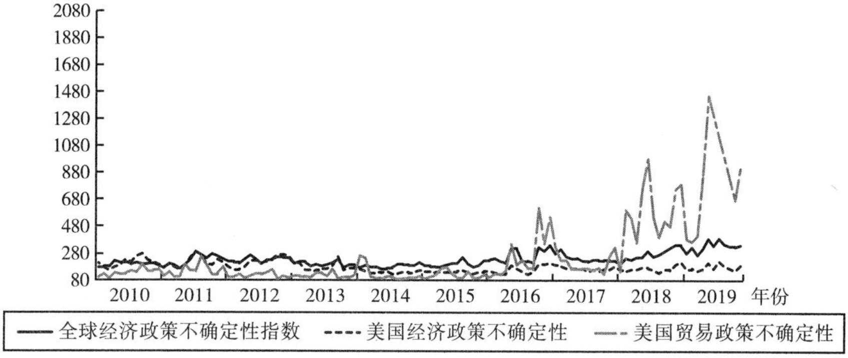

图 2.11　2010—2019 年全球和美国政策不确定性指数

资料来源：PolicyUncertainty. com.

2019 年全球商品贸易量和贸易额同步下跌，且商品贸易额降幅大于贸易量降幅，这是由于商品价格普遍下降尤其是能源价格大跳水造成的。国际货币基金组织数据显示，2019 年能源价格降幅达 17%，食品和农业原材料价格分别下降了 3% 和 5%。

发达国家仍然是全球贸易的主力军，2019 年发达国家进出口总额为 20.6 万亿美元，占全球进出口总额的 53.9%，发展中国家进出口总额为 16.5 万亿美元，转型经济体进出口总额为 1.2 万亿美元，发展中国家和转型经济体进出口总额占到全球进出口总额的 46.1%（见图 2.12）。

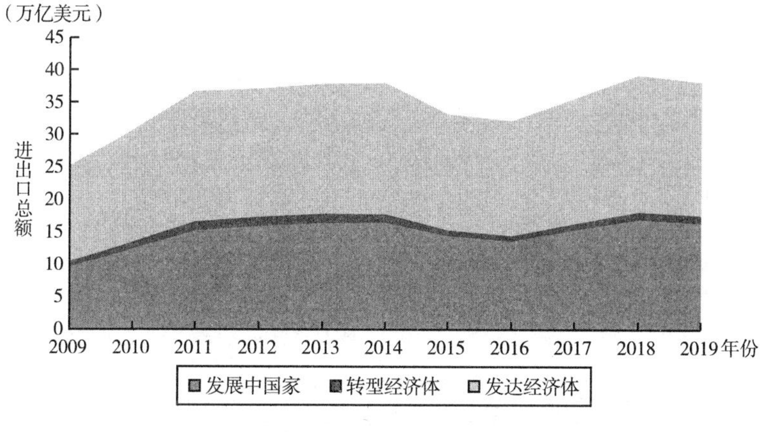

图 2.12　2009—2019 年全球进出口贸易总额来源分布

资料来源：WTO.

（二）商品贸易结构

2019 年全球工业品出口额减少 2.0%，但仍然是最主要的贸易商品，占全球商品出口额的 67.33%；农产品出口额减少 1.2%，占全球商品出口额的 9.42%；燃料和矿石产品出口额减少 7.2%，占全球商品出口额的 15.94%（见图 2.13）。

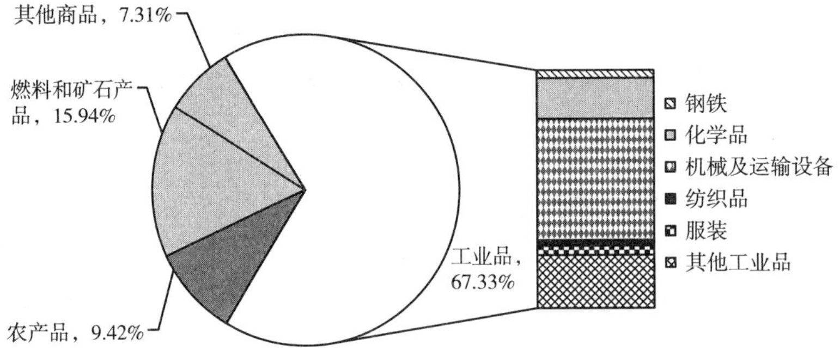

图 2.13 2019 年全球商品出口结构

资料来源：WTO.

2010—2019 年各主要产品出口额变动如图 2.14 所示。

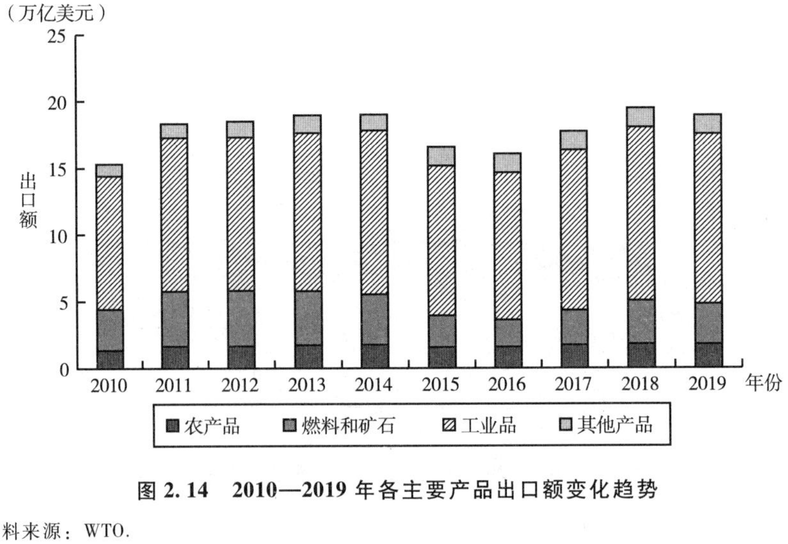

图 2.14 2010—2019 年各主要产品出口额变化趋势

资料来源：WTO.

2019 年，全球前十大农产品出口国或地区分别为欧盟、美国、巴西、中国、加拿大、泰国、印度尼西亚、阿根廷、印度和墨西哥，其中泰国超越印度尼西亚从 2018 年的第七大农业出口国上升到第六位。前十大农产品出口国或地区中，阿根廷农产品出口额同比增幅最大，为 15%，这一增长也使得阿根廷挤入前十大农业出口国之列，2018 年排名第九位的澳大利亚则跌出前十位。前十大农产品出口国或地区贡献了 2019 年农产品出口总额的 69.6%。出口额及增长率见图 2.15。

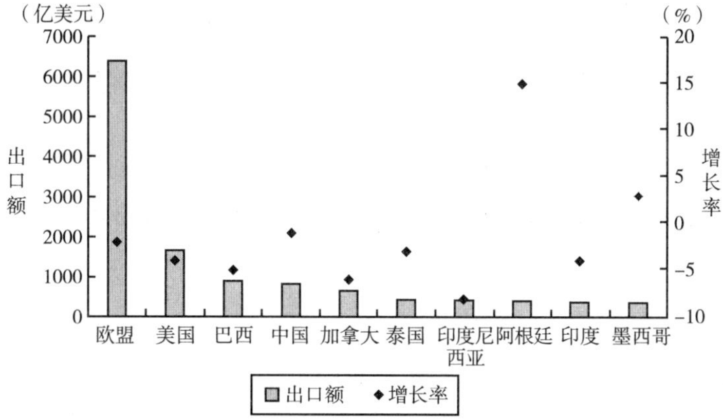

图 2.15　2019 年前十大农产品出口国或地区出口额及增长率

资料来源：WTO.

2019 年，燃料和矿石产品出口额排名前十位的国家或地区与 2018 年相同，依照 2019 年出口额从大到小依次是欧盟、俄罗斯、美国、澳大利亚、沙特阿拉伯、加拿大、中国、阿联酋、挪威和伊拉克。除美国和澳大利亚外，其余 8 个国家或地区出口额均有不同幅度的下降，挪威降幅最大，为 24.0%，欧盟、沙特阿拉伯和伊拉克出口额也下降了约 9.0%（见图 2.16）。这些国家或地区贡献了 2019 年燃料和矿石产品出口总额的 59.7%。

工业品出口方面，2019 年欧盟仍然是第一大工业品出口地区，占全球工业品出口总额之比高达 35.9%。中国排名第二，2019 年工业品出口总额为 2.3 万亿美元，持平 2018 年出口额水平，占全球工业品出口份额为 18.0%。美国排名第三，工业品出口总额为 1.16 万亿美元。日本排名第四，工业品出口额为 0.6 万亿美元，中国香港以 0.5 亿美元的工业品出口额超越韩国位列第五。排名前十的国家或地区中除了英国和中国出口额与 2018 年持平外，其

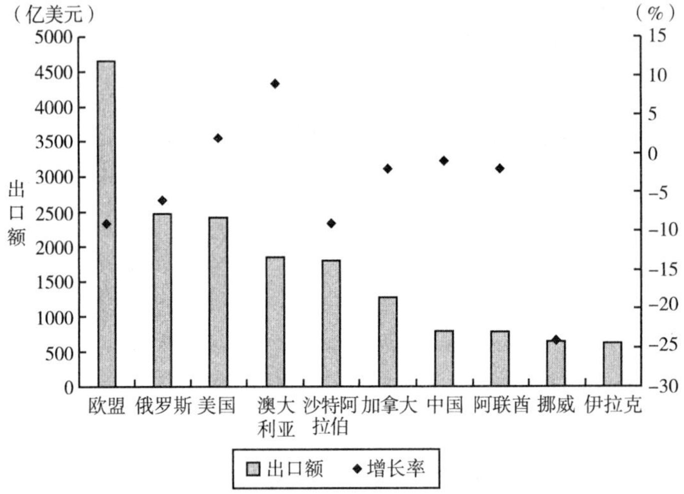

图 2.16 2019 年前十大燃料和矿石产品出口国或地区出口额及增长率

资料来源：WTO.

余国家或地区出口额均出现不同程度的下降，韩国降幅最大，为 11.0%。前十大国家或地区工业品出口额之和占 2019 年世界工业品出口总额的 81.2%。各国家或地区工业品出口额及增长率见图 2.17。

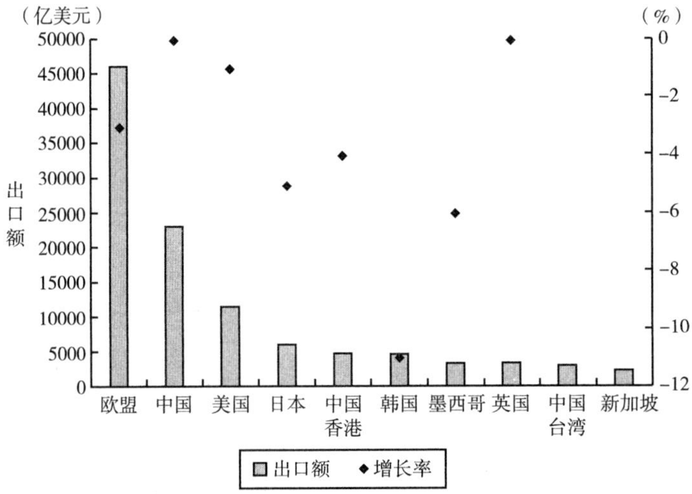

图 2.17 2019 年前十大工业品出口国或地区出口额及增长率

资料来源：WTO.

在各工业品中，欧盟是最大的钢铁出口地区。2019 年钢铁出口额排名前十的国家或地区与 2018 年一致，按照 2019 年出口额排名依次是欧盟、中国、日本、韩国、俄罗斯、美国、印度、巴西、土耳其和中国台湾，其中印度排名由 2018 年的第九位上升到 2019 年的第七位。钢铁也成为 2019 年工业品中出口额降幅最大的产品，出口额同比下降 12.0%，排名前十的国家或地区也普遍出现大幅度下滑（见图 2.18）。即便如此，前十大国家或地区对钢铁出口额的贡献由 2018 年的 80.2% 增加至 81.3%。

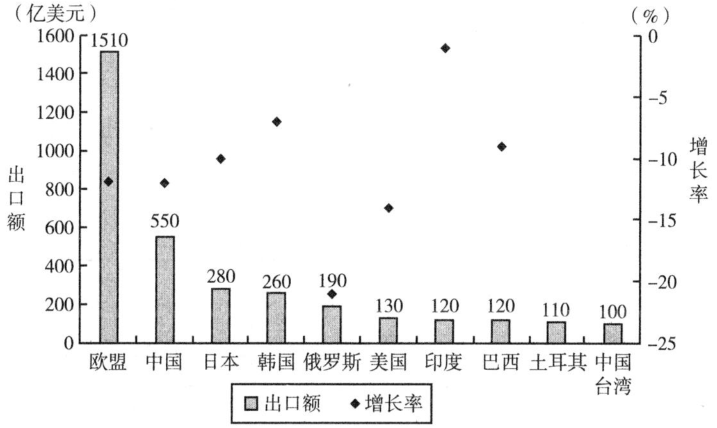

图 2.18　2019 年前十大钢铁出口国或地区出口额及增长率

资料来源：WTO.

2019 年，前十大化学品出口国或地区贡献了全球化学品出口额的 84.6%，欧盟地区出口额仍然位列第一，出口额占全球化学品出口总额的 46.0%，美国和中国紧随其后，分别贡献了 10.1% 和 7.2% 的化学品出口。2019 年除了美国、瑞士和印度之外，其他 7 个国家或地区化学品出口额有不同程度的减少，其中韩国出口额下滑幅度最大，为 9.0%；新加坡下降了 7.0%（见图 2.19）。

此外，中国是最大的办公和通信设备出口国，2019 年仍然贡献了全球近三分之一的办公和通信设备出口。欧盟、中国香港、美国和中国台湾则分别位列办公和通信设备出口的第二至第五位。2019 年欧盟地区汽车出口额蝉联第一，日本、美国、墨西哥和韩国依然排名第二至第五位。

2019 年主要产品的前十大出口国或地区汇总如表 2.3 所示。

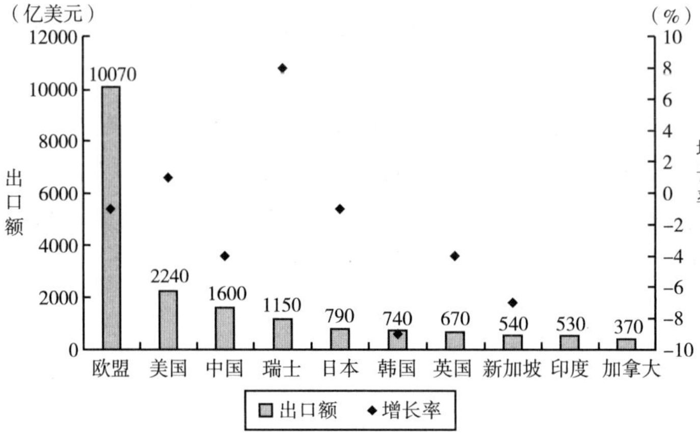

图 2.19　2019 年前十大化学品出口国或地区出口额及增长率

资料来源：WTO.

表 2.3　　　　2019 年主要产品的前十大出口国或地区

排名	农产品	燃料和矿石	工业品	钢铁	化学品	汽车	办公和通信设备
1	欧盟	欧盟	欧盟	欧盟	欧盟	欧盟	中国
2	美国	俄罗斯	中国	中国	美国	日本	欧盟
3	巴西	美国	美国	日本	中国	美国	中国香港
4	中国	澳大利亚	日本	韩国	瑞士	墨西哥	美国
5	加拿大	沙特阿拉伯	中国香港	俄罗斯	日本	韩国	中国台湾
6	泰国	加拿大	韩国	美国	韩国	加拿大	韩国
7	印度尼西亚	中国	墨西哥	印度	英国	中国	新加坡
8	阿根廷	阿联酋	英国	巴西	新加坡	英国	越南
9	印度	挪威	中国台湾	土耳其	印度	泰国	马来西亚
10	墨西哥	伊拉克	新加坡	中国台湾	加拿大	土耳其	墨西哥

(三) 服务贸易结构

本文所述服务贸易是指商业服务（commercial service）贸易，不包括政府提供的服务[①]。本文采用 WTO 的方法将商业服务划分为四类：运输服务（transport）、旅行服务（travel）、与商品有关的服务（goods - related services）以及其他商业服务（other commertical service），其他商业服务又包括维修、建筑、保险、金融、知识产权、文化和休闲、通信、计算机和信息等服务。

2019 年全球服务贸易保持增长，但增长率较 2018 年大幅度下滑。2019 年服务贸易总额为 6.1 万亿美元，同比增长 2.1%，而 2018 年服务贸易增长率为 9.1%。其中，运输业贸易额减少了 0.8%，其他商业服务贸易额则有小幅增加（见图 2.20）。

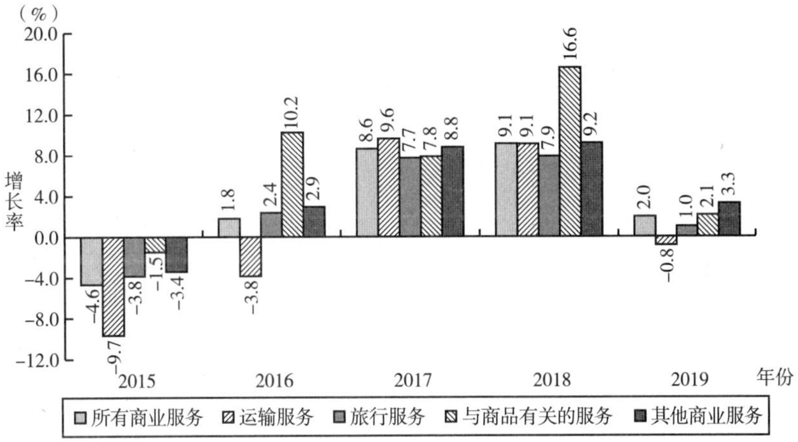

图 2.20　2015—2019 年不同服务贸易额增长情况

资料来源：WTO.

从图 2.21 来看，2019 年欧洲是服务贸易出口额最大的地区，为 2.9 万亿美元；亚洲次之，为 1.8 万亿美元；北美地区服务贸易出口额 1.0 万亿美元，排名第三；拉丁美洲和加勒比海地区、非洲地区出口额分别为 0.2 万和 0.1 万亿美元。从增长来看，2019 年欧洲、亚洲、北美、拉丁美洲和加勒比海以及非洲服务贸易出口额均有所增长，但是增幅远不及 2017 和 2018 年，其中亚洲和非洲地区增长率领先，分别为 3.3% 和 2.6%。

---

① 政府服务包括：（a）由大使馆、军事基地和国际组织等海外飞地提供的服务；（b）外交官、领事馆工作人员和驻外军事人员及其家属从东道国获得的服务；（c）由政府提供或向政府提供但不包括在其他服务类别内的服务。

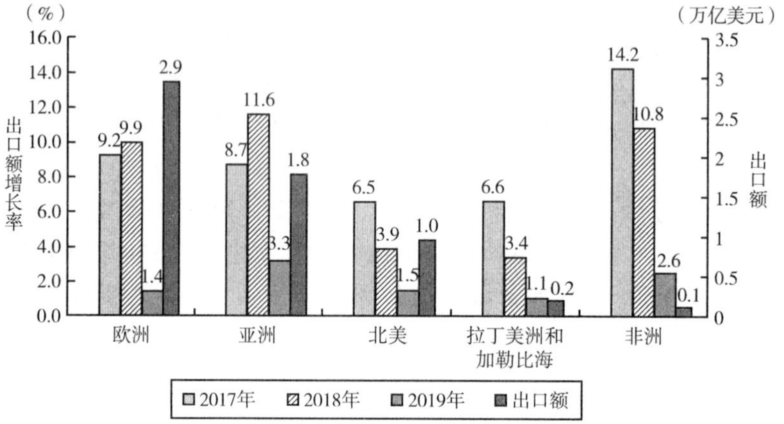

图 2.21 2017—2019 年各地区服务贸易出口额及增长率

资料来源：UNCTAD.

2019 年，全球运输服务业出口总额为 1.0 万亿美元。非洲、拉丁美洲和加勒比海地区运输业出口额分别增长了 1.6% 和 0.2%，其他地区则出现了不同程度的下滑。

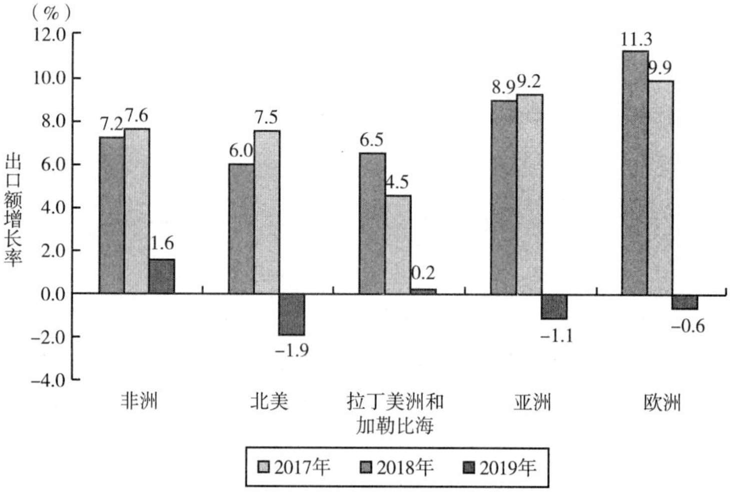

图 2.22 2017—2019 年不同地区运输服务业增长情况

资料来源：WTO.

其中，货物运输服务（包括海运、空运、铁路和公路运输）出口总额

4860 亿美元，占运输业出口总额的 47.3%，同比减少 2.0%。货物运输出口总额的减少主要是由于 2019 年全球商品贸易的减少造成的。所有类型的货物运输出口额同比都有所减少，其中空运和海运 2019 年出口额为 580 亿美元和 2772 亿美元，同比分别减少了 3.2% 和 4.6%（见图 2.23）。

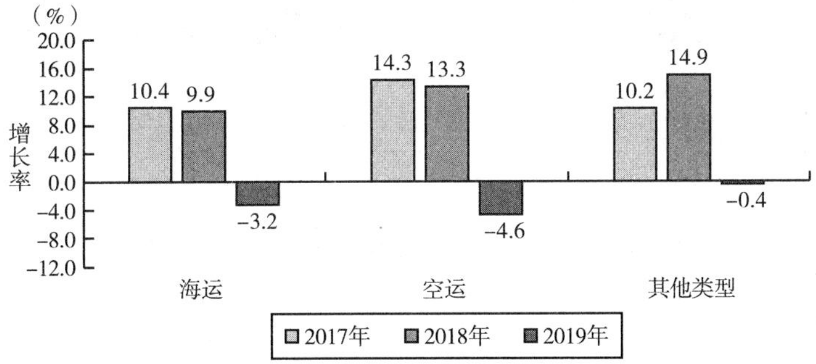

图 2.23　2017—2019 年不同类型货物运输出口额增长情况

资料来源：WTO - UNCTAD.

2019 年全球旅行服务业出口额[1]保持增长，但是增长率仅为 1%，远低于 2017 年和 2018 年近 8% 的增长速度。主要是由于全球经济不景气使得游客可支配收入减少、旅游意愿降低，以及一些国家货币贬值，导致国际旅游人数在全球范围内减少。2019 年，全球旅行服务出口额为 1.4 万亿美元，占全球服务业出口总额的 23.8%，占世界 GDP 的 1.7%。

2019 年美国旅行服务出口额为 0.2 万亿美元，占全球旅行服务出口总额的 13.4%，仍然是全球旅行服务出口额最大的国家。但是 2019 年出口额同比下滑 1.6%，这是自 2009 年金融危机以来首次出现下降。北美地区也因此成为 2019 年旅行服务出口额唯一一个负增长的地区（见图 2.24）。

2019 年，除运输、旅行、与商品有关的服务之外的“其他商业服务”贸易额达到 3.4 万亿美元。其中，2019 年电信、计算机和通信（ICT）服务出口额为 0.7 万亿美元，同比增长 8.7%，增速虽然不及 2018 年 16.0% 的增速，但是仍然是所有服务类型中增长最快的。计算机和通信服务中，计算机有关的服务 2019 年占比达 80.5%，出口额为 0.6 万亿美元。2019 年服务贸易结构如图 2.25 所示。

---

① 统计数据涵盖游客在境外旅游期间在食品和服务上的开支。

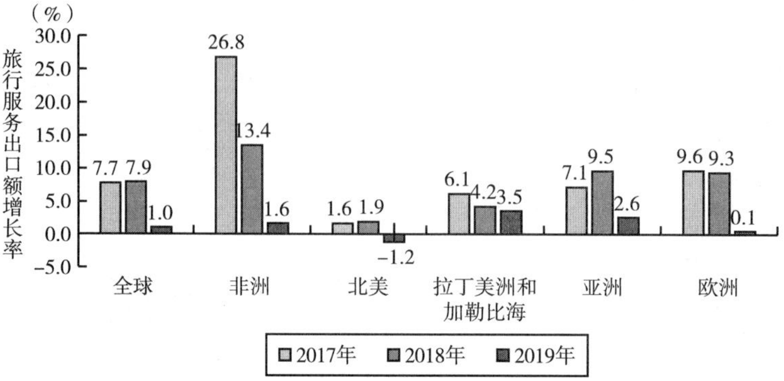

图 2.24　2017—2019 年不同地区旅游业增长情况

资料来源：WTO.

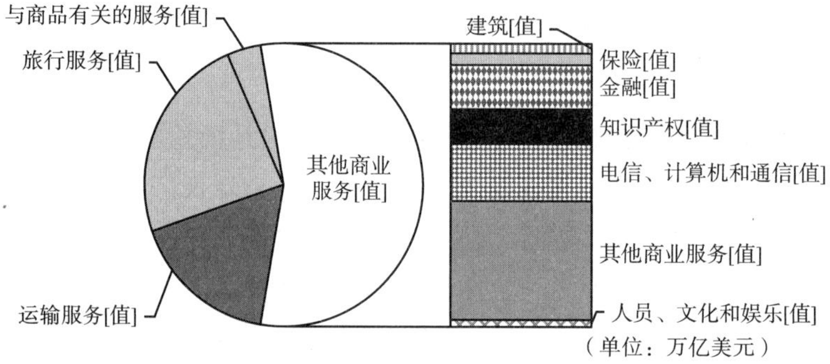

图 2.25　2019 年服务贸易构成

资料来源：UNCTAD.

四、全球投资

2019 年，全球外国直接投资（流入）总额为 1.5 万亿美元，同比增长 3.0%，这主要是由于随着美国 2017 年税收改革的影响减弱，美国跨国企业逐步停止将资金汇回本国从而导致流入其他发达国家的资金增加造成（见图 2.26）。

2019 年流入发达国家的 FDI 同比增加 5%，达到 8002 亿美元，增长主要是源于欧洲地区 FDI 流入增长了 18%。流入发展中国家的 FDI 同比减少 2%，为 6847 亿美元；流入转型经济体 FDI 同比增加 59%，由 2018 年的

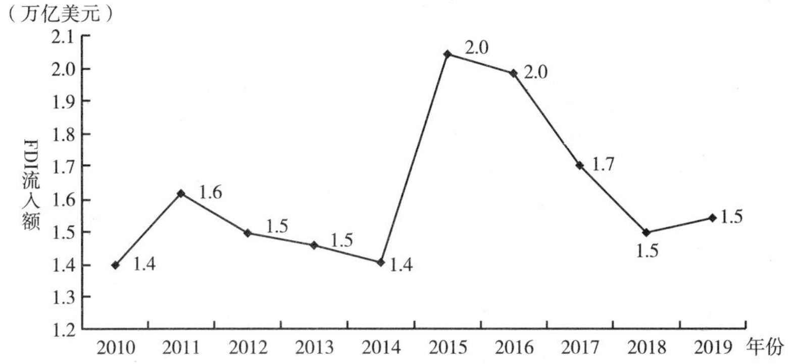

图 2. 26　2010—2019 年全球 FDI 流入变动情况

资料来源：UNCTAD.

345 亿增加至 549 亿美元。流入发达国家的 FDI 占比相较于 2018 年有小幅上升（见图 2. 27）。

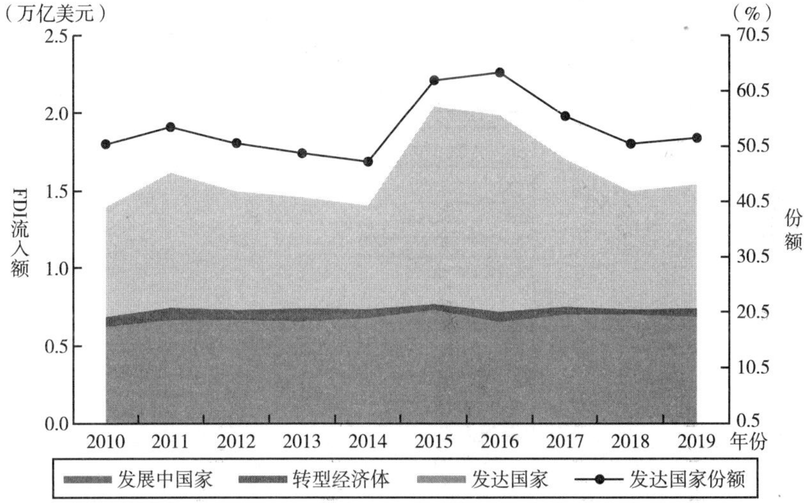

图 2. 27　2010—2019 年全球 FDI 流入不同水平经济体情况

资料来源：UNCTAD 数据库。

流入不同国家的 FDI 有较大差异。流入爱尔兰的 FDI 由 2018 年的 -281 亿美元①增加到 782 亿美元，而流入德国的 FDI 则比 2018 年减半，流入法国和英国的 FDI 也分别减少了 9% 和 11%。随着减税效应的逐步减弱，2019 年

① 注：FDI 流入为负表明外商撤资大于外商对爱尔兰的投资。

流入美国的 FDI 同比减少了 3%，但即便如此美国 2019 年仍然是 FDI 流入最多的国家，全年接收 FDI 总额为 2462 亿美元。加拿大 FDI 流入同比增加了 16%，至 503 亿美元，但因美国占整个北美地区 FDI 流入总额的 83%，所以最终 2019 年北美地区 FDI 流入持平 2018 年。

与发达国家相比，近 10 年来流入发展中国家的 FDI 波动相对较小。2019 年发展中国家接收 FDI 总额为 6847 亿美元，同比减少 2%。下降主要是由于非洲和亚洲发展中国家的 FDI 流入分别减少了 10% 和 5%。尽管流入亚洲 FDI 减少，但是亚洲 2019 年仍然是 FDI 流入量最大的地区，占到 FDI 流入总量的 33%。中国 2019 年接收外国直接投资 1412 亿美元，同比增长 2%，占到亚洲 FDI 总流入的 27%，仍然是全球 FDI 流入第二大的国家。拉丁美洲和加勒比海地区 FDI 流入同比增长 10%，至 1642 亿美元。转型经济体 FDI 流入增加 59%，主要是由于俄罗斯 FDI 流入由 2018 年的 132 亿美元增加到 317 亿美元，增幅高达 140%，占转型经济体 FDI 流入总额的 67%（见图 2.28）。

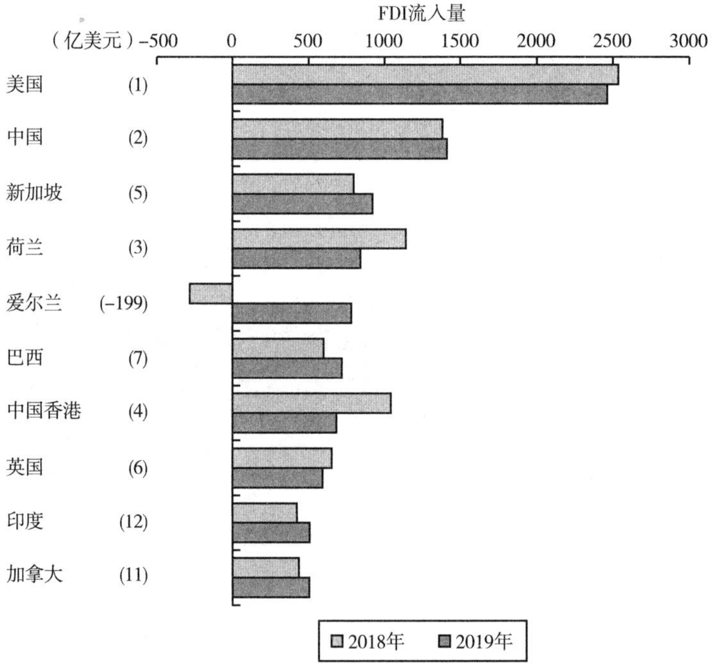

图 2.28 2018—2019 年 FDI 流入排名前十位的国家或地区

资料来源：UNCTAD 数据库（注：括号中为 2018 年排名）。

2019 年全球 FDI 流出总量为 1. 3 万亿美元，同比增长 33%。总部设在发达经济体的跨国公司在海外投资 9169 亿美元，较上年增长 72%，欧洲跨国公司的对外投资增加了 13%，主要原因是总部设在荷兰的跨国公司进行了大量投资，德国跨国公司在海外的再投资收益翻了一番。相比之下，2018 年 FDI 流出量较大的法国和瑞士 2019 年分别下降 63% 和 82%。总部设在北美的跨国公司的对外投资达到 2015 亿美元。2019 年日本仍然是世界上最大的对外投资者，跨国公司的投资增长了 58%，达到创纪录的 2266 亿美元，其中跨境并购从 2018 年的 360 亿美元增至 1040 亿美元。随着特朗普政府的减税政策效应逐步减弱，跨国公司累计海外收益的大规模汇回减少，其外流转为正，2019 年美国跨国公司对外投资大幅度增加，美国全年对外投资 1249 亿美元，成为仅次于日本的第二投资大国。2019 年，加拿大跨国公司的投资猛增 54%，由 2018 年的 499 亿美元增加至 766 亿美元（见图 2. 29）。

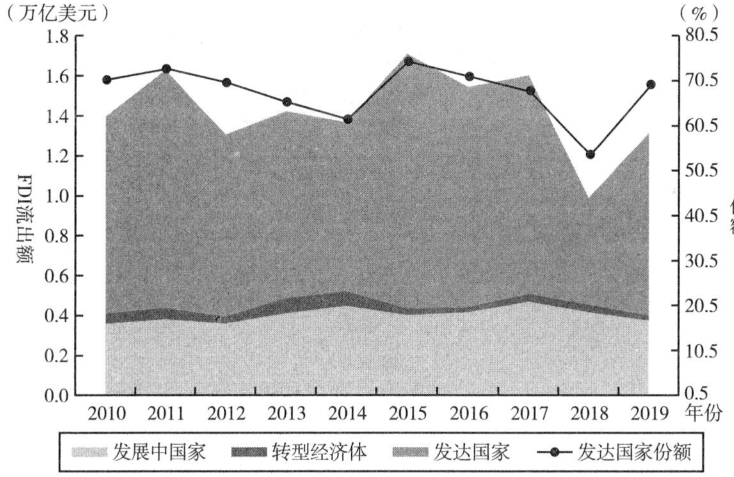

图 2. 29　2010—2019 年不同水平经济体 FDI 流出情况

资料来源：UNCTAD.

2019 年发展中国家和转型经济体 FDI 流出分别为 0. 37 亿和 0. 02 亿美元，同比分别减少了 10% 和 37%。亚洲发展中国家的资金外流减少了 19%，因为来自中国的资金外流连续第三年下降。由于继续限制对外投资、地缘政治紧张、贸易战和全球投资政策环境差等影响，中国的海外并购降至过去 10 年的最低水平。来自中国香港和韩国的投资也分别下降了 27% 和 7%。新加坡和马来西亚的资金外流分别增加了 12% 和 23%，这两个国家历来是东南亚最大的对外投资者。拉丁美洲跨国公司的对外投资由 2018 年的 127 亿美元增加至 416 亿美元，增幅最大的是巴西、墨西哥和智利。尤其是巴西公司，由于国内利率下降，通过外国子公司募集资金为国内业务融资的做法不再奏效，使得 FDI 流出从 2018 年的 -163 亿美元转变为 2019 年的 155 亿美元。2019 年，转型经济体的外国直接投资流出为 240 亿美元，同比减少 37%。这主要是由于俄罗斯对于海外扩张的谨慎态度，以及俄罗斯在获得国际资金和技术方面面临越来越多的限制以及国际制裁。俄罗斯 2019 年 FDI 流出同比减少 37%，俄罗斯几乎占据了转型经济体所有对外直接投资。这些趋势导致发达经济体在世界外国直接投资流出中的总体份额发生重大变化，从 2018 年的 54% 重新回到 70% 份额。

FDI 流出排名前十位的国家或地区见图 2.30。

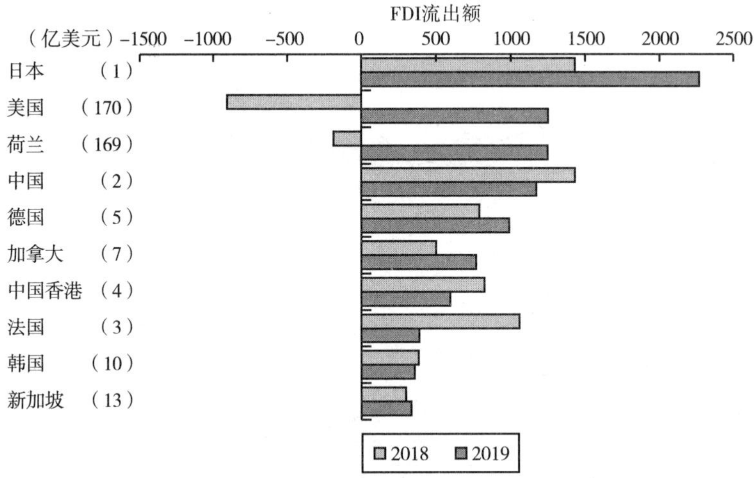

图 2.30 2018—2019 年 FDI 流出排名前十位的国家或地区

数据来源：UNCTAD 数据库（注：括号中为 2018 年排名）。

五、国际金融

2019 年，随着全球经济下行压力增加，全球货币政策再次转向宽松，全球主要国家央行纷纷降息，推动股票市场一路走高，国债收益率普遍走低，金融市场与 2018 年反差鲜明。

（一）货币政策

2018年全球货币政策渐转向正常化势头，进入2019年随着全球经济发展态势疲软，全球主要央行重启宽松政策，截至2019年底全球有48个经济体先后降息85次。美国联储（以下简称美联储）在2018年四次升息之后，分别于2019年的7月、9月和10月三次下调联邦基金利率目标区间至1.50%—1.75%，下调75个基点，美国联储降息主要是为了应对全球经济放缓、贸易的不确定性以及推动实现2.0%的通胀目标。欧元区央行于2019年9月将存款便利利率下调10个基点至-0.5%，并于2019年11月1日开始重启净资产购买，重启量化宽松。英国和日本货币政策在2019年保持不变，日本继续维持超低利率水平，日本央行设定的2%通胀目标仍未实现，英国通货膨胀率在2.0%上下小幅波动。2019年澳大利亚联储分别于6月、7月和10月3次降息75个基点，为2012年以来首次连续两个月降息。韩国央行2019年降息两次，基准利率总计下调50个基点，持平历史低点1.25%。尽管如此，韩国2019年通货膨胀率平均值降至历史低位0.4%，远低于2018年的1.5%，虽然12月通货膨胀率达0.7%，但远未及韩国央行2.0%的通胀目标。主要新兴国家年内也多次降息，为了提振经济，刺激投资和消费，印度央行2019年五次下调利率共135个基点，推动物价逐步上涨，其中2019年12月的CPI指数同比涨幅远超预期，从11月的5.54%升至7.35%，为6年来的最高水平，超出印度央行设定的2.0%至6.0%目标区间上限，为2016年7月以来首见。高通胀压力也使得印度央行降息政策难以持续。俄罗斯全年也经历了五次降息，将再融资利率下调了150个基点；巴西四次下调隔夜利率，共计下调了200个基点。土耳其里拉的暴跌使得政府放弃货币政策收紧的想法，全年四次降息，使得隔夜利率由22.5%下调至10.5%。主要国家通货膨胀率如图2.31所示。

（二）股票市场

与2018年全球股市一片惨淡截然相反，2019年由于40多个国家80多次降息使得流动性增加，推动全球18只重要股指全部上涨。进入2019年，全球MSCI指数就开始一路走高，与2018年一起呈现“V形”走势，截至2019年12月27日，MSCI全球指数较年初增长逾23%，比2018年12月21日最低点涨幅超过27%（见图2.32）。

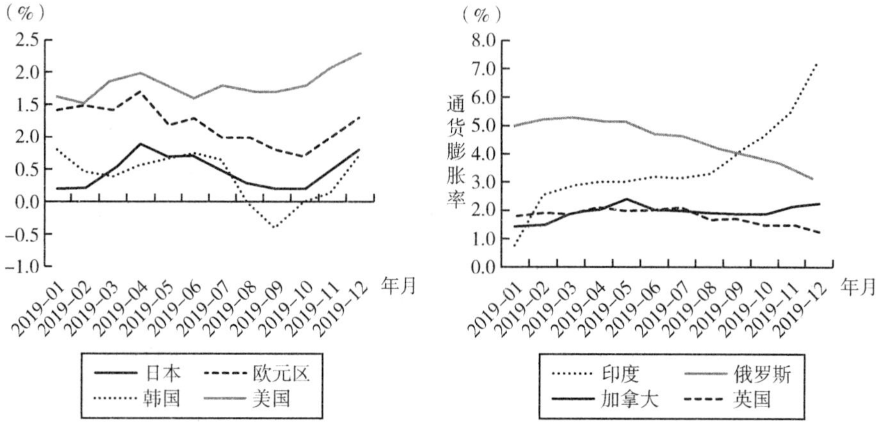

图 2.31 2019 年主要国家通货膨胀率

资料来源：Wind 数据库。

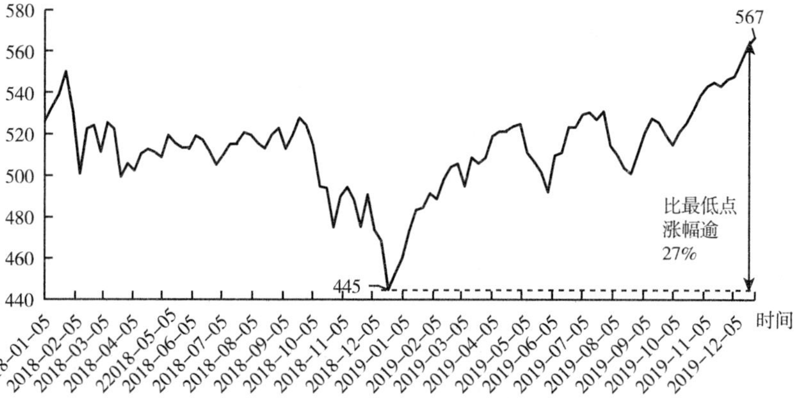

图 2.32 2018—2019 年 MSCI 全球指数

资料来源：Wind 数据库。

从单个国家来看，俄罗斯交易系统指数（RTS）涨幅遥遥领先，年度涨幅高达 43%。美国三大股指纳斯达克综合指数、标准普尔 500 指数和道琼斯工业平均指数分别上涨 35%、29% 和 22%。深证综合指数上涨 37%，涨幅居亚洲第一、全球第二。巴西圣保罗 IBOVESPA 指数涨幅为 32%。法国 CAC40 指数、德国法兰克福 DAX 指数、多伦多股票交易所 300 指数、东京日经 225 指数涨幅也都在 20% 以上。2019 年全球主要股票指数（收盘价）涨幅如图 2.33 所示。

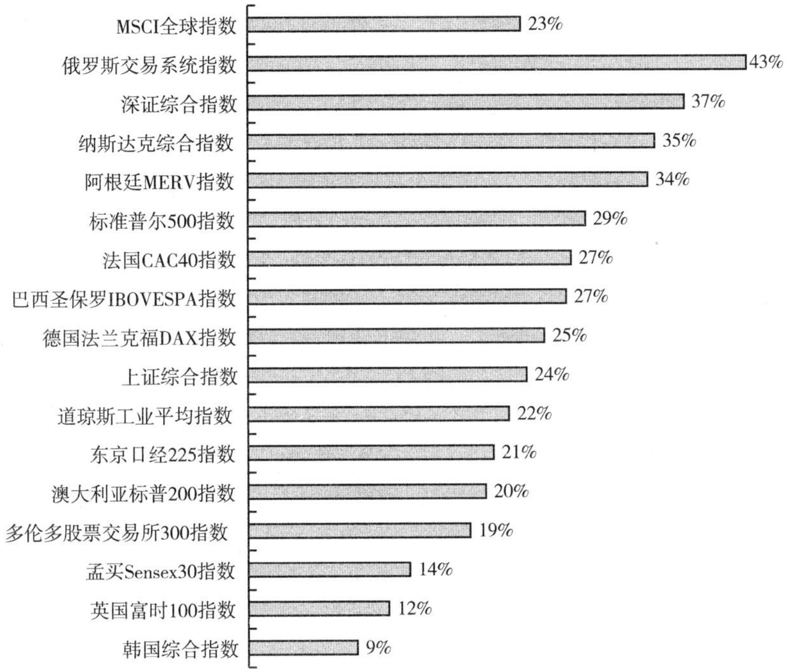

图 2.33　2019 年全球主要股票指数涨幅

资料来源：Wind 数据库。

（三）债券市场

2019 年全球国债收益率普遍走低，新兴市场国债收益率仍然居高。截至 2019 年年底，新兴市场中的巴西、印度、俄罗斯和中国的十年期国债收益率分别达到 6.76%、6.55%、6.23% 和 3.17%，均远高于发达国家水平。发达国家十年期国债收益率均低于 2%，其中美国十年期国债收益率 1.92%，加拿大十年期国债收益率 1.70%，意大利和澳大利亚十年期国债收益率分别为 1.43% 和 1.37%，英国和法国十年期国债收益率低于1%，德国也进入负利率时代，日本和德国十年期国债利率分别为 -0.01% 和 -0.19%。

与 2018 年年底相比，全球主要市场的十年期国债收益率均下降。降幅最大的市场是俄罗斯和巴西，这两个市场均下降了 248 个基点；意大利紧随其后，下降 135 个基点；澳大利亚、印度、美国、法国、德国、韩国、新加坡等国家十年期国债收益率降幅在 20 至 100 个基点之间，日本和中国十年期国债收益率降幅相对较小，分别为 6 和 11 个基点（见图 2.34）。

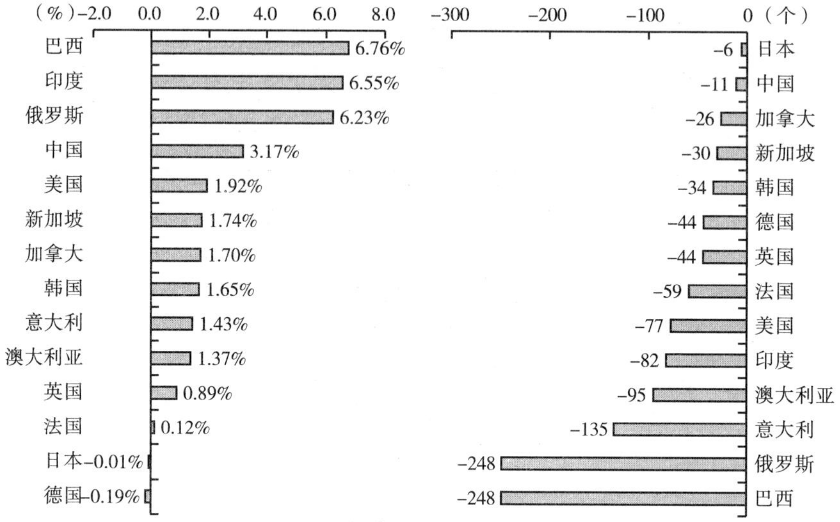

图 2.34 2019 年全球主要国家十年期国债收益率及变化

资料来源：Wind 数据库。

（四）外汇市场

通常，当经济发展不确定性增加时，市场避险情绪升温会推动美元价格上涨。但是，2019 年美国联储三次降息为美元贬值造成压力，多重因素叠加使得美元指数 2019 年全年仅有小幅波动，基本以持平收场。按照 Wind 数据库数据（2006 年指数为 100），2019 年底美元指数（周）收盘价为 114.68，2019 年 1 月 1 日美元指数收盘价 115.46，全年平均值 115.7，走势见图 2.35，整体上美元指数波动是非常小的。

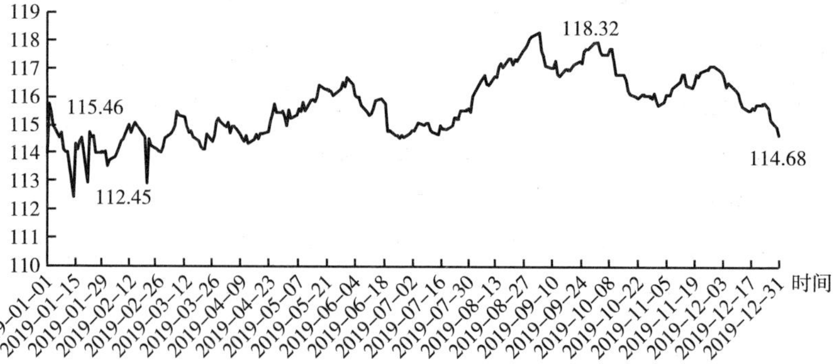

图 2.35 2019 年美元指数变动情况

资料来源：Wind 数据库。

美国经济的相对强劲以及全球经济发展疲软下市场避险情绪共同推动美元价格上涨。从主要国家货币对美元汇率来看（见图 2. 36），除了日元有小幅升值之外，欧元、英镑、人民币、卢比、韩元、雷亚尔等都有不同程度的贬值，其中雷亚尔贬值最为剧烈，反映了巴西周边国家紧张局势以及中美贸易战为巴西市场带来的巨大不确定性。

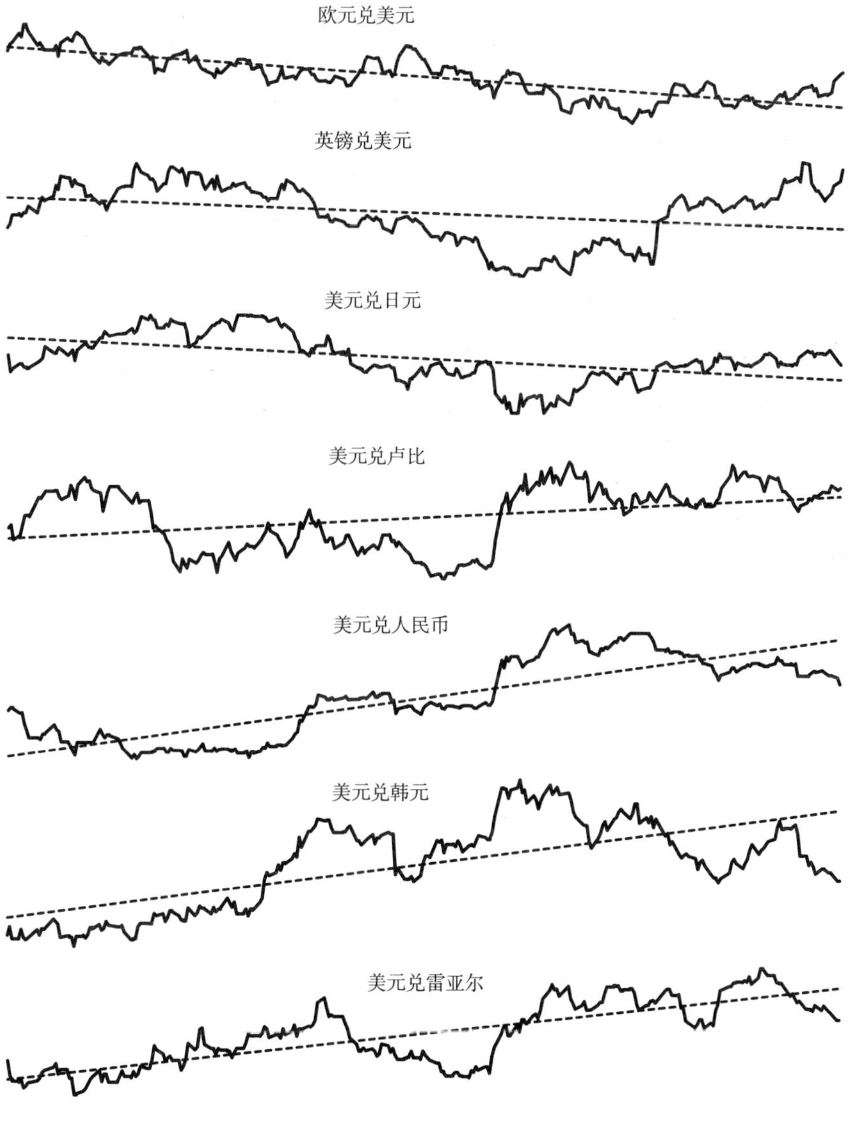

图 2. 36　2019 年主要货币兑美元汇率变动

资料来源：美联储。

六、评估与展望

2019 年，全球经济增速达到 2009 年金融危机之后十年来的最低水平，经济增速放缓在全球范围内成为普遍现象。贸易战继续拖累全球，商品贸易量和贸易额同步下跌，服务贸易增速大幅降低。特朗普政府推出的减税政策效应减弱使得全球对外投资重新活跃。为了应对经济下行的压力，以美联储为代表的 40 多个国家央行纷纷降息，已经步入正常化通道的货币政策重新转向宽松，主要国家通货膨胀率有所上升，流动性增加推动主要市场股票指数全部上涨，十年期债券利率走低。美国经济相对较好的表现以及市场避险情绪推动美元价格上涨，对主要国家货币有不同程度升值。

展望 2020 年，阻碍全球经济向好发展的风险因素仍然存在，经济发展前景并不明朗。多国制造业 PMI 指数短期内难以改善，表明全球经济疲软的态势仍然可能持续。2020 年初暴发的新冠肺炎疫情（以下简称新冠疫情）对全球经济的影响甚至有可能超过 2008 年全球金融危机，将全球经济再一次拖入衰退。

3. 全球冲突*

侯　娜　赵艳婷**

摘　要： 全球各地冲突频发，局部地区安全形势更加复杂严峻，动乱此起彼伏。冲突摧毁生活、机遇和环境，导致了长期、沉重的经济与社会代价，已然成为了影响全球与地区可持续发展的最大障碍之一。2019 年，国家冲突的数量从 2018 年的 52 起上升到 54 起，其中有 7 起达到了战争的标准；非国家冲突的数量从 2018 年的 80 起下降到 2019 年的 67 起；单边暴力为 31 起，比 2018 年减少 3 起。2014 年有组织暴力造成的死亡总人数高达 131920 人，2015—2019 年则连续五年下降，2019 年下降至 75599 人，其中国家冲突导致的死亡人数为 51096 人，与 2018 年的 53081 人相比减少了 3.7%，这是自 2012 年以来国家冲突死亡人数最低的一年。然而非国家冲突导致的死亡人数在 2019 年达到了新高峰，有 19588 人死于非国家冲突。单边暴力导致 4915 名平民被杀害，相较 2018 年的死亡人数 4515 人有所上升。2019 年，索马里国家冲突导致的死亡人数仅次于阿富汗和叙利亚；巴西非国家冲突导致死亡人数位于前列，其高暴力问题不容忽视。恐怖主义行径继续肆虐，恐怖组织“伊斯兰国”参与的各种类型冲突共有 23 起，造成了 7736 人死亡。

关键词： 有组织暴力　国家冲突非国家冲突　单边暴力　和平协定

---

* 基金项目：北京高校高精尖学科“战略经济与军民融合”交叉学科（GJJ2019163）支持项目、中央财经大学双一流和特色发展引导学科专项（022959918005）。

** 侯娜（1979—），英国伯明翰大学博士，中央财经大学国防经济与管理研究院副教授，中国财政发展协同创新中心研究员；研究方向：国家安全、军费与国防预算、国防财政、国防经济前沿。专著《总体国家安全观研究新探》，*Arms Race, Military Expenditure and Economic Growth in India*，主编、参编和参译 *Cooperation for a Peaceful and Sustainable World*（Ⅱ），《国防经济学前沿专题》、《国防预算与财政管理》、《和平经济学》等著作。在 *Defense and Peace Economics*，*Peace Economics*，*Peace Science and Public Policy* 等国际期刊发表论文多篇。主持国家自然科学基金、北京市社会科学基金、北京市国民经济动员等项目研究。

赵艳婷（1997—），中央财经大学国防经济与管理研究院硕士研究生，研究方向：国防与安全、军费与国防预算。

全球总体和平与稳定的大局未变，然而世界各地冲突频发，一些地区安全形势更加复杂严峻，动乱此起彼伏，全球安全治理依然举步维艰。冲突摧毁生活、机遇和环境，其可以在数小时和数日内摧毁数年和数十年的发展成果。冲突导致的经济与社会代价远远超出了冲突的延续时间，例如，高昂军费、投资外流、极端贫困、流离失所等，可能持续多年。当前各种形式的冲突与暴力已然成为了影响全球与地区可持续发展的最大障碍之一。

一、总体情况

2019 年，国家冲突的数量从 2018 年的 52 起上升到 54 起，其中有 7 起达到了战争的标准，即至少有 1000 人在战争中死亡。非国家冲突的数量在 2019 年下降了，从 2018 年的 80 起下降到 67 起；单边暴力为 31 起，比 2018 年减少 3 起。2010—2019 年的十年间，国家冲突数量在 2019 年（54 起）达到峰值，非国家冲突与单边暴力的数量则分别在 2017 年和 2018 年达到峰值（见图 3.1）①。

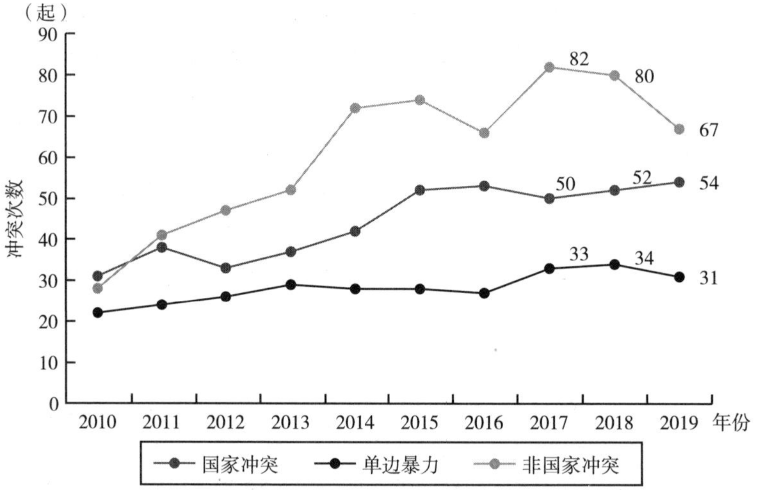

图 3.1 2010—2019 年不同类型有组织暴力的次数

资料来源：根据乌普萨拉冲突数据项目（UCDP）的数据，整理计算获得。

---

① 数据来源于乌普萨拉冲突数据项目（UCDP）：http：//www. ucdp. uu. se/#/exploratory，最新统计可能与数据库中的统计数据稍有差异。

如图 3. 2 所示，有组织暴力事件导致的死亡人数在 2011 年至 2014 年间不断增加，2014 年有组织暴力造成的死亡总人数高达 131920 人，2015—2019 年则连续五年下降，2019 年下降至 75599 人。2019 年大多数死亡是在国家冲突中发生的，占死亡总人数的 68%，2010—2019 年间，国家冲突导致的死亡人数占总体死亡人数的比例在 2010 年和 2011 年处于 70% 以下，但在 2012 年大幅升至 88%，且在 2012—2016 年一直保持在了 80% 以上，而在 2017 年开始下降，由 2017 年的 77% 下降至 2019 年的 68%。在 2010—2019 年的十年间，国家冲突和单边暴力导致的死亡人数均在 2014 年达到峰值，而非国家冲突导致的死亡人数则在 2019 年达到了新峰值。国家冲突导致的死亡人数从 2018 年的 53081 人下降到 51096 人，非国家冲突导致的死亡人数则从 18288 人迅速上升到 19588 人。2019 年，单边暴力导致的死亡人数为 4915 人，相较 2018 年的死亡人数 4515 人，上升不到 10%。

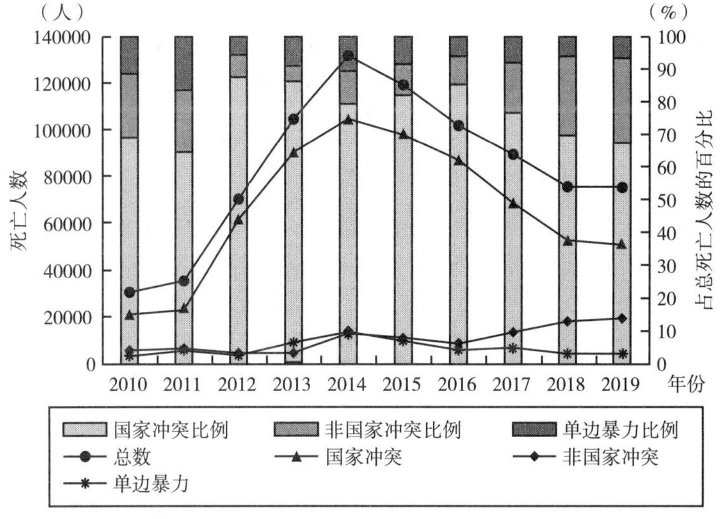

图 3. 2 2010—2019 年不同类型有组织暴力导致的死亡人数及其占总死亡人数的百分比

资料来源：根据乌普萨拉冲突数据项目（UCDP）的数据，整理计算获得。

二、国家冲突

国家冲突是涉及政府或领土而引起争端的相互对立，在国家冲突中，当事双方的军队使用武力，且其中至少有一方系一国政府。

在2019年发生了54起国家冲突，相较2018年的52起国家冲突，活跃的国家冲突数量增加了。2010年至2013年期间，冲突总数量明显低于2014—2019年的水平，冲突数量年度最大增幅发生在2014年至2016年间，从42起增加到了53起。此后国家冲突数量一直维持在50起以上。2019年，发生在非洲的活跃冲突数量达到25起，这是自1946年后非洲冲突的峰值。尽管在伊拉克和叙利亚的残余势力于2019年3月倒台，但“伊斯兰国”（IS）的扩张仍然是造成冲突数量增加的主要来源。“伊斯兰国”在2019年挑战了16个不同国家的政府，比2018年增加了4个，且这4个国家均位于非洲。

国家之间的冲突仍然是少见事件。在2019年的54场国家冲突中，有两场发生在国与国之间，即印度和巴基斯坦之间以及伊朗和以色列之间，分别导致125人和93人死亡。印度和巴基斯坦双方在2018年5月声明恢复停火协议，但双方之间的边界冲突仍保持居高不下的状态。2018年双方的跨境小规模战争导致至少100人死亡。2018年伊朗和以色列之间的冲突第一次开始活跃。自1979年的伊朗革命以来，伊朗与以色列的外交关系一直紧张，并在2006年以色列与伊朗真主党（Hezbollah）之间冲突发生之后恶化。2018年以色列军方指控，当地时间5月9日深夜至10日凌晨，叙利亚境内的伊朗军队向以方控制的戈兰高地发射近20枚火箭弹。以色列军队作为回应在10日凌晨向伊朗在叙境内的多个目标发动攻击①。在2019年，这两个国家间的冲突依然很活跃。

在52起国家内冲突中，有22起存在着外部国家军队向冲突中的一方或双方提供支持的情况，即国际化的国内冲突（internationalized intrastate conflicts）。自2014之后连续六年，有超过30%的冲突都属于国际化的国内冲突（见图3.3）。2019年美国部队参与了十起国际化的内部冲突，依然是作为次要交战方参与冲突最多的国家。

2019年，有7起国家冲突达到了战争的强度，即至少有1000人的死亡与战斗有关。与2018年相比增加了1起。战争相关死亡人数近五年来持续下降，2019年的战争死亡人数约5.1万，比2018年的5.3万减少了近4%，相较2014年的高峰值10.4万减少了54%以上。这主要还是由于叙利亚和伊拉

---

① 环球网：“以色列伊朗冲突升级各方呼吁克制唯独美国煽风点火”，2018-05-11，http://mil.news.sina.com.cn/world/2018-05-11/doc-ihamfahw3382858.shtml.

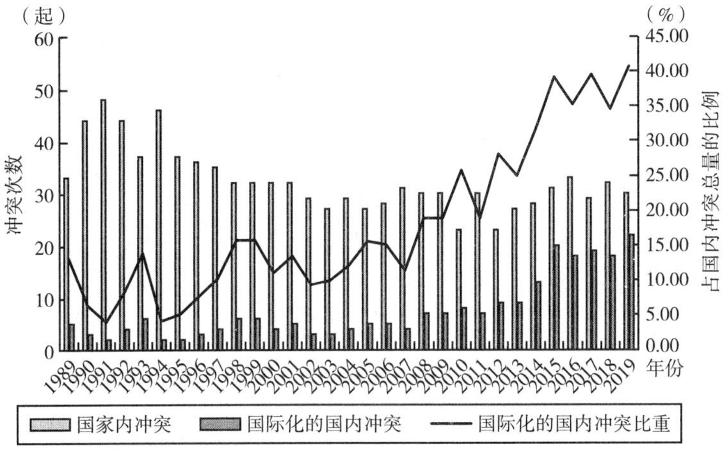

图 3.3 1989—2019 年国际化的国内冲突的数量

资料来源：根据乌普萨拉冲突数据项目（UCDP）的数据，整理计算获得。

克以及也门局势的缓和。2019 年，叙利亚的国家冲突造成约 7300 人死亡，相比 2018 年减少近 4500 人（38%），叙利亚的国家冲突达到了自 2011 年以来的最低水平。也门的死亡人数在 2019 年急剧减少，部分归功于 2018 年 12 月在瑞典举行的和平谈判。而阿富汗和利比亚的暴力在 2019 年经历了升级，阿富汗国家冲突的死亡人数有 29900 多人，这是自 1989 年苏联干预结束后死亡人数最多的一年，而利比亚的冲突自 2016 年以来首次达到战争水平，迄今还未能达成和平解决方案。

三、非国家冲突

乌普萨拉冲突数据项目自 1989 年以来共记录了 763 起非国家冲突[①]，平均每年发生 41 起活跃冲突。2010 年以来非国家冲突的增加趋势在 2016 年出现逆转，但在 2017 年再次大幅上升，而且达到了 1989 年到 2017 年以来非国家冲突的新峰值 83 起。2019 年，乌普萨拉冲突数据项目记录了 67 起此类冲

① 非国家冲突被界定为在两个有组织的团体之间使用武力，而这两个团体均不属于某国政府，造成在一年内至少 25 人与作战有关的死亡。根据相关团体的组织水平，非国家冲突可再分为三类：一是如反叛组织等有正规组织的行为体之间的冲突；二是未经正规组织的政党及候选人支持者和所属人员（非正规组织的支持者团体）之间的冲突；三是因种族、氏族、宗教、民族或部落传统而具有认同感的非正规组织团体（非正规组织的种族或宗教团体）之间的冲突。

突，可见非国家冲突的数量仍处于较高水平。2019 年乌普萨拉冲突数据项目记录死亡人数 19588 人，达到了近十年的峰值。自 1989 年以来，过去六年所有非国家冲突的发生率都高于其他任何一年。2019 年遭受非国家冲突影响最严重的国家仍然是墨西哥和叙利亚，共占非国家冲突总量的 24%，总死亡人数的 77%（见图 3.4）。

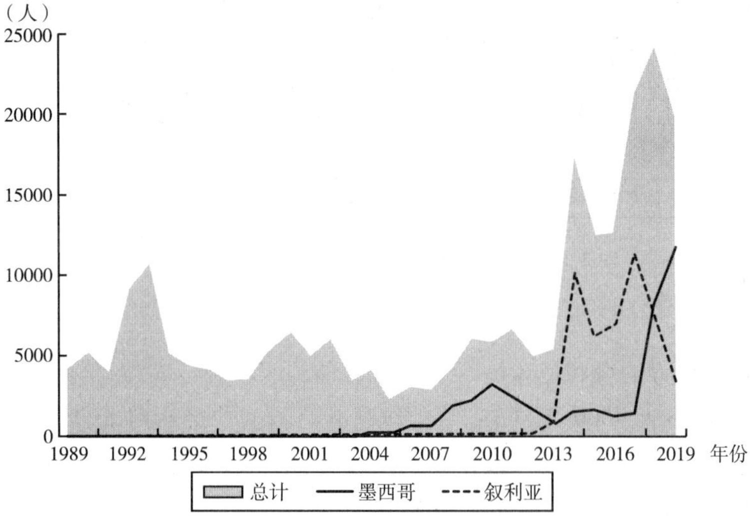

图 3.4 1989 年至 2019 年非国家冲突中的死亡人数

资料来源：Pettersson T, Öberg M. Organized Violence, 1989 - 2019, Journal of Peace Research, 2020, 57 (4): 597 - 613.

在叙利亚，许多反叛组织因政府对反叛分子控制地区的攻势而被严重削弱，叙利亚的非国家冲突数量从 2018 年的 10 起减少到 2019 年的 5 起，死亡人数则减少了 54%。在美国领导的国际联军的支持下，叙利亚民主军（SDF）于 2019 年 3 月将“伊斯兰国”（IS）从其在叙利亚东部的最后据点逼退。在此之后，叙利亚民主军在叙利亚北部和东部的统治地位导致了土耳其的担忧不断增加，土耳其在 2019 年 10 月发起“和平之春行动”，造成叙利亚国民军（SNA）与叙利亚民主军的对立以及土耳其和美国之间的紧张关系加剧。

墨西哥的非国家冲突主要是由于卡特尔犯罪集团的分裂，特别是新一代哈利克斯卡特尔（the Jalisco Cartel New Generation），其在锡那罗亚卡特尔失势以来主导了卡特尔的格局，该组织在 2019 年卷入了墨西哥至少 25 个州的 7 场非国家冲突之中，造成的死亡人数占到 2019 年墨西哥记录总死亡人数的 90%。2019 年墨西哥共发生了 11 次与卡特尔的冲突，相比上一年减少了 2

次，但其仍是2019年非国家冲突数量最多的国家。如图3.4所示，墨西哥非国家暴力死亡人数在近几年始终呈上升趋势并快速超过了叙利亚，成为非国家暴力死亡人数最多的国家，并且其在2019年非国家暴力死亡总人数中的占比达到了60%。

四、单边暴力

乌普萨拉冲突数据项目自1989年以来，共记录了281个单边施暴行为体（actors），平均每年为33个活跃的行为体。2019年，单边施暴行为体的个数为31个，相较2018年的34个减少3个。

布基纳法索和马里的单边暴力事件显著增长，与之相关的死亡人数由2018年的390人增长至2019年的1194人，增长了两倍以上。两国深受与“基地”组织和“支持伊斯兰与穆斯林组织”（Jamaat Nusrat al - Islamwal - Muslimin）相关暴力事件的影响，非国家冲突及单边暴力不断升级，武装团体日益增多，加剧了穆斯林、牧民富拉尼族和其他农业团体之间的长期紧张关系。

图3.5显示，据乌普萨拉冲突数据项目估计，自2014年以来，单边暴力造成的死亡人数呈下降趋势，2019年单边暴力[①]共造成了近5000名平民死亡，相比近六年处于最低水平的2018年有所上升。尽管“伊斯兰国”的杀戮从2015年开始大幅减少，但该组织仍然是大多数单边暴力事件的罪魁祸首，即使该组织的军事力量在被削弱，许多正式据点被击退，但其仍继续在全球许多国家实施着恐怖袭击。2019年“伊斯兰国”的攻击地点发生巨大改变，从叙利亚、伊拉克等地转向非洲，使得非洲与“伊斯兰国”单边暴力有关的死亡人数及增长幅度在所有地区中位居第一，死亡人数为3417人，相比2018年增加了56%。

单边暴力造成的死亡人数绝大部分是由非国家行为体造成，自1989年以来的大多数年份都是如此：在29年的时间里，只有7年政府要比非国家行为体需要为更多的死亡负责。2019年，政府造成17%的单边暴力死亡人数[②]。

---

① 单边暴力被界定为某国政府或某个正规组织对未经组织的平民使用武力。UCDP数据库将某个国家或团体在一年内杀害25个或更多非武装平民的暴行记录为单边暴力。

② Therese Pettersson, Stina Hogbladh and Magnus Öberg (2019), Organized Violence and Peace Agreement, 1989 - 2018, Journal of Peace Research, 56 (4): 589 - 603.

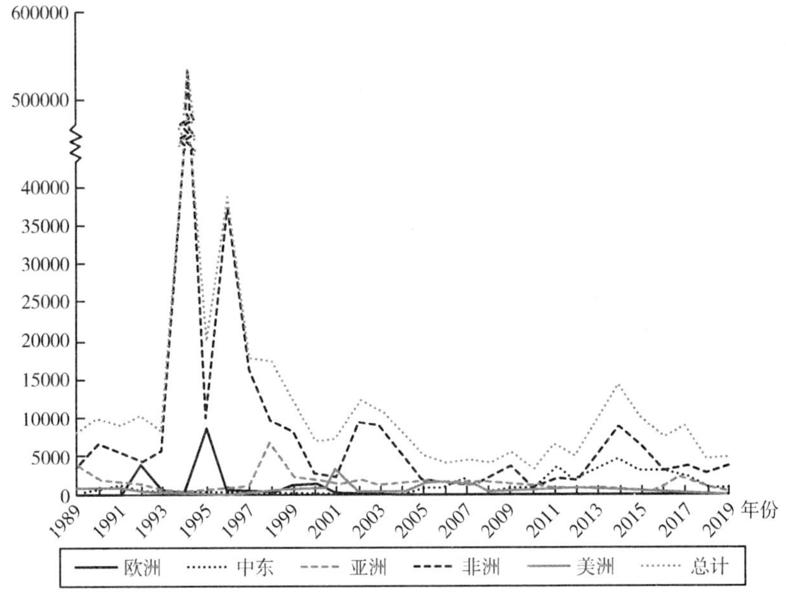

图 3.5　1989 年至 2019 年按地区分列的单边暴力的死亡人数

资料来源：Pettersson T.，Öberg M. Organized Violence，1989－2019，Journal of Peace Research，2020，57（4）：597－613.

五、年度重大冲突

2019 年国家冲突导致的死亡人数为 51096 人，其中死亡人数最多的国家是阿富汗、叙利亚和索马里。非国家冲突导致的死亡人数则为 19588 人，其中死亡人数最多的国家为墨西哥、叙利亚和巴西。除阿富汗与叙利亚，索马里为国家冲突导致死亡人数最多的国家，其武装冲突仍然是世界上最严重的冲突之一。巴西非国家冲突导致的死亡人数仅次于墨西哥和叙利亚，同时其高暴力问题也不容忽视（见表 3.1）。

表 3.1　2019 年死亡人数最多的冲突　　单位：人

排名	国家	国家冲突的死亡人数	排名	国家	非国家冲突的死亡人数
1	阿富汗	29903	1	墨西哥	11746
2	叙利亚	7304	2	叙利亚	3381
3	索马里	1879	3	巴西	1295

续表

排名	国家	国家冲突的死亡人数	排名	国家	非国家冲突的死亡人数
4	利比亚	1695	4	刚果（金）	703
5	也门	1663	5	尼日利亚	567
6	尼日利亚	1327	6	南苏丹	398
7	喀麦隆	693	7	中非共和国	273
8	印度	604	8	也门	234
9	马里	603	9	埃塞俄比亚	159
10	缅甸	558	10	利比亚	152

资料来源：根据乌普萨拉冲突数据项目（UCDP）的数据整理计算获得。

（一）索马里冲突

2019 年，索马里发生了 2 起国家冲突和 4 起非国家冲突，两种类型的冲突分别导致 1879 人和 143 人死亡。其中，国家冲突死亡人数与 2018 年相比略有下降，但非国家冲突死亡人数则增长了 37.5%。此外，索马里青年党在索马里以及肯尼亚发起的单边暴力导致了 117 人死亡，与 2018 年基本持平（见表 3.2）。

表 3.2　　2019 年索马里冲突

索马里国家冲突				
	对立因素	2019 反政府组织	起始年份	2019 年致死人数
1	政府	青年党	2008	1846
2	领土（“伊斯兰国”）	“伊斯兰国”	2019	33
索马里非国家冲突				
	当事方（A）	当事方（B）	起始年份	2019 年致死人数
1	青年党	“伊斯兰国”	2019	26
2	青年党	马阿威斯利	2019	32
3	HabarJeclo 的 Biide 小部族（艾萨克）	Habar Yonis 族 Saad 小部族（艾萨克）	2018	32
4	迪尔氏族	HabarGidir 的 Saad 小部族	2019	53
单边暴力				
	地区/国家	参与者	起始年份	2019 年致死人数
1	索马里，肯尼亚	青年党	2008	117

资料来源：根据乌普萨拉冲突数据项目（UCDP）的数据整理计算获得。

索马里是一个联邦共和国，由一个中央当局（联邦政府）和六个联邦成员组成，分为18个行政区，这可能部分解释了索马里经历30多年的内战并始终处于四分五裂状态的根源①。当前阶段的索马里内战始于2009年，冲突涉及索马里联邦政府及非洲联盟和平行动（非洲联盟驻索马里特派团，AMI-SOM）与伊斯兰武装暴力组织，尤其是索马里青年党之间的冲突。同时，索马里也受到部族间战斗和部族与联邦政府以及一些邦政府之间暴力的影响，包括索马里兰分离地区和邦特兰自治区②。

2019年，非盟驻索马里特派团继续开展行动，美国也加大了在索马里的参与力度，对索马里青年党目标进行了63次空袭，创下十几年来的历史最高纪录。尽管如此，索马里青年党仍然是索马里社会和穆罕默德总统政府面临的主要威胁。索马里青年党面对来自索马里和国际军事部队日益增加的军事压力仍然保持活跃，并在2019年年底加剧对这些部队及平民目标的武装袭击，如在2019年12月28日，其对摩加迪沙一个检查站的袭击造成81人死亡。据武装冲突位置与事件数据库（Armed Conflict Location & E-vent Data Project，ACLED）称，索马里青年党的持续扩张使索马里成为2019年伊斯兰极端主义活动水平第三高的国家③。此外，索马里农村人口继续遭受部族暴力，薄弱的国家安全部队无法防止争夺水和牧场资源的冲突。尽管与前三年相比，索马里2019年与冲突有关的死亡人数略有下降，但其武装冲突仍然是世界上最严重的冲突之一。冲突加之极端天气导致的最差农业收成（自1995年有详细记录以来）加剧了索马里的人道主义危机。2019年，索马里在原有260多万人成为境内流离失所者的基础上又新增近302000人。据预测，到2020年估计将有630万人粮食无保障，100万五岁以下儿童可能严重营养不良。

---

① SIPRI Yearbook 2019：Armaments，Disarmament and International Security. Oxford：Oxford University Press，123.

② Russell H－M and Solomon H.，Responses to State Failure in Somalia，*African Review* 6，No. 1（2014）：1－17；Dangerous Fault Lines in Galkayo and Somalia，International Crisis Group，*Review*，December 10，2015. in SIPRI Yearbook 2018：Armaments，Disarmament and International Security. Oxford：Oxford University Press，79.

③ Kishi，R. et al.，Year in Review（ACLED：2 Mar. 2020），p. 54. On the role of women in the insurgency，see International Crisis Group，"Women and al－Shabaab's insurgency"，*Africa Briefing*，No. 145，27 June 2019. in SIPRI Yearbook 2020：Armaments，Disarmament and International Security. Oxford：Oxford University Press.

（二）巴西冲突

2019 年，巴西发生了 3 起非国家冲突，较 2018 年增加 2 起，导致的死亡人数为 1295 人，与 2018 年的 2337 人相比下降近 45%。其中，发生在科曼多·维尔梅洛和国家保护者（GDE，Guardiões do Estado/Guardians of the state）之间的冲突仍然是巴西非国家冲突的主要来源。尽管中美洲、加勒比和南美洲很少爆发传统意义上的武装冲突，但暴力水平却居全球第一，巴西就是其中具有代表性的国家之一。同时，巴西的民粹主义抬头问题突出，2018 年年底，右翼民粹主义领导人贾尔·博尔索纳罗当选总统，开始为期 4 年的总统任期①。此外，巴西高达 30 多个政党、极度分散的国会同样成为不稳定局势的一大隐患②（见表 3.3）。

表 3.3　　2019 年巴西冲突

巴西非国家冲突				
	当事方（A）	当事方（B）	起始年份	2019 年致死人数
1	第一首都司令部	科曼多维尔梅洛	2017	62
2	科曼多维尔梅洛	国家保护者	2017	1178
3	北方家族	巴西监狱帮派	2017	55

资料来源：根据乌普萨拉冲突数据项目（UCDP）的数据整理计算获得。

2017 年，由于派系间贩毒团伙争夺毒品贸易控制权以及邻国哥伦比亚和秘鲁可卡因产量大幅增加，巴西暴力犯罪激增，超过 63000 人丧生。博尔索纳罗总统于 2019 年 1 月 1 日上任后启动了严厉打击犯罪的行动，同时颁布了一系列法令放松了巴西原来严格的枪支管制法律。2019 年，巴西凶杀率下降了 20% 以上。事实上，这一趋势始于 2018 年初，当时博尔索纳罗总统尚未上任。有关专家将巴西 2019 年凶杀率下降归因于几个因素的累积影响，如早在博尔索纳罗总统当选前就启动的旨在改善警方协调和培训、增加社区参与公

① SIPRI Yearbook 2019: Armaments, Disarmament and International Security. Oxford: Oxford University Press, 44.

② Sezkov Y., Bolsonaro's effort to revive Brazil's economy is destined to disappoint, *Financial Times*, November 29, 2018; Torres Freire V., "Brazil's party split reaches record level, becoming world anomaly", *Folha de Sao Paulo English edition*, 10 October 2018. in SIPRI Yearbook 2019: Armaments, Disarmament and International Security. Oxford: Oxford University Press, 44.

共安全规划和实施的国家方案，以及经济条件的普遍改善[①]。

然而，博尔索纳罗总统严厉打击犯罪的言论以及支持保护警察不因枪击犯罪嫌疑人而被起诉，导致警察过度使用致命武力的现象增加。2019 年在里约热内卢，警察杀害了 1810 人，平均每天 5 人，较上一年被警察杀害的人数增加了 18%，并成为自 1998 年有官方记录以来的最高数字[②]。尽管官方声称大多数受害者是在与警察对峙中丧生的枪手，但仍怀疑一些案件存在法外处决，无辜平民被错误杀害或在交火中丧生。此外，在博尔索纳罗政府缩减环保执法，削弱联邦环保机构的背景下，巴西成为了土著领袖和环保人士被杀害人数最多的国家。2019 年，巴西被谋杀土著人占农村所有被杀戮人数的 37%，而这一比例在 2018 年为 7%[③]。

（三）“伊斯兰国”参与的冲突

如表 3.4 所示，2019 年，乌普萨拉冲突数据项目记录了“伊斯兰国”参与的 16 起国家冲突、6 起非国家冲突和 1 起单边暴力，这三种类型的冲突导致的死亡人数分别为 4704 人、1975 人和 1057 人。与 2018 年相比，“伊斯兰国”参与的国家冲突虽然增加了 4 起，但导致的死亡人数却明显下降，与 2018 年的 10041 人相比减少近 53%。非国家冲突减少了 5 起，导致的死亡人数与 2018 年的 5000 人相比减少了一半以上（61%）。“伊斯兰国”发起的单边暴力导致的死亡人数从 2018 年的 1788 人下降近 41%。2017 年后，随着摩苏尔和拉克等重要的据点被收复，“伊斯兰国”所引发的冲突显著减弱，然而“伊斯兰国”仍是当前全球最致命的恐怖组织。

自 2017 年 12 月初伊拉克政府正式宣布“伊斯兰国”已被驱逐出其以前拥有的所有领土以来，“伊斯兰国”恐怖主义导致的死亡人数持续下降。2019 年“伊斯兰国”在叙利亚发起的冲突造成约 2300 人死亡，相比 2018 年的近 1 万人大幅下降，是近几年来死亡人数最少的一年。然而，随着“伊斯兰国”选择在阿富汗重新部署武装力量，2019 年“伊斯兰国”在阿富汗发生的国家

---

① SIPRI Yearbook 2020: Armaments, Disarmament and International Security. Oxford: Oxford University Press.

② BBC News: “Rio violence: Police killings reach record high in 2019”, 23 January 2020, https://www.bbc.com/news/world-latin-america-51220364.

③ Hanbury, S., “Murders of indigenous leaders in Brazilian Amazon hits highest level in two decades”, *Mongabay*, 14 Dec. 2019, https://news.mongabay.com/2019/12/murders-of-indigenous-leaders-in-brazil-amazon-hit-highest-level-in-two-decades/.

冲突所造成死亡人数在其参与的所有国家冲突中占比最高，约为总死亡人数的四分之一。可见2019年“伊斯兰国”仍然在全球不同国家和地区制造了多起恐袭，其恐怖组织残余势力仍不可小觑，国际各方需要合作起来严防其卷土重来的威胁。

表3.4　2019年“伊斯兰国”（IS）参与的暴力冲突

	国家冲突			
	地区/国家	对立原因	起始年份	2019年致死人数
1	俄罗斯	领土（“伊斯兰国”）	2015	26
2	埃及	领土（“伊斯兰国”）	2015	406
3	伊拉克	领土（“伊斯兰国”）	2004	498
4	叙利亚	领土（“伊斯兰国”）	2013	522
5	阿富汗	领土（“伊斯兰国”）	2015	1075
6	巴基斯坦	领土（“伊斯兰国”）	2016	29
7	菲律宾	领土（“伊斯兰国”）	2016	136
8	布基纳法索	领土（“伊斯兰国”）	2019	78
9	喀麦隆	领土（“伊斯兰国”）	2019	135
10	乍得	领土（“伊斯兰国”）	2017	184
11	利比亚	领土（“伊斯兰国”）	2015	43
12	马里	领土（“伊斯兰国”）	2017	181
13	莫桑比克	领土（“伊斯兰国”）	2019	42
14	尼日尔	领土（“伊斯兰国”）	2015	298
15	尼日利亚	领土（“伊斯兰国”）	2015	1018
16	索马里	领土（“伊斯兰国”）	2019	33
	非国家冲突			
	当事方（A）	当事方（B）	起始年份	2019年致死人数
1	“伊斯兰国”	努斯拉阵线（HTS）	2017	124
2	“伊斯兰国”	叙利亚民主军（SDF）	2015	1663
3	阿拉伯半岛的“基地”组织（AQAP）	“伊斯兰国”	2018	69
4	“伊斯兰国”	塔利班	2015	51
5	众议院力量	“伊斯兰国”	2015	42
6	青年党	“伊斯兰国”	2019	26

续表

单边暴力				
	地区/国家	参与者	起始年份	2019 年致死人数
1	斯里兰卡、阿富汗、尼日尔、尼日利亚、布基纳法索	“伊斯兰国”	2004	1057

资料来源：根据冲突数据和乌普萨拉冲突数据项目（UCDP）的数据进行整理计算获得。Pettersson T.，Öberg M. Organized Violence，1989－2019，Journal of Peace Research，2020，57（4）：597－613.

六、评估与展望

有组织暴力造成的死亡总人数在 2019 年继续下降，2014 年有组织暴力造成的死亡总人数高达 131920 人，2015—2019 年则连续五年下降，2019 年下降至 75599 人。2019 年，大多数死亡是在国家冲突中发生的，占死亡总人数的 68%。国家冲突的数量从 2018 年的 52 起上升到 54 起，其中有 7 起达到了战争的标准。非国家冲突的数量在 2018 年下降了，从 80 起大幅减少至 67 起。单边暴力为 31 起，比 2017 年减少了 3 起。2010—2019 年的十年间，国家冲突数量在 2019 年（54 起）达到峰值，非国家冲突与单边暴力的数量则均在 2017 年达到峰值。在 2019 年的 52 起国家内冲突中，多达 22 起为国际化的国内冲突。

2019 年，至少 32 个国家发生了武装冲突，许多国家的冲突涉及多个非国家武装组织和外部行动者。索马里发生的 2 起国家冲突导致了 1879 人死亡，青年党的持续扩张使其成为 2019 年伊斯兰极端主义活动第三高的国家。巴西暴力水平居高不下，成为世界上被警察杀害人口比例最高的国家。尽管有组织暴力的死亡人数在 2019 年连续第五年下降，但是以国家为基础的活跃冲突数量仍处于历史高位，其中许多冲突与“伊斯兰国”、“基地”组织或其附属组织相关，尤其是最近“伊斯兰国”在非洲的扩张助长了这一增长趋势。2019 年，“伊斯兰国”参与的各种类型冲突有 23 起，共导致 7736 人死亡。在过去十年中，“伊斯兰国”和“基地”组织等恐怖组织推动了许多冲突的发生，阿富汗就是典型代表之一。2019 年是阿富汗自 1989 年以来最血腥的一年，其与“伊斯兰国”和“基地”组织有关联的塔利班的战斗造成了 31200 多人死亡，占世界有组织暴力死亡总人数的近 40%。

2019 年全球依然是不平静的一年，经济衰退的态势仍未好转，地缘政治紧张继续升级，多边主义和单边主义之争愈演愈烈，保护主义和民粹主义不断抬头，和平与发展之路在曲折中艰难探索。中东地区动荡混乱，冲突不断，沙特与伊朗矛盾上升，巴以争端僵局难解，叙利亚、伊拉克与阿富汗危机不断、重建艰难，加之美俄博弈的影响，中东形势波谲云诡。非洲安全局势同样堪忧，特别是萨赫勒和乍得湖地区、非洲之角地区、中非地区恐袭和安全事件频发。非洲正日益成为全球应对恐怖主义、极端主义的“最前线”，许多遭受武装冲突的国家都受到了伊斯兰极端组织暴力的折磨。美洲多国面临着政治与社会动荡，厄瓜多尔、智利、玻利维亚、哥伦比亚、海地等国暴力示威抗议迭起，墨西哥、巴西、哥伦比亚等国饱受犯罪暴力冲突影响，各种矛盾积聚与相互作用导致美洲安全治理困难重重。亚洲安全态势日益复杂，大国博弈、地缘冲突、宗教冲突及恐怖主义相互交织，诸如朝韩关系、印巴边境冲突、伊核问题、波斯湾局势等，将依然是全球安全关注的热点。2019 年底突如其来的新冠肺炎疫情席卷全球，将对全球经济、政治与社会带来前所未有的冲击与震荡，多重因素叠加，全球安全态势的发展难以估计、不容乐观。

4. 维和*

吕云震　罗奕涵　董文康**

摘　要：联合国是当今世界上最具权威性和代表性的政府间国际组织，承担着维护世界和平、促进共同发展的重任，维和行动是联合国发挥维护世界和平与发展作用的重要形式之一。在成立以来的70多年里，联合国在维持和平方面成绩斐然，并荣获诺贝尔和平奖。但是随着维和行动环境产生的巨大变化，目前维和行动也面临着若干挑战。面对2019年末暴发的新型冠状病毒疫情，维和特派团维护所有联合国人员的安全、安保与健康，同时保证行动的连续性。2019年，联合国"以行动促维和"议程取得了长足进展，收获颇丰。

关键词：联合国维和　地区冲突　和平

联合国成立七十余年来，维和行动的环境日新月异，全球维和的态势急迫，凸显了采取多边行动预防冲突、维持和平及保持和平的必要性。联合国维持和平行动旨在帮助各国克服困难险阻，从冲突走向和平。从维和行动首次部署到现任秘书长古特雷斯开展维和行动改革，从维和三原则确立到顶层纲领出台，从传统型维和行动到多元化维和行动，联合国维和行动不断在实践中发展，在逆境中成长，历经多次改革，才得以适应复杂多变的国际安全形势，更好地维护了世界和平。

---

* 基金项目：中国指挥与控制学会2020年国防教育研究专项重点课题"普通高等学校军事课教学资源库建设研究"（项目编号：GFJY2020ZD004）、北京高校军事课教学专项课题一般项目"军事课教学在学校国防教育中作用研究"（项目编号：BJJSKYB202106）研究成果。

** 吕云震，男，教育学博士，中央财经大学国防经济与管理研究院军事教研室副主任，中国指挥与控制学会国防教育专委会办公室主任。主要研究领域为国防教育、比较教育、教育政策等。出版及参与编写《军事理论》、《军事理论与军事技能教程》、《战略与防务经济蓝皮书：2019》、《新时代国防教育与学生军训改革创新》等多部教材、著作，在《比较教育研究》、《中国电化教育》、《教育科学研究》、《比较教育学报》、《中国高校科技》、《人民教育》等期刊上发表三十余篇学术文章。罗奕涵，女，中央财经大学中国经济与管理研究院学生；董文康，男，中央财经大学商学院学生。

一、全球维和行动状况

联合国成立的初衷是为了避免再次发生世界大战，特别是大国之间直接的军事冲突。为此，《联合国宪章》确立了大国一致原则，建立集体安全制度，赋予安理会维护国际和平与安全的首要责任，并设立拥有否决权的常任理事国。联合国维和行动通过部署来自世界各地的部队和警察，使其与文职维和人员共同执行联合国安全理事会和大会布置的一系列任务。联合国维和行动是由和平行动部和业务支助部共同负责部署，能够因地制宜部署维和行动，满足当地具体需求，适应新的威胁和挑战。维和人员积极参与保护平民，帮助预防冲突、减少暴力，并加强最紧要地区的安保工作。

截至 2019 年 12 月 31 日，为了支持履行安全理事会授权的任务，来自 120 多个国家的军警和文职人员正在执行 13 项维持和平行动（见表 4.1）。与 2018 年情况不同的是，联合国海地司法支助特派团（以下简称联海司法支助团）已于 2019 年 10 月 15 日完成任务。2019 年，联合国在不同国家和区域部署了 30 多个特别政治任务、办公室和特使，其中包括部署在阿富汗、哥伦比亚、伊拉克、利比亚、索马里、阿拉伯叙利亚共和国、也门和中东的大型政治任务。联合国总共在 90 多个国家和地区提供了预警、分析、斡旋和调解服务，支持会员国预防冲突和巩固和平。

表 4.1　　2019 年进行的联合国维和行动

地区	维持和平行动特派团
非洲	联合国南苏丹共和国特派团（南苏丹特派团）
	联合国马里多层面综合稳定特派团（马里稳定团）
	联合国西撒哈拉全民投票特派团（西撒特派团）
	联合国中非共和国多层面综合稳定团（中非稳定团）
	联合国组织刚果民主共和国特派团（联刚特派团）
	非洲联盟—联合国达尔富尔混合行动（达尔富尔混合行动）
	联合国阿卜耶伊临时安全部队（联阿安全部队）
欧洲	联合国科索沃临时行政当局特派团（科索沃特派团）
	联合国驻塞浦路斯维持和平部队（联塞部队）

续表

地区	维持和平行动特派团
中东	联合国驻黎巴嫩临时部队（联黎部队）
	联合国停战监督组织（停战监督组织）
	联合国脱离接触观察员部队（观察员部队）
亚洲	联合国印度和巴基斯坦观察组（印巴观察组）

资料来源：联合国维持和平行动网站，http：//www. un. org/zh/peacekeeping/.

截至 2019 年 12 月 31 日，参加以上 13 个维和行动的人员总计为 83331 人。维和人员主要部署于联合国南苏丹共和国特派团（南苏丹特派团）、联合国组织刚果民主共和国特派团（联刚特派团）、联合国马里多层面综合稳定特派团（马里稳定团）、联合国中非共和国多层面综合稳定团（中非稳定团）、联合国驻黎巴嫩临时部队（联黎部队），这些维和行动兵力总数均超过 1 万人。

二、维和力量

维持和平人员包括文职人员、军事人员和警察。文职人员履行维和行动中的诸多授权任务：促进和保护人权、帮助加强法治、推动政治及和解进程、促进防雷宣传，以及作为新闻官对和平进程及联合国工作进行解释并凝聚支持。文职人员还在财政、后勤、通信和技术、人力资源及一般行政管理等许多支助职位服务，以帮助特派团促进和平与安全。提供服务的文职人员可能是国际工作人员、来自东道国的国家工作人员或联合国志愿人员、顾问及承包商。联合国军事人员与联合国警察和文职人员共同保护人员和财产的安全；与任务区其他军事实体保持密切合作；努力促进稳定与安全。联合国军事人员与当地社区和当地军事人员合作，促进相互了解，共同实现持久和平。保护平民是其核心任务，蓝盔部队是重要的安全保障力量。联合国警察是联合国全系统的服务提供者和警务与执法事务的联络者，在维持和平与安全方面作出全方位的贡献，促进联合国政治、发展和人道主义目标的实现。

随着维和任务日益复杂且涉及更多层面，维和人员的职责也在改变。联合国维和人员来自各行各业，拥有多元的文化背景，越来越多的成员国向联合国输送维和人员。但在联合国的旗帜下服务时，他们都投身于维持国际和平与安全这项共同的事业。他们有着共同的目标：保护弱势群体，并为努力从冲突转向和平的国家提供支持。

联合国希望所有维和人员时刻以专业精湛和纪律严明的方式恪守最高的行动和操守标准。联合国的工作人员需要进行特殊培训，从而确保他们的知识、技能和心态达到履行多样职责的要求，并为应对特别具有挑战性的情况做准备。规定的培训包括派遣前学习联合国的原则、指导方针和政策，以及关于性虐待和性剥削等具体议题的针对性培训。这些规定的培训内容为联合国的维和行动树立了标准，并在维和人员执行重大任务以援助目标国家的过程中发挥了指导作用（见图 4.1、图 4.2）。

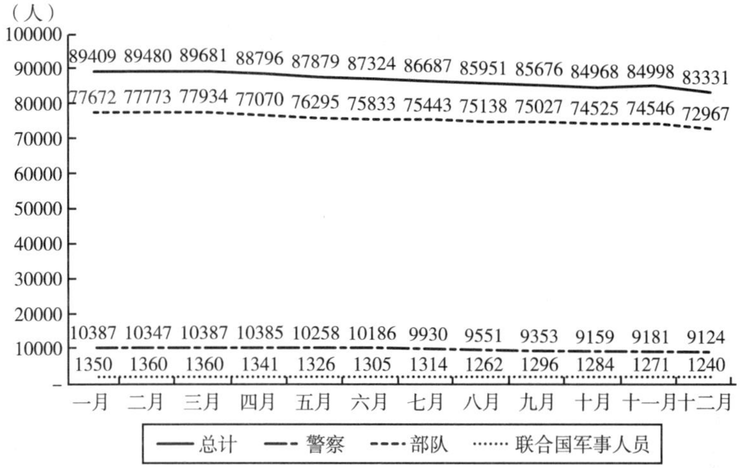

图 4.1　2019 年维和人员数量月度统计

资料来源：联合国维持和平行动网站，http：//www. un. org/zh/peacekeeping/.

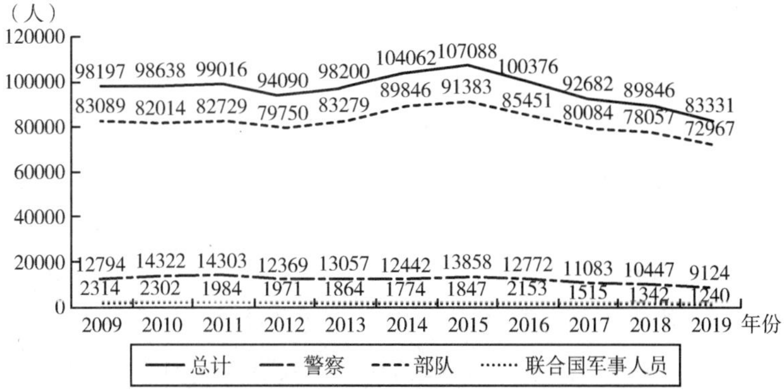

图 4.2　联合国维和人员数量（2009—2019 年）

资料来源：联合国维持和平行动网站，http：//www. un. org/zh/peacekeeping/.

数据显示，2019 年共有超过 120 个国家为联合国提供军事人员、警察及文职人员，按 2019 年 12 月的数据，该年共有维和人员 83331 名。其中警察 9124 人，军事人员 72967 人，文职人员 1240 人（见图 4.1）。整体来看，2019 年度各月维和人员数比较均衡，从 1 月到 12 月呈现先小幅增加后减少的趋势，总计减少了 6078 名维和人员（见图 4.2）。维和人员总数比 2018 年的 89846 人有所下降，是近十年来维和力量的最低水平。2019 年联合国维和派遣人员排名前十的国家均来自于亚洲或非洲地区（见表 4.2），仅这十国派遣总人数就已达到 46333 人，占 2019 年 125 个国家派遣总人数的 55.6%。

表 4.2　2019 年联合国维和行动十大人员派遣国排名　　单位：人

国家	地区	警察	联合国军事人员	军队	文职人员	总数
埃塞俄比亚	非洲	47	104	6382	118	6651
孟加拉国	亚洲	650	37	5627	109	6423
卢旺达	非洲	1049	31	5211	76	6367
尼泊尔	亚洲	580	44	4951	115	5690
印度	亚洲	170	44	5162	115	5491
巴基斯坦	亚洲	140	49	4094	100	4383
埃及	非洲	825	35	2152	73	3085
印度尼西亚	亚洲	335	24	2495	43	2897
加纳	非洲	363	42	2311	85	2801
中国	亚洲	26	27	2437	55	2545

资料来源：联合国维持和平行动网站，http：//www. un. org/zh/peacekeeping/.

如表 4.2 所示，2019 年派遣维和人员数最多的十个国家里有四个来自非洲地区，其余六个来自亚洲地区。其中埃塞俄比亚为派遣的维和人员数目最多的国家，共派遣 6651 人，孟加拉国紧随其后，共派遣 6423 人，位列第二。非洲地区 2019 年共有 35 个国家为联合国维和运动派遣 40918 人，占维和人员总数的 49.1%，亚洲地区 2019 年共有 22 个国家为联合国维和运动派遣 32339 名维和人员，占维和人员总数的 38.81%，欧洲地区 2019 年共有 42 个国家为维和运动派遣 7136 人；拉丁美洲地区 2019 年共有 15 个国家为维和运动派遣 2468 人；北美地区 2019 年共有 2 个国家为维和运动派遣 79 人，大洋洲地区 2019 年共有 4 个国家为维和运动派遣 391 人（见图 4.3）。

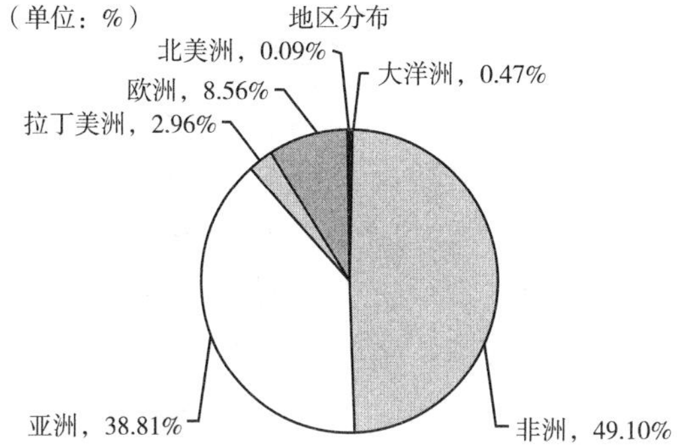

图 4.3　2019 年度维和人员地区分布

资料来源：联合国维持和平行动网站，http：//www. un. org/zh/peacekeeping/.

维和人员在世界上最具挑战性的环境中发挥更大的作用，参与更多的行动，面临着巨大的风险。自 1948 年至 2019 年，在联合国部队服役期间因公殉职的维持和平人员有 3907 名，其中 1040 名维和人员殉职于恶意行为。2019 年殉职的联合国维和人员有 103 人，其中有 29 人因恶意行为死亡。随着全球恐怖组织的一体化以及地区安全形势的发展，维和行动方式发生了新的变化。相关挑战主要存在于非洲维和任务区，包括马里、中非、苏丹、刚果（金）、南苏丹等国。其中，联合国驻黎巴嫩部队牺牲人数最多（见图 4.4）。

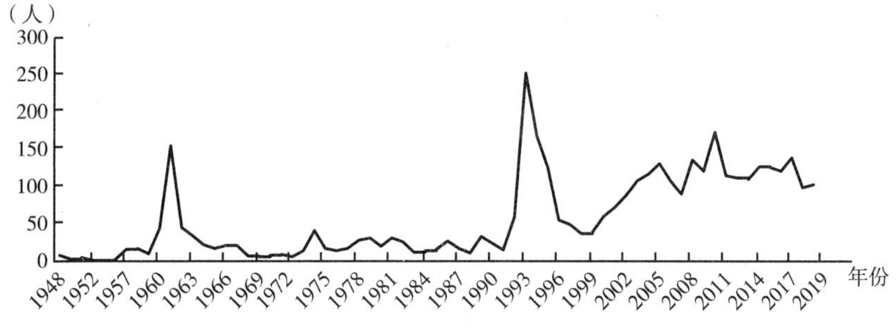

图 4.4　联合国维和人员伤亡人数（1948—2019 年）

资料来源：联合国维持和平行动网站，http：//www. un. org/zh/peacekeeping/.

自 1948 年起，超过 100 万名联合国维和人员帮助冲突各国实现和平与稳定。他们每天都在为数百万最脆弱人民的生活带来实实在在的改变，每天都在拯救生命。在中非共和国和南苏丹等地，维和人员保护平民不受暴力袭击，并为重要的人道主义援助提供支持。

三、维和经费

为维持和平行动筹集资金是联合国所有会员国的共同责任，各会员国应遵循《联合国宪章》第十七条之规定，按照分摊比例向维持和平行动捐款。大会根据具体的经费分摊比额表（由会员国设计的复杂公式得出）分摊维持和平费用。该公式主要考虑各会员国的经济财富状况，五个安全理事会常任理事国需缴纳更大份额，因为他们对维持国际和平与安全负有特殊责任。此外，大会在第55/235号决议（2000年12月23日）中重申了为维持和平行动筹集资金的这些基本原则及其他一般原则。

2019财政年度（2019年7月1日至2020年6月30日），联合国维持和平行动的核定预算约为65亿美元。这笔资金资助了13个联合国维持和平特派团中的12个，为非洲联盟驻索马里特派团（非索特派团）提供后勤支持，并通过位于布林迪西（意大利）和巴伦西亚（西班牙）的全球服务中心及位于恩德培（乌干达）的区域服务中心为所有和平行动提供资助、技术和后勤服务。注意到其余两个维持和平特派团，即联合国停战监督组织（停战监督组织）与联合国驻印度和巴基斯坦军事观察组（印巴观察组），均由联合国经常预算供资。比较发现，这不足全球军事支出的0.5%（估计2020年为19810亿美元）。相比2017—2018年核定预算，2019—2020年度平均减少1.8%（见表4.3）。

表4.3　2019年联合国维和行动摊款份额前十位的会员国　单位：%

排名	国家	比例
1	美国	27.89
2	中国	15.21
3	日本	8.56
4	德国	6.09
5	大不列颠及北爱尔兰联合王国	5.79
6	法国	5.61
7	意大利	3.30
8	俄罗斯联邦	3.04
9	加拿大	2.73
10	韩国	2.26

资料来源：联合国维持和平行动网站，http：//www.un.org/zh/peacekeeping/.

维和经费依据不同的国家等级进行分摊，国家等级的划分最主要依据的是全体会员国人均国民收入数，并在这基础上根据实际情况进行一定的调整。

四、维和进展与成就

联合国维持和平特派团在全世界最危险和困难的环境中开展活动。在成立以来的70多年里，联合国在维持和平方面成绩斐然，并荣获诺贝尔和平奖。1948年以来，联合国通过在数十个国家，其中包括柬埔寨、萨尔瓦多、危地马拉、莫桑比克、纳米比亚、塔吉克斯坦和东帝汶等都成功开展维持和平行动，帮助终止冲突和促进和解。

最近完成的或正在开展的联合国维和行动也给其他地方带来了实实在在的变化，如塞拉利昂、布隆迪、科特迪瓦、东帝汶、利比里亚、海地和科索沃。通过提供基本的安全保障和对危机作出反应，这些联合国行动向政治过渡提供了支助，并帮助扶持新生的脆弱的国家机构。尽管建设和平仍旧面临重大挑战，但它们帮助了各国终止冲突，打开通往正常发展的道路。多年来，联合国维持和平行动已经作出调整，以满足各类冲突所产生的需求，并适应不断变化的政治局势。如今，维持和平行动涉及方方面面，其目的不仅在于维持和平与安全，还在于推动政治进程、保护平民、解除战斗人员武装、支持选举、保护和促进人权及恢复法治。

长期以来，联合国维和人员为全世界某些最脆弱的人民带来了实现和平的最佳机会。他们常常在艰苦而危险的条件下作出奉献与牺牲，使蓝盔部队成为给数百万人带来希望的象征。早年间，联合国维持和平行动的目标主要是维持停火和稳定实地局势，从而能够通过和平方式，在政治层面努力解决冲突。这些特派团由军事观察员和轻武器部队组成，负有监督、报告和建立信任的职责，为停火和数量有限的和平协定提供支持。部队和警察成员来自少数几个国家，几乎全部由男性组成。

大部分维和人员为军警人员，但其中有14%为文职人员，他们发挥着各种职能，从担任特派团文职领导，到从事政治和民政事务、人权、选举、战略宣传、信息技术、后勤、运输和行政领域的工作，不一而足。如今，女性维和人员正在发挥越来越突出的作用，她们对于提高各特派团的业绩至关重要。她们担任警官、部队成员、飞行员、军事观察员及其他军警和文职职务，其中也包括指挥官职务。

秘书长发出的“以行动促维和”倡议旨在促进包括所有会员国、安理会、大会、财政捐助国、部队和警察派遣国、东道国、政府间和区域组织以及联合国秘书处在内的所有维持和平利益攸关方采取集体行动，从而加强维持和平行动。为实现这些目标，联合国维持和平将实施共同商定的45项承诺，涉及政治、国际和平与安全、保护、安全防护、表现和问责、建设和保持和平、伙伴关系、行为操守8个领域，得到了超过150个会员国的认可。这些承诺有些是联合国秘书长代表联合国特派团和秘书处做出的，有些是会员国代表安全理事会、部队和警察派遣国以及东道国政府做出的，其他则为集体承诺。联合国秘书处鼓励会员国致力于履行各自的承诺，并与联合国秘书处就履行集体承诺展开合作，从而支持“以行动促维和”倡议。

五、评估与展望

维和是一股独特的正义力量，来自120多个国家的军事和警务人员与文职同事一起，共同保护世界上最脆弱的人。联合国维和人员的文化和语言背景各异，但他们有着共同的目标：保护弱势群体，并为努力从冲突转向和平的国家提供支持。维持和平行动是联合国促进和维护国际和平与安全的最有效工具之一。然而，目前维和行动面临着若干挑战，显著减弱了其完成各项任务的能力。解决问题的政治途径经常缺位，特派团的任务似乎缺乏重点和明确的优先事项。部分环境中存在的复杂威胁导致维和人员伤亡增加，而特派团有时缺乏应对这些威胁的人员和装备。除此之外，维和行动在执行保护任务、实现长期可持续和平以及与在相同背景下开展行动的其他行为体保持一致等方面，也面临挑战。

全球安全环境的恶化加剧了维持和平行动的风险。维和人员通常在高危环境中执行任务，绑架、伏击、劫车、击落维和直升机等行为严重威胁着维和人员的人身安全。目前，暴力恐怖主义、有组织犯罪等不对称威胁进一步加剧了维和行动的风险。这些严重的安全威胁极大地影响了授权任务的推进。为了减少风险，联合国必须投入人力和物力，保护维和人员、车队和设施的安全。这必然导致维和力量的分散，从而影响维和行动的效率和效果。此外，会员国出于本国维和人员的安全考虑，可能减少或拒绝派遣人员参加维和行动，这意味着联合国将更难征聘到所需人数的维和人员。

当前，联合国维和行动的目标与实际效果之间仍然存在差距。“过度扩张”、“资源不足” 和 “力量增强” 等词语在许多层面扰乱了对维持和平的期望，导致所有各方对维持和平行动的期望与维持和平行动的实际能力之间出现差距。恢复、维护和建设和平是一项复杂、艰巨、长期的任务。维持和平行动的有效性是逐步的，然后是有限的。期望过高将危及维持和平行动的可信性和合法性。联合国安理会在起草维和任务授权时应作出审慎决定。

总的来说，联合国维和行动是对全球和平安全与繁荣的投资，是国际社会引以为自豪的一项特殊使命。自 1948 年开展维持和平行动以来，联合国共部署了 71 个维持和平行动，其中 57 个是 1988 年以来开展的。2019 年联合国维持了 13 项维和行动，派遣了 13 个维和特派团共 10 万多名军警和文职人员前往多个国家支持和平与稳定。非洲是联合国年度维和的热点地区。此外，联合国海地司法支助特派团（联海司法支助团）已于 2019 年 10 月完成任务。1948 年至今，维和行动环境变化巨大，在安理会目前授权执行维和任务的多个地点存在着旷日持久的危机，牵涉到众多敌对方，和平进程陷入停滞，有组织犯罪大肆横行，暴力极端主义恐怖分子不断发动袭击，本年度，100 余名维和人员因公殉职。

2019 年，尽管面临严峻形势的种种挑战，联合国维持和平行动还是取得了进展，在各种局势中帮助预防冲突或化解紧张关系。联合国对维持和平进行的改革取得了成绩。为应对长期以来削弱联合国维和能力的种种挑战，由秘书长发起的“以行动促维和” 倡议，收获了多个国家的支持。该倡议呼吁各会员国一同制定一套共同商定的原则和承诺，以打造适合未来需求的维持和平行动，由此重申对于维持和平行动的共同政治承诺。2019 年 8 月，联合国和平行动部进行了一项调查，以收集对实施“以行动促维和” 倡议的进展认知，并记录联合国维和利益攸关方为落实该倡议《宣言》中 45 项承诺而采取的具体行动。截至 2019 年 7 月 12 日，《联合国维和行动共同承诺宣言》已获得 154 个国家的赞同。

2019 年，联合国“以行动促维和” 议程收获颇丰，取得长足进步和巨大进展，维持和平改革措施得到具体实施；联合国的维和支出减少，维和人员减少；基金项目批款及受到的新承付款均有所增加，基金受益国增加，捐助方数量保持稳定。在未来，联合国期望以更加协调一致方式开展维和工作，进一步推进“以行动促维和” 进程，更有效地处理好包括预防冲突、解决冲突、维持和平以及建设和平在内的全方位和平与安全问题。

5. 军力*

余冬平　李　响**

摘　要： 按照全球火力网发布的世界军力排名，2019 年美俄依然是世界军力最强大的国家。美国作为当今世界军力最强的国家，无论是武器装备的数量，还是武器装备的先进程度，都处于世界绝对领先水平。世界军队整体规模自 1995 年以后，整体呈下降趋势，最近几年比较稳定，大约在 2.8 亿人左右。面对诸多现实安全和发展威胁，世界各主要军事强国都在重点发展海军、空军、空军等力量，在人力、物力和财力上大力投入，武器更新迭代速度明显加快。特别是，随着人工智能技术的快速发展，"无人车"、"无人船"、"无人机"等大量智能化无人装备应运而生，无人系统成为未来战争的主力军。

关键词： 军事人力　武器装备　战略武器　常规武器

军力包括军事软实力和军事硬实力，主要将一国军力从武器装备等硬件设施和作战系统软件上进行区分。世界各国对军力的划分或多或少有所不同，但总体来说军力所包含的内容大体相同，所讨论的军力主要涵盖军事人力、主要的武器装备及其变化情况。

---

* 基金项目：北京高校高精尖学科"战略经济与军民融合"交叉学科（GJJ2019163）支持项目、中央财经大学国防经济与管理研究院双一流和特色发展引导学科专项（022959918005）、教育部人文社会科学基金规划项目（15YJAZH103）。

** 余冬平（1976—），湖北当阳人，北京航空航天大学管理学博士毕业，现任中央财经大学国防经济与管理研究院副教授、硕士研究生导师，主要从事军民融合、国防金融、国防预算、国防采办研究。主持国家自然科学基金、教育部人文社会科学基金、北京市人文社会科学基金、国家发改委科研基金、河北发改委科研基金等多项国家级和省部级课题。已出版和待出版专著《基于期权博弈的企业投融资决策互动行为研究》、《军民融合理论基础》、《国防经济学研究方法》、《国防预算绩效动态测度与评估：理论、模型与实证研究》4 部，副主编参编参译著作与教材《国防金融理论与实践》、《国防经济学》、《国防经济学手册Ⅱ》、《国防经济学前沿专题》、《国防经济思想史》等 10 余部。在《中国军事科学》、《系统工程理论与实践》、《控制与决策》、《中国管理科学》、《北京航空航天大学学报》、《系统工程》、《军事经济研究》、《军民融合》等中文核心期刊和重要国际学术会议上发表学术论文 40 余篇。李响，现为中央财经大学国防经济与管理研究院硕士研究生。

一、世界军力排名

就目前而言，全球火力指数排行榜仍是世界公认的衡量一国军事实力最权威的排行榜。2019 年全球火力指数排名已经公布，这次排名包含 138 支军事力量，考核标准包括陆武器数量、武器多样性、地理位置、国土面积、自然资源、工业基础和军队人数等 55 项指标，由此计算出各国军事力量指数。本次排行榜前十五国家分别为美国、俄罗斯、中国、印度、日本、韩国、法国、英国、埃及、巴西、土耳其、意大利、德国、伊朗和巴基斯坦（见表 5.1）。从排行榜来看，前四名的国家依然还是和以前一样，英国、法国排名有所下降。

表 5.1　　　　2019 年世界军力排名

排名	国家	分数
1	美国	0.0606
2	俄罗斯	0.0681
3	中国	0.0691
4	印度	0.0953
5	日本	0.1501
6	韩国	0.1509
7	法国	0.1702
8	英国	0.1717
9	埃及	0.1872
10	巴西	0.1988
11	土耳其	0.2098
12	意大利	0.2111
13	德国	0.2186
14	伊朗	0.2191
15	巴基斯坦	0.2364

资料来源：全球火力排名，https://www.globalfirepower.com.

二、军事人力

从图 5.1 来看，世界军队整体规模从 1994 年到 1995 年之间上升较快，一年的时间内上升了 8000 万人左右，但是从 1995 年以后，军队整体呈下降趋势，最近几年比较稳定，大约在 2.8 亿人左右。与 1995 年之前相比，虽然军队规模呈下降趋势，但依然规模比之前大很多。近几年世界人口不断增长，截至 2019 年 6 月底，世界人口总数已经达到 7579185859 人。劳动力人数同样伴随着世界人口的增长而增长。图 5.1 显示，军队数量占劳动力人口的比例自 1995 年后基本上呈下降趋势，且下降速度较明显。2019 年世界虽整体呈现和平状态，但大国之间地缘政治博弈激烈，围绕海洋、空间、太空等领域的军事竞争激烈。无论是发达国家，还是发展中国家，各国都在努力提高本国军事实力，调整军队规模。

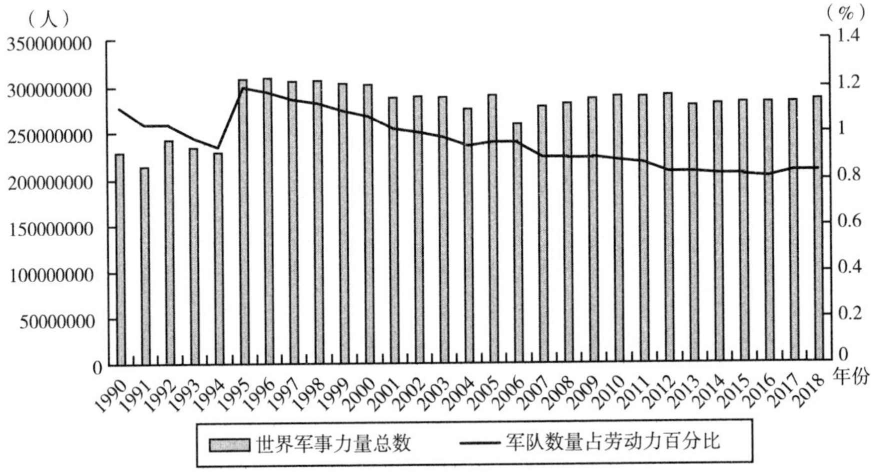

图 5.1 世界军事人力概况（1990—2018 年）

资料来源：世界银行，https：//data. worldbank. org. cn/.

从世界各个主要国家的情况来看，2019 年与前几年变化不大。在军队规模上，我国由于国土面积大、边境线漫长，军队规模相对较大，除了我国外，印度、美国、朝鲜、俄罗斯、巴基斯坦、韩国、伊朗、越南、沙特阿拉伯、埃及、缅甸、印度尼西亚、泰国、土耳其处在最前列（见图 5.2）。

2019 年，美国现役军人人数达 137 万多人，较 2018 年增长约 3 万人。最近几年，美国现役人数持续增长。从表 5.2 中可以看出，2019 年美国陆军人数为 48 万余人，海军为 33 万余人，空军为 33 万多人，海岸警卫队为 42000 人。

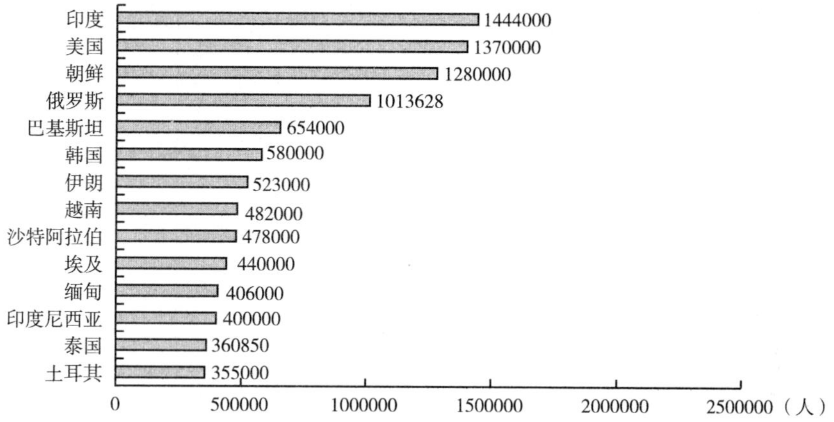

图 5.2　军事人力规模前十四位的国家排名

资料来源：军事人力排名，https：//www. globalfirepower. com/available - military - manpower. asp.

俄罗斯的军事力量依旧不可小觑。根据 2019 年全球火力指数网火力指数排名，俄罗斯以 0.0681 分数排名世界第二。据军力平衡统计，2019 年俄罗斯现役人数达到 101 万多人，其中陆军 28 万余人，海军 15 余万人，空军 16 万余人，战略部队人员 5 万人左右。2020 年国防预算为 480 亿美元。与中国一样，俄罗斯也是美国视为可能威胁其国际地位的国家。

2019 年欧洲国家也在扩大其军事规模。法国现役人数已经达到 203750 人，其中陆军为 11 万 4850 人，海军为 35100 人，预备役人员为 38550 人。这一年的国防预算为 481 亿美元，和俄罗斯差不多，但法国军队规模比俄罗斯小很多，足见法国对其军事的重视。英国三军现役人数为 148450 余人，其中陆军 83500 人，海军 32450 人，空军 32500 人，与上一年相比，军队规模在下降。

作为重要的发展中国家，印度也是世界军事强国之一。2019 年全球火力指数排名，印度为第四，一直在中国后面。同样，作为人口大国，印度军事人力规模也排名在世界前列。据《军力平衡》统计，印度三军现役军人数为 1455550 人，其中陆军 1237000 人，海军 66100 人，空军 139850 人，预备役为 1155000 人。日本自卫队在 2019 年三军现役人数为 247150 人，其中地面自卫队为 150850 人，海上自卫队为 45350 人，空军自卫队为 46950 人。

表 5.2 美国现役军人数（2008—2019 年）

单位：人

年份	陆军		海军		海军陆战队		空军		海岸警卫队		合计	
	国内	国外	国内	国外	国内	国外	国内	国外	国内	国外	国内	国外
2008	361823	177852	260824	65860	148325	50090	247261	75639	40354	1008	1058587	370449
2009	374482	174534	263860	60380	163804	39271	251479	77368	41376	1050	1095001	352603
2010	400526	161454	267684	55455	158329	44284	252528	77114	40274	1053	1119341	339360
2011	402640	158797	262399	57742	159634	41393	251190	77631	40929	1082	1116792	336645
2012	435836	110221	257884	56456	164252	34568	258548	70264	40735	1114	1157255	272623
2013	429650	89387	271165	47522	161021	32794	259680	66066	38639	1165	1160155	236934
2014	421168	73613	272286	48199	153083	31908	245220	64120	38074	1196	1129831	219036
2015	407917	70381	260189	63526	159084	24113	244172	62829	37783	1020	1109145	221869
2016	394236	66372	283499	35286	149992	33428	249738	63366	38659	1033	1116124	199485
2017	418491	47309	290270	29598	153615	31143	265296	52640	39597	1237	1167269	161927
2018	476250	44900	508350	17600	184400	25500	322800	52100	41000	—	1348400	—
2019	481750	44900	337100	17600	186300	25500	332650	51200	42000	—	1379800	—

资料来源：美国国防部国防人力数据中心 Defense Manpower Data Center.

注：2013 年之前的数据为截至 9 月 30 日的数据，2013 年及之后的数据为当年 12 月 31 日的数据。

朝鲜虽然经济不发达，国家封闭，但军力规模并不小，朝鲜三军现役人数为1280000人，其中陆军1100000人，海军60000人，空军110000人，陆军占有较大比重。韩国三军现役人数为599000人，其中，陆军464000人，海军70000人，空军65000人。与朝鲜相比规模几乎为其一半左右。越南三军现役人数为482000人，其中，陆军为412000人，海军40000余人，空军30000余人。

三、军事装备

2019年是大国军事战略布局加速展开的一年，也是新一轮军事斗争格局开始形成的一年。这一年，多边主义和单边主义之争更加尖锐，保护主义和民粹主义逆流涌动。在这样的背景下，大国博弈明显升温，全球治理步履维艰，世界经济持续低迷，国际治理面临严峻挑战，热点地区的军事活动仍然十分频繁。

新一轮军事竞争格局由美国开启。2019年，美国正式退出《中导条约》，全球核裁军体系受到严重影响，不断强化对有关国家的战略遏制和围堵。在东欧，美国继续向乌克兰提供“标枪”反坦克导弹等致命性武器，帮助乌克兰训练军队；不断敦促北约盟友将国防开支增至国民生产总值的2%，同时加大对盟友的军售力度；美国加强了在波兰、波罗的海国家的军事部署，并分别于6月和11月进行大规模军演。在亚洲，美国把中国作为长期竞争对手，出台首份《印太战略报告》，为对华军事竞争提供战略指导，美国众议院通过所谓“台湾保证法”，加强美台军事联系，干涉中国内政。备受关注的朝鲜政府在2019年进行了13次大型武器发射试验，其中包括4次超大型火箭发射系统的测试。在中东，美国撤出叙利亚北部驻军，土耳其、俄罗斯、伊朗和叙利亚之间的关系更加紧张；在南美洲，委内瑞拉政府反对派试图推翻马杜罗政权，经历了严重的政治和经济危机。玻利维亚军队倒戈，迫使总统莫拉莱斯于11月10日辞职。在局势动荡和军事行动频繁发生的同时，世界主要国家都在大量投入资源以更新本国武器装备和强化国家军事实力。表5.3是世界主要大国武器装备数量情况。

陆军方面，美国陆军加速发展一体化防空反导能力。3月，美陆军发布《陆军防空反导2028》文件，阐述了美陆军防空反导部队2028年发展愿景以及在“多域作战”中发挥的作用，提出了实现未来愿景的行动路线。2019年

表 5.3 大国主要武器装备数量

武器	美国	俄罗斯	英国	法国	印度
洲际弹道导弹	400	340			
可发射洲际弹道导弹的核潜艇	14	10	4	4	1
轰炸机	139	138			
步兵装甲车	2931	5160	388 +	625	3100
主战坦克	2389	2800	227	222	3565 +
火炮	5444	4342 +	598	266 +	9717 +
攻击潜艇	54	39	6	5	16
航空母舰	11	1	1	1	1
巡洋舰、驱逐舰、护卫舰	121	32	20	22	26
两栖舰船	63	48	2	41	19
战术飞机	3825	1465	222	272	776
攻击直升机	714	393 +	50		25
重/中型运输直升机	2645	333	108	35	5
重/中型运输机	286	185	42	43	38
空中加油机以及多用途加油/运输机	237	15	14	17	6
空中预警控制机	31	9	4	4	5
重型无人飞行器	251		9	5	9

资料来源：英国伦敦战略研究所：*The Military Balance* 2020.

美陆军开展了多次“一体化防空反导作战指挥系统”与其他平台的互操作性试验。该作战指挥系统与 F－35A 战斗机之间的远程数据通信试验，验证了该系统利用 F－35A 战斗机获取视距外目标数据的能力。美陆军利用“一体化防空反导作战指挥系统”进行“爱国者”PAC－3 系统远程拦截巡航导弹试验，验证该作战指挥系统软硬件成熟度及其与 PAC－3 系统和“雷达”系统的互操作性。9 月，美陆军开始研究多层级近程防空作战体系，该作战体系包括六层，分别是：第 1 层为弹道低空无人机交战系统；第 2 层为多任务高能激光武器；第 3 层和第 4 层为“机动防空技术”和下一代火控雷达；第 5 层为高能激光战术车辆演示样车；第 6 层为低成本增程防空导弹。10 月，美陆军发布新版《美国陆军现代化战略》，明确了陆军现代化战略方针及 2035 年发展目标：最终建成具备高敏捷性、高弹性的多域作战战备部队，形成在多个战区进行多域作战的能力。陆军现代化战略方针的核心是调整作战条令、推进武器装备现代化、培养能适应多域作战复杂性的领导和人才。该战略指出，陆军将执行一项投资战略，针对部队现代化要素的基础知识和技术提出解决方案。为加速推进装备现代化，美陆军在2020财年预算中做出重大调整，大幅增加未来五年六大现代化项目群预算。陆军计划通过削减、延期或取消186个项目，将2020—2024财年装备现代化经费从原计划的240亿美元（约人民币1700亿元）提升至570亿美元（约人民币4000亿元），除留作灵活调配的50亿美元（约人民币350亿元）外，其他经费都分配到六大装备现代化优先事项的31个项目中。其中2020财年，陆军分别为“远程精确火力”、“下一代战车”、“未来垂直起降飞行器”、“机动指挥通信网络”、“一体化防空反导”、“士兵杀伤”申请13.1亿美元（约人民币92亿元）、20亿美元（约人民币92亿元）、7.97亿美元（约人民币56亿元）、22.8亿美元（约人民币160亿元）、14亿美元（约人民币98亿元）和11.8亿美元（约人民币83亿元）。

美国在反无人机方面取得多项进展。雷声公司结合“郊狼”巡飞弹和Ku波段有源相控阵雷达为美国陆军研制了“咆哮者”新型反无人机系统。“郊狼”巡飞弹配装导引头和战斗部，与雷达配合使用，能精确捕获、识别和摧毁无人机目标，多个系统同时使用具有无人机蜂群的能力。该系统已于6月交付陆军，并具备初始作战能力。9月，美国国防部采购雷声公司的“相位器”高功率微波小型无人侦察机武器，并计划将其部署至海外。

2019年5月，美国陆军下一代战车的机器人战车项目开展2款远征模块化自主车的演示，评估车辆的自主导航和避障等能力。该车长3.84米、宽1.5米，可携带大量有效载荷约3.2吨，最大速度可达72千米/时，可进行本地控制、遥控和自主模式，采用全自主模式时，车辆可在GPS拒止环境中进行路径点导航，还可调整路径，避开障碍物。

2019年，美国在火炸药绿色制备技术方面取得显著进展。美国国防部陆续发布2019年新启动10个绿色火炸药相关战略环境研发/环境安全技术认证计划项目，落实火炸药的绿色生产。战略环境研发/环境安全技术认证计划（SERDP/ESTCP），是美国国防部、能源部、环保局联合长期推动的国防绿色制造技术研发与转化计划，相关技术极大促进了武器系统的长期可持续发展。2019年启动的项目内容涉及增材制造技术、电磁辐射控制烟火根据指令发光、环保烟火发光技术等。美、以在未来战车中重视自主技术的应用国外传统装甲车项目有序推进未来战车将具备更强的防护、杀伤和机动能力，还能提供全方位的态势感知能力。

海军方面，美国海军打造355艘舰艇的宏大计划落地，加快无人驾驶舰船采办，将无人水面艇（USV）作为未来舰队的主要组成部分。美国海军在《2020财年预算申请》中请求在未来5年内拨款27亿美元（相当于1.5艘驱逐舰的造价），以每年2艘的速度建造一支由10艘大型无人水面舰艇组成的“幽灵舰队”。在无人潜航器方面，美国海军于2月授予波音公司一份价值4300万美元的合同，用于购买4艘“虎鲸”超大型无人潜航器。另外，航母舰载机获重大进展。第147战斗机攻击中队（VFA－147）被证明有能力独立操作和维护F－35C战斗机，并准备在2021年加入航母战斗群并开展部署。F－35C战斗机联队正在平衡其重点，既要让VFA－147为首次部署做好准备，又要推进下一个舰载机中队换F－35C。

太空方面，美国一直把维护太空优势作为其国家安全战略和军事战略的优先目标。在反导反卫、高超音速武器等领域，美国始终是遥遥领先的领跑者。2019年7月1日，美国太空发展局发布了关于下一代太空体系结构的信息征询书，初步描述了新的太空体系结构设想，并寻求引入商业部门推进新兴技术在太空体系结构中的应用。2019年8月29日，美军太空司令部正式启动，以整合美军所有军种的太空军力，改革和提升美军的太空技术能力。美国太空司令部的建立是太空军成军的先导。美国空军名为《全球参与：21世纪空军构想》的文件，已经勾画了美国空军由较为单纯的航空部队转变为“天军”的蓝图，要求“天军”要具备六项核心作战能力，即航空航天优势、快速全球机动、全球攻击、精确作战、信息优势和敏捷战斗支援。

俄罗斯重视发展近程防空系统，对“偏流”－PVO57毫米高炮系统和铠甲－SM弹炮结合防空系统进行测试。3月，俄罗斯“偏流”－PVO57毫米高炮系统研制工作接近完成，进入试验阶段。该高炮系统安装在BMP－3步兵战车平台上，配有供弹、装运和维修保障车，设计用于对付战术和陆军航空兵的巡航导弹、无人机、飞机和直升机、火箭弹，以及地面和海上轻型装甲目标。铠甲－SM弹炮结合防空系统用于替换铠甲－S1弹炮结合防空系统，该系统采用多功能目标捕获雷达站使目标探测距离从40千米增至75千米，交战距离从20千米增至40千米，其作战效能是当前铠甲－S1的2倍以上。2019年俄罗斯陆军测试了该系统有效拦截了超小型四旋翼无人机目标。6月，第五届俄罗斯军队装备与技术展览会（ARMY—2019）在莫斯科州库宾卡市盛大开幕，这是俄罗斯国防部主办的唯一一个全球性武器装备展。展会展出了俄军铠甲－SM弹炮合一防空系统，采用最新的AESA探测雷达和新型防空导弹，据称这款导弹的射程可达40千米，最高速度可达3000米/秒，预计将于

2021 年正式交付部队。还展出了俄军 S－350 中近程防空导弹系统，这款防空系统的研发周期长达 28 周年，最大的特点是能够混合搭载多种型号的导弹，通用性极强，俄军计划未来用 S－350 逐步替换现役的 S－300。另外，俄军天空系列 AESA 反隐身雷达是一种机动式三坐标米波雷达，融合了俄罗斯在雷达和反隐身领域的最高技术成果，据称能在较远的距离发现 F22 这样的高隐身性目标。最大的亮点为 S－70 “猎人” 无人机，是俄罗斯最新研发的隐身无人作战飞机，其原型机已经首飞。S－70 翼展高达 17 米，最大起飞重量 20 吨，采用纯飞翼设计，能够遂行电子侦查、情报搜集、精确打击等多项使命，具备隐身性强、航程远等特点，其多项设计指标都接近美军的 X－47B 无人机。

2019 年法国国庆日前一天，法国总统马克龙宣布，将在 9 月于空军内部组建太空军司令部，之后让空军变成 “航空航天部队”。7 月 12 日，法国海军新一代 “梭鱼” 级攻击型核潜艇首艇 “絮弗伦” 号举行了下水仪式。这型核潜艇水下排水量仅有 5300 多吨，是世界现役核潜艇中体量最小的，也是全球最便宜的核潜艇。“梭鱼” 级是法国新一代攻击型核潜艇，虽然个子小，但并不意味着 “梭鱼” 级性能差。这型核潜艇吨位虽然只有 5000 多吨，在核潜艇中属于小个子，但远大于常规动力潜艇。再辅助以核动力系统，以及法制武器装备，综合性能属于世界一流。其任务弹性更大，可以搭载特战队员执行渗透、侦查或水下特战攻击任务。除了鱼雷、水雷、反舰导弹外，还可以搭载巡航导弹，显著提升了对陆打击能力。未来，这型攻击型核潜艇将和法国海军现有的 4 艘 “凯旋” 级弹道导弹核潜艇组成编队，成为法国水下核力量的 “带刀侍卫”。此外，“梭鱼” 级潜艇还会执行情报收集以及秘密投送战斗潜水小队至危险区域等特种作战任务，是个一专多能的水下多面手。

英国 F－35 “闪电” 型战斗机于 2019 年 10 月在试航期间首次降落在英国海军 “伊丽莎白女王” 号航空母舰上。这是英国航母打击能力全面运转的又一进步，为发展世界上最先进、最完整的航母部队奠定了基础。9 月 13 日，英国《每日电讯报》网站发文称，英国国防部将在 3 年内获得一种电动作战车辆的样车，意在为 “绿色” 坦克铺平道路。12 月 10 日，英国皇家海军为 “威尔士亲王” 号航母举行入列仪式，英国从此拥有双航母。

据印度媒体披露，2019 年新年伊始，印度军方将在 2019 年期间新部署约 10 种决定性的、非常急需的新式武器装备。印度自行研发的 “烈火 5” 洲际导弹，射程超过 5000 公里（投掷重量约 1.5 吨、可携带单弹头或分导弹头），目前已完成所有试验，计划于2019年进入战略打击部队服役。“烈火5”洲际弹道导弹能够携带重量1.5吨的核弹头，射程超过5000公里，已经完成了所有的研发试验，并计划2019年进入战略部队司令部的部队服役。印度秘密研制的VC11184导弹跟踪舰，正在由国家技术研究组织建造，将于2019年服役。“阵风”战斗机2019年9月，经过近19年的艰苦等待，印度空军将最终得到第一架“阵风”战斗机。凭借最新的航空电子设备和导弹系统，“阵风”战斗机将成为印度空军最强大的飞机。“阿帕奇”AH－64 E攻击直升机是印度第一种专用攻击直升机，将于3月交付使用。这种直升机号称是世界上最致命的攻击直升机之一，波音公司自1984年以来已经售出了2200多架。“支努干”CH－47F（I）直升机是一种多用途的垂直起降平台，用于运送部队、大炮、设备和燃料，计划从2019年7月开始在印度军队服役。备受期待的M777轻型榴弹炮和K9“金刚”自行榴弹炮的第一个团将于2019年投入使用，为印度陆军的炮兵火力提供急需的支援。

日本有序推进传统装甲车和高超音速武器方面的相关项目。5月，日本采办、技术与后勤局重启为陆上自卫队采购一款新型轮式装甲车的计划，目的是开发一个新的模块化装甲车族以替换过时的96式装甲人员输送车。新装甲车要求在各种态势下具备快速部署的能力，其中陆上自卫队计划开发和部署的一种变型车是“猞猁”步兵战车。2019年在日本千叶举行的DSEI国际防务展上，日本防卫省公布了未来几十年内，日本发展和装备高超音速武器的计划。日本将分两个阶段实现高超音速武器的发展目标，第一阶段重点研究武器战斗部、机体、火控、制导和推进系统有关组件上；第二阶段将使用第一阶段的科研成功，制造出用于测试和评估性能的武器系统。根据公告，日本目前正在研发的高超音速武器有两种，分别是：高超音速滑翔体（HVGP）和高超音速巡航导弹，这两种武器分别对应了中国的DF－17高超音速导弹和CJ/DF－100高超音速巡航导弹。日本时事社网站2018年12月30日刊文称，日本防卫省将从2019年正式启动高功率军事激光武器的研发，其目的是拦截低空飞行的攻击和侦察型无人机及迫击炮弹。报道称，本年度预算列出约87亿日元（约合0.79亿美元）研发经费。日本防卫省计划2019年初进行陆上部署型样机试制投标，到2023年度完成技术检验。

朝鲜在2019年频繁试射武器，最高领导人金正恩于4月17日视察朝鲜国防科学院观摩和指导新型战术制导武器试射。5月4日，金正恩亲赴东部前线部队，指导大口径远程火箭炮和战术制导武器试射，这被认为是朝鲜继2017

年11月底发射洲际导弹“火星－15”之后，时隔一年半再次发射弹道导弹。5月9日，金正恩再度视察西部前线部队，又一次指导发射了两枚短程导弹。从那以后至11月底，朝鲜陆续共计进行了13次大口径火箭炮、短程导弹等武器装备的试射活动。这种频率在以往朝鲜半岛局势紧张时期也并不多见，其中仅8月份就进行了5次试射活动。

2019年12月20日是越南人民军成立75周年的日子，越南国防部在“2019年越南国防博览会”（Viet Bac Exhibition Fair 2019）上展示了大量越南人民军现役的新型军事装备。在无人机方面，越南武装部队配备了用于执行战术侦察任务的VUA－SC－3G无人机，以及VUA－QL1四旋翼无人机。在新型雷达方面，有搭载在白俄罗斯MAZ公司制造的6×6重型卡车上的RV－02雷达、搭载在4320系列“乌拉尔”（Ural）6×6卡车上的R－18M预警雷达，以及搭载在“卡玛斯”（KAMAZ）卡车上的VRS－2DM雷达，同时还推出了安装在“卡玛斯”卡车上的AJAS－1000电子战系统等。据俄罗斯联邦军事技术合作局称，2019年3月，莫斯科已经向越南交付了64辆T－90S/SK主战坦克/指挥车，是俄制T－90主战坦克的增强版，主要用于满足亚洲国家的作战需求。

四、评估与展望

2019年霸权主义和强权政治仍在威胁和平稳定，局部战争与武装冲突时有发生，恐怖主义还在不断蔓延。面临着诸多现实安全和发展威胁，这一年世界各主要军事强国都在重点发展海军、空军、天军等力量，人力财力投入巨大，武器更新迭代速度加快并呈现出一些新特点和新动向。例如，在陆军方面，坦克研发升级成为主要趋势、武装直升机快速发展呈现新特点、地面无人装备更新迭代、无人机成为提升陆军战斗力的有效途径；海军方面，新型战略核潜艇研制顺利、常规潜艇升级改进成为发展热点、多国推进国产化航母发展并进行实战化测试、大型水面舰艇更新换代和升级改造平稳推进、大型无人舰队成为发展趋势；空军方面，作战飞机持续更新换代、新技术新手段不断涌现、远程精确打击武器重点发展、防空反导装备不断突破。特别是，世界军事强国加紧研制卫星杀手、激光武器和先进的干扰装置等太空武器，加快发展太空军事力量，以期在未来的太空博弈中占得先机、夺取优势、克敌制胜。

2019 年下半年世界多地出现新冠疫情，种种迹象表明，2020 年新冠疫情可能在全球开始蔓延和肆虐，使人类面临 21 世纪以来最严重的生物安全威胁，对世界政治、经济、商业等各领域将造成深远影响。但是，美国不会因疫情对地区的军事行动作出太大的战略性调整，美国特朗普政府依然视中俄为战略竞争对手，对俄罗斯将掀起更为激烈的军事对抗，对中国将开展一系列挑衅遏制行为。众所周知，美国是对亚太地区军事安全形势影响最大的外部因素，是地区的动荡之源，更是破坏地区和平发展大势的搅局者。面对疫情冲击和大国在印太地区激烈角逐，世界各国都将加强自身的国防和军队现代化建设，不断加大军费投入，研发和更新武器装备，把提升军事实力作为保障国家安全、应对各种风险、谋求自身发展的重要依托。虽然，世界各国奋力发展军事力量在短期内无法超越美国，但可以肯定的是美国未来的主导地位将不复存在，特别是中国快速增长的综合国力和军事实力，将对美国的霸权主义形成严重挑战。然而，中国走和平发展道路和构建人类命运共同体，为中国军力发展提供了根本遵循，中国始终做世界和平的建设者、全球发展的贡献者和国际秩序的维护者，因此，中国军力的发展必然是维护世界和平的强大正能量。

6. 军费[*]

侯 娜 岳贞英[**]

摘 要： 军费开支体现了一国的军事活动强度，在一定程度上反映着一国在一段时间内面临的国内外局势。2019 年，全球军费开支总额为 19220.95 亿美元，比 2018 年增加了 3.63%，达到了冷战之后的新高度。与以往不同，2018—2019 年，全球各个地区的军费开支都有所增加，其中，北美洲增长速度最快，涨幅高达 5.07%；其次是欧洲，涨幅为 4.96%，这也是欧洲在近十年中首次增速超过亚洲；亚洲增速为 4.92%，略小于欧洲。全球军费开支最多的前十个国家军费总额高达 14287.78 亿美元，占全球的 74.33%。2019 年全球军费开支持续攀升反映了大国竞争日渐激烈，全球的不安全与不稳定因素的增加。面临新冠肺炎疫情对全球的巨大挑战，如何权衡安全与发展从而抉择未来的军费资源配置成为了各国政府面临的难题。

关键词： 军费开支 军费负担 冲突

2019 年世界战略安全面临着前所未有的挑战，传统与非传统安全威胁交织蔓延，冲突频发、对抗尖锐。一些国家与地区安全形势复杂严峻，动乱此起彼伏。现实的冲突与潜在的威胁使得相关国家与地区将大量资源投入军备与国防建设，从而导致了全球军费近年来的持续增长。2019 年全球军费开支

* 基金项目：北京高校高精尖学科“战略经济与军民融合”交叉学科（GJJ2019163）支持项目、中央财经大学双一流和特色发展引导学科专项（022959918005）。

** 侯娜（1979—），英国伯明翰大学博士，中央财经大学国防经济与管理研究院副教授，中国财政发展协同创新中心研究员；研究方向：国家安全、军费与国防预算、国防财政、国防经济前沿。专著《总体国家安全观研究新探》，*Arms Race, Military Expenditure and Economic Growth in India*，主编、参编和参译 *Cooperation for a Peaceful and Sustainable World* (Ⅱ)，《国防经济学前沿专题》、《国防预算与财政管理》、《和平经济学》等著作。在 *Defense and Peace Economics*, *Peace Economics*, *Peace Science and Public Policy* 等国际期刊发表论文多篇。主持国家自然科学基金、北京市社会科学基金、北京市国民经济动员等项目研究。岳贞英（1998—），中央财经大学国防经济与管理研究院硕士研究生，研究方向：国防与安全、国防财政。

再创新高，达到 19220. 95 亿美元，刷新了自冷战结束以来的最高值。

一、全球军费态势

（一）全球与地区军费开支趋势

根据斯德哥尔摩国际和平研究所（SIPRI）的最新数据，2019 年全球军费开支总额为 19220. 95 亿美元（2018 年不变价格），与 2018 年相比增加了 3. 63%，与 2010 年相比增加了 7. 17%，为 1988 年以来的最高水平。根据图 6. 1 可知，2010—2019 年全球军费开支总额及其变化率均呈波动增长趋势。2012—2014 年全球军费开支呈下降趋势，并在 2014 年达到最近十年中的最低值，为 17495. 85 亿美元。自 2015 年起，全球军费开支呈上升趋势，并在 2019 年达到最值，涨幅高达 1460. 57 亿美元。自 2017 年起，全球军费开支增长速度变快，与 2017 年相比，2019 年军费开支增长了 6. 35%。2019 年全球军费负担（全球军费开支总额占全球国内生产总值的比重）与 2018 年相比也略有上升，达 2. 2%。同时，全球人均军费也从 2018 年的 243 美元上升到了 2019 年的 249 年美元，这主要是由 2018 年全球军费的增长率超过了全球人口 1. 1% 的增长率所致。

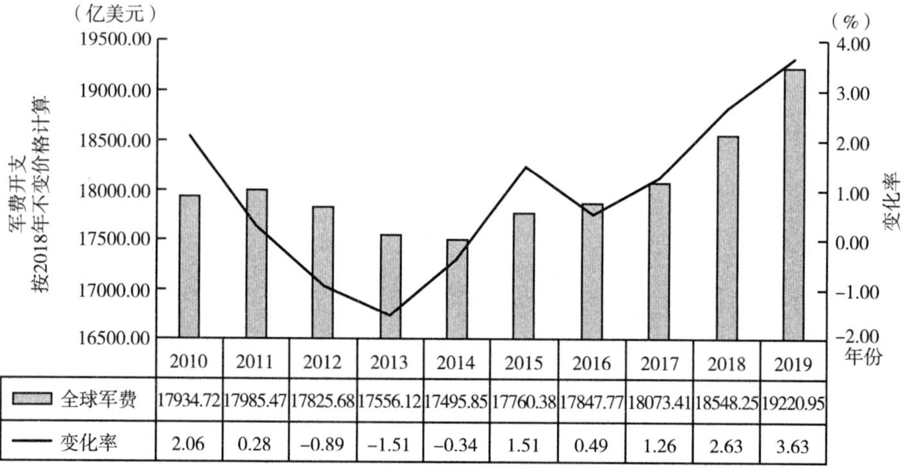

	2010	2011	2012	2013	2014	2015	2016	2017	2018	2019
全球军费	17934.72	17985.47	17825.68	17556.12	17495.85	17760.38	17847.77	18073.41	18548.25	19220.95
变化率	2.06	0.28	−0.89	−1.51	−0.34	1.51	0.49	1.26	2.63	3.63

图 6. 1　2010—2019 年全球军费开支总额及变化率

资料来源：图中所用数据是根据斯德哥尔摩国际和平研究所（SIPRI）军费开支数据库中的军费开支数据，计算整理得到。

从地区来看，如图 6.2 所示，2018—2019 年全球及各个地区的军费开支都有所增加，其中北美洲增长速度最快，涨幅高达 5.07%；其次是欧洲，涨幅为 4.96%，是自冷战结束以来最高的同比增长率，2019 年欧洲军费开支的快速增长主要归因于美国特朗普总统不断敦促北约欧洲国家提高军费负担，达到 2014 年威尔士峰会中约定的国防开支占国内生产总值 2% 的水平所致①。亚洲的军费开支变化率略低于欧洲，为 4.92%。此外，其他地区也呈现增长态势，分别为大洋洲（3.53%）、非洲（1.47%）和拉丁美洲（1.14%）。

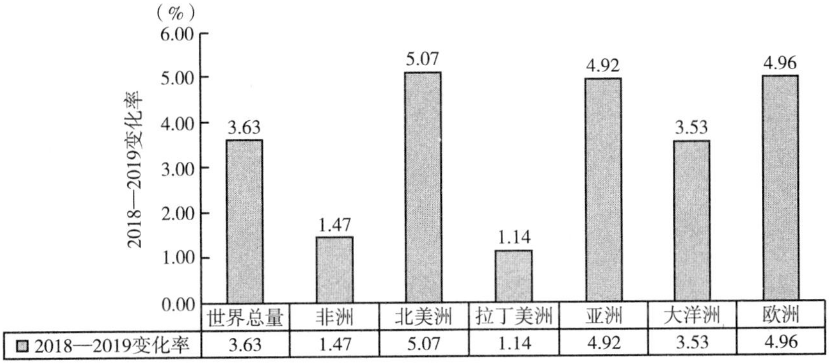

图 6.2　2018—2019 年军费开支地区变化

资料来源：图中所用数据是根据斯德哥尔摩国际和平研究所（SIPRI）军费开支数据库中的军费开支数据，计算整理得到。地区军费分析中之所以不包括中东地区，是因为由于缺乏卡塔尔、阿联酋、也门、伊拉克和埃及的数据，SIPRI 从 2015 年开始便没有给出中东地区军费开支总额的估计值。

纵观各地区在 2010—2019 年的军费变化率可知，除了北美洲的军费开支下降了 14.58% 之外，其余几个地区的军费开支总额均有所上升。十年间北美洲的军费开支总额呈现出先下降再上升的趋势，平均增长率为 -1.23%，具体表现为：在 2011—2017 年呈下降趋势，主要原因是美国因财政赤字缩减军费开支，以及从阿富汗和伊拉克的撤军（见图 6.3）。

在 2010 年至 2019 年十年间（见图 6.4），亚洲军费呈现持续增长态势，增长率高达 52.71%，年平均增长率为 4.58%，其中增长最快的年份是 2014 年，增长率为 5.58%。在此之后，增长速度下降，2019 年增长率为 4.92%。

---

① Niall McCarthy, "NATO Summit: The Countries Meeting The 2% Threshold", https://www.forbes.com/sites/niallmccarthy/2019/12/03/nato-summit-the-countries-meeting-the-2-threshold-infographic/#27589e981f2c, Dec 3, 2019.

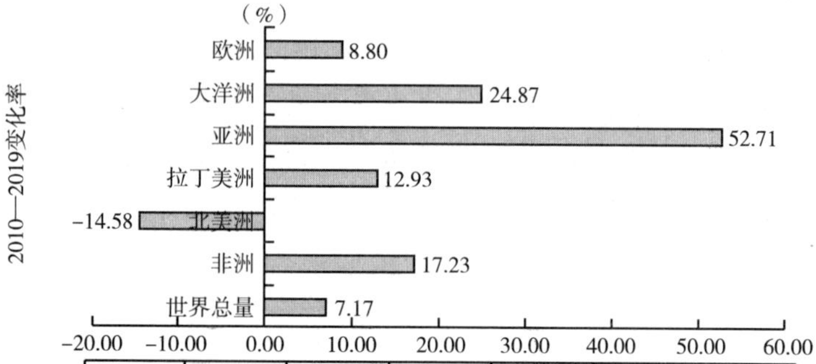

	世界总量	非洲	北美洲	拉丁美洲	亚洲	大洋洲	欧洲
■2010—2019变化率	7.17	17.23	-14.58	12.93	52.71	24.87	8.80

图 6.3 2010—2019 年军费开支地区变化

资料来源：图中所用数据是根据斯德哥尔摩国际和平研究所（SIPRI）军费开支数据库中的军费开支数据，计算整理得到。

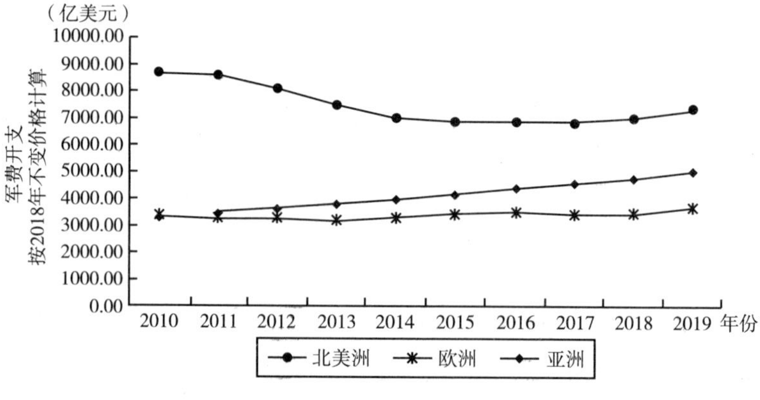

图 6.4 2010—2019 年北美洲、亚洲和欧洲的军费开支

资料来源：图中所用数据是根据斯德哥尔摩国际和平研究所（SIPRI）军费开支数据库中的军费开支数据，计算整理得到。

大洋洲的军费支出十年间增长了 24.87%，年平均增长率为 2.46%，其中 2011—2013 年均为负增长，其他年份为增长态势，而 2018 年为负增长（-1.39%），在 2019 年开始增加。非洲的军费支出增长了 17.23%，在 2010—2014 年不断上升，于 2014 年达到峰值的 463.73 亿美元，2015 年开始非洲军费支出经历了 4 年的下降期，并在 2019 年重新上升。拉丁美洲军费支出时升时降，十年间增长了 12.93%，2011 年出现小幅度的下降，2012—2014 年呈现出上升趋势，在 2013 年涨幅最大，为 4.32%。之后在 2015—2016 年间，其经历了为期两年的下降期，然后直到 2019 年一直呈现出上升趋势，但是增幅逐年下降，从 2017 年的 4.1% 的增幅下降为 2019 年的 1.14%。欧洲地区军费开支增长率为 8.8%，年平均增长率为 0.69%。其中 2010 年（-2%）、2013 年（-1.89%）和 2017（-2.6%）为负增长。其中欧洲军费开支增长是因为西欧地区主要国家的军费开支增加，和作为东欧地区军费开支的主要贡献国，俄罗斯在过去 20 年里持续的军费扩张。在 2009—2014 年，中东地区的军费开支一直以较高的速度增长，其中 2013 年的增长率高达 9.05%，六年间的平均军费增长率为 5.86%（见图 6.5）。

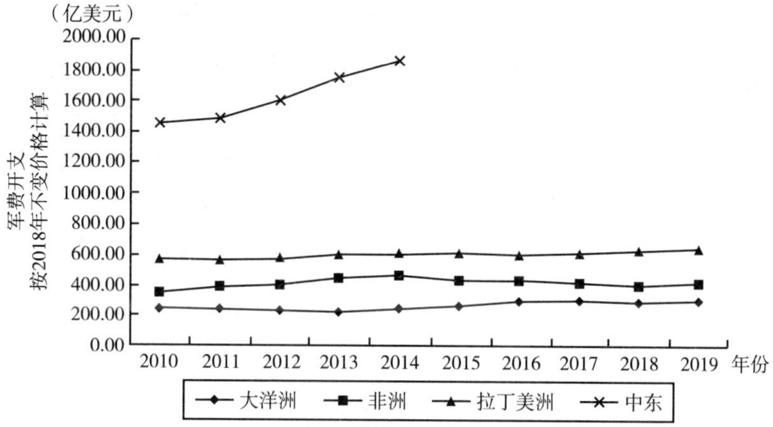

图 6.5　2010—2019 年大洋洲、非洲、拉丁美洲和中东的军费开支

资料来源：图中所用数据是根据斯德哥尔摩国际和平研究所（SIPRI）军费开支数据库中的军费开支数据，计算整理得到。图中中东地区军费开支数据只显示到 2014 年，是因为由于缺乏卡塔尔、叙利亚、阿联酋、也门、伊拉克和埃及的数据。

如图 6.6 所示，2010—2019 年北美洲一直是全球军费开支的最大组成部分。2010 年这一比值为 48.37%，将近全球军费开支的一半，2010—2017 年，北美洲军费开支占全球军费开支的比重不断下降，2019 年该比值为 38.55%；在最近十年里，亚洲军费开支占全球军费开支的比重不断增加，2010 年仅为 18.29%，略小于欧洲。次年，亚洲军费开支占全球军费开支的比重就超过欧洲，2019 年该比重为 26.06%；自 2010 年以来，欧洲军费开支占全球军费开支的比重变动幅度较小，始终维持在世界军费开支的五分之一左右，其中 2019 年，欧洲军费开支占世界军费开支的比重为 19.01%。

2019 年，北美洲、亚洲和欧洲这三个地区的军费开支总额占全球军费开支的 83.62%，剩余四个地区仅占 16.38%（见图 6.6）。

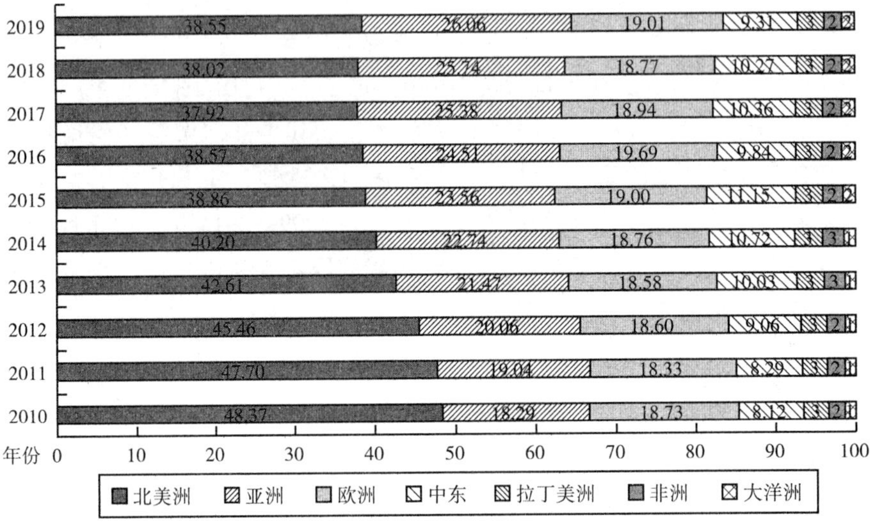

图 6.6 2010—2019 年地区军费开支占全球军费开支总额的百分比

资料来源：图中所用数据是根据斯德哥尔摩国际和平研究所（SIPRI）军费开支数据库中的军费开支数据，计算整理得到。其中，由于 SIPRI 数据库中没有中东地区 2015 年之后的军费开支总额，所以图中 2015—2019 年的占比数据是使用 100 减去其他地区占比数进行估算的。

（二）2019 年军费开支最高的国家

2019 年，全球军费开支排名前十国家的总额为 14287.78 亿美元，占全球军费开支的 74.33%。2019 年，全球军费开支排名前十国家名单与 2018 年一致，但排名有一些变化。2018 年全球军费开支排名前十国家为：美国、中国、沙特阿拉伯、印度、法国、俄罗斯、英国、德国、日本、韩国；而 2019 年全球军费开支排名前十国家为：美国、中国、印度、俄罗斯、沙特阿拉伯、法国、德国、英国、日本、韩国。排在第一位的美国的军费支出占世界总额的 37.39%（见图 6.7），是排名第二的中国的 2.7 倍，比排在其后 8 个国家的军费支出的总和还多。

如表 6.1 所示，2019 年世界军费开支排名前二十中增长幅度最大的国家是荷兰，增幅为 11.6%，自 2015 年以来，荷兰的军费开支一直保持增长趋势。增长幅度次之的是德国，与 2018 年相比，德国军费开支增长了 10.06%，这可能是因为德国为了在 2024 年之前达到北约设定的军费负担 2% 的目标所致。增长幅度排名第三的国家是韩国，但其全球军费排名依旧为第十。下降幅度最大的国家是沙特阿拉伯（以下简称沙特）（－15.96%）和伊朗（－14.69%），

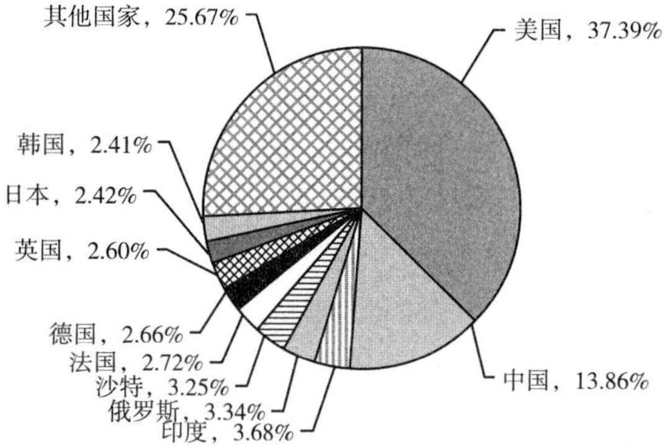

图 6.7　2019 年军费开支最高的十个国家占全球军费开支总额的百分比

资料来源：图中所用数据是根据斯德哥尔摩国际和平研究所（SIPRI）军费开支数据库中的军费开支数据，计算整理得到。

沙特阿拉伯军费开支的大幅下降直接导致其在全球军费开支排名中从第三名下降到第五名，伊朗在 2018 年首次经历下降后，再次迎来下降，主要是由于美国在 2018 年开始对伊朗实施经济制裁导致伊朗经济下滑所致。除日本、巴西和加拿大有降幅小于 2% 的下降外，剩余国家的军费开支均有所增加。2010—2019 年，增长幅度在 50% 以上的国家有三个，分别是土耳其（增幅 85.95%）、中国（增幅 85.12%）和波兰（50.65%）。同一时期，军费开支下降幅度最大的三个国家分别是伊朗、美国和英国。

从人均军费开支角度看，有两个国家的人均军费超过 2000 美元。以色列代替沙特阿拉伯成为人均军费开支最高的国家，2019 年以色列人均军费为 2402.16 美元。美国依旧是全球人均军费开支排名第二国家，其 2019 年人均军费为 2223.73 美元，比 2018 年增加了 137.21 美元（见表 6.2）。根据图 6.8 可知，人均军费排名前二十的国家中，包含的北约成员国较多，一共有 8 个，分别是美国、挪威、丹麦、法国、英国、荷兰、卢森堡和加拿大。分地区来看，全球人均军费前二十包括的欧洲和中东国家最多，其中；欧洲国家有 8 个，并且除芬兰和瑞士外，都是北约成员国；中东国家有 5 个，分别是以色列、科威特、沙特阿拉伯、阿曼和巴林（见图 6.8）。

2019 年世界平均军费负担为 2.2%，全球共有 36 个国家的军费负担超过世界水平。根据图 6.9 可知，全球军费负担最高的二十个国家的军费负担均超过了 3%，并且有十个国家超过了 4%。其中阿曼的军费负担位居世界之首，为 8.8%，与 2018 年相比，阿曼的军费负担下降了 0.8%，与 2010 年相比，

表 6.1 **2019 年军费开支最高的二十个国家**

排序	国家	2019 年开支（亿美元，2019 年当期价格）	2018—2019 年变化率（%）	2010—2019 年变化率（%）	占世界总的比例（%）	人均开支（美元，2019 年当期价格）	军费负担 2010 年	军费负担 2019 年
1	美国	7317.51	5.30	-15.44	37.39	2223.73	4.92%	3.41%
2	中国	2610.82	5.11	85.12	13.86	182.09	1.91%	1.89%
3	印度	711.25	6.85	37.01	3.68	52.05	2.71%	2.40%
4	俄罗斯	651.03	4.49	30.38	3.34	446.30	3.58%	3.88%
5	沙特	618.67	-15.96	14.28	3.25	1805.35	8.57%	7.98%
6	法国	501.19	1.59	3.46	2.72	769.52	1.97%	1.86%
7	德国	492.77	10.06	15.12	2.66	590.02	1.32%	1.28%
8	英国	486.50	0.05	-15.34	2.60	720.42	2.37%	1.74%
9	日本	476.09	-0.12	2.05	2.42	375.29	0.96%	0.93%
10	韩国	438.91	7.45	36.29	2.41	856.82	2.46%	2.67%
11	巴西	269.46	-0.52	6.08	1.46	127.68	1.54%	1.48%
12	意大利	267.90	0.82	-10.64	1.46	442.45	1.51%	1.35%
13	澳大利亚	259.12	2.07	22.91	1.43	1028.14	1.86%	1.88%
14	加拿大	221.98	-1.98	26.71	1.16	593.34	1.20%	1.28%
15	以色列	204.65	1.74	29.69	1.05	2402.16	5.94%	5.26%
16	土耳其	204.48	5.84	85.95	1.08	245.09	2.29%	2.72%
17	西班牙	171.77	0.91	-7.08	0.94	367.52	1.39%	1.24%
18	伊朗	126.23	-14.69	-35.97	0.50	152.24	2.91%	2.31%
19	荷兰	120.60	11.60	9.84	0.65	705.36	1.33%	1.34%
20	波兰	119.03	2.51	50.65	0.64	314.15	1.83%	2.02%
前二十总计		16269.94	—	—	84.69	—	—	—

资料来源：表中所用数据是根据斯德哥尔摩国际和平研究所（SIPRI）军费开支数据库中的军费开支数据，计算整理得。

表 6.2　2019 年人均军费开支最高的二十个国家

单位：美元（当期价格）

排名	国家	2010	2011	2012	2013	2014	2015	2016	2017	2018	2019
1	以色列	1888.70	2025.25	1917.37	2110.56	2267.58	2070.16	2156.64	2357.41	2357.47	2402.16
2	美国	2388.28	2414.40	2309.25	2146.74	2032.77	1975.30	1980.88	1989.49	2086.52	2223.73
3	新加坡	1580.31	1695.08	1708.17	1713.63	1736.74	1678.04	1746.37	1783.22	1881.93	1931.51
4	科威特	1448.99	1702.47	1774.20	1615.84	1580.11	1495.24	1629.26	1667.77	1763.53	1832.58
5	沙特阿拉伯	1649.97	1716.84	1937.85	2230.13	2612.27	2748.81	1962.58	2126.81	2207.53	1805.35
6	阿曼	1207.12	1538.16	2644.53	2328.49	2039.48	1765.40	1771.73	1457.95	1566.49	1352.67
7	挪威	1330.09	1461.55	1424.88	1455.24	1426.76	1118.35	1142.15	1220.80	1323.93	1302.03
8	澳大利亚	1047.98	1180.10	1144.63	1067.53	1092.70	1004.75	1087.39	1126.36	1077.98	1028.14
9	文莱	1005.37	1055.08	1030.74	1018.99	1287.98	1021.95	960.87	816.78	833.90	957.15
10	韩国	568.67	622.50	638.26	681.51	742.02	719.57	723.48	766.60	841.68	856.82
11	巴林	679.22	808.60	909.41	1024.77	1104.18	1051.15	1055.93	1025.86	973.38	855.97
12	丹麦	810.73	809.35	788.19	747.88	716.23	591.36	629.05	656.64	792.52	789.48
13	法国	827.68	856.04	790.01	813.88	827.73	708.23	732.52	758.69	791.04	769.52
14	英国	915.27	941.40	906.55	875.01	904.62	817.83	725.80	695.86	743.09	720.42
15	芬兰	692.76	760.57	728.24	765.06	729.76	620.15	621.17	622.55	680.29	717.82
16	荷兰	672.58	695.89	617.25	607.13	611.67	511.72	536.78	562.86	651.54	705.36
17	卢森堡	539.75	494.81	447.40	476.74	503.18	487.25	450.10	604.26	650.80	696.36
18	新西兰	441.81	470.75	468.83	472.30	497.89	421.23	449.29	495.14	532.35	611.94
19	瑞士	527.03	629.05	573.45	620.66	562.12	544.92	545.51	547.36	545.97	602.82
20	加拿大	565.65	619.40	585.65	524.58	500.60	497.90	488.77	606.27	613.07	593.34

资料来源：表中所用数据是根据斯德哥尔摩国际和平研究所（SIPRI）军费开支数据库中的军费开支数据，计算整理得到。

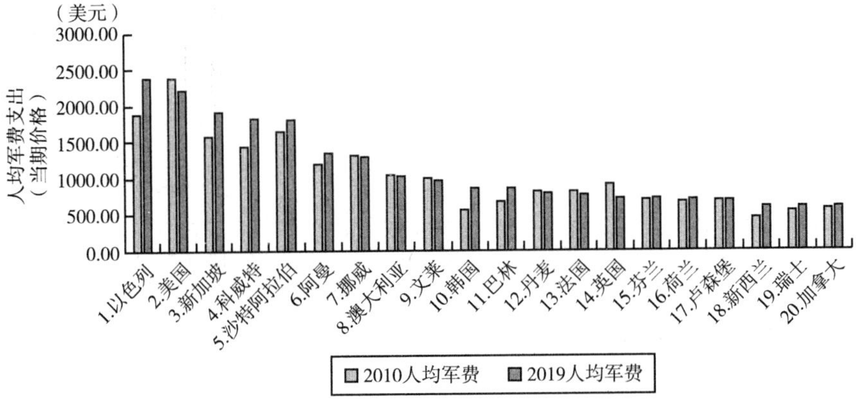

图 6.8　2019 年全球人均军费开支最高的二十个国家

资料来源：图中所用数据是根据斯德哥尔摩国际和平研究所（SIPRI）军费开支数据库中的军费开支数据，计算整理得到。

上升了 2.5%，是全球军费负担前 20 国家中上升幅度最大的国家。与 2010 年相比，美国军费负担下降幅度最大，为 -1.5%。与 2018 年相比，沙特阿拉伯的军费负担下降幅度最大，为 -1.5%，其次就是阿曼。同时，保加利亚的军费负担上升幅度最大，为 1.7%，主要是由于保加利亚全额支付了 2019 年订购的 8 架新战机（见图 6.9）。

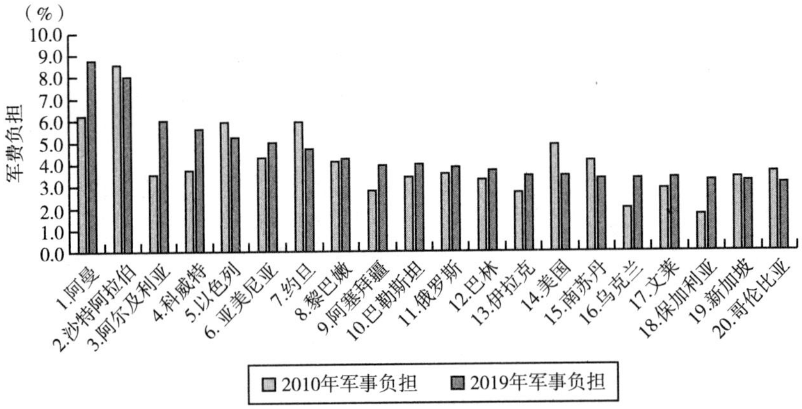

图 6.9　2019 年全球军事负担最高的二十个国家

资料来源：图中所用数据是根据斯德哥尔摩国际和平研究所（SIPRI）军费开支数据库中的军费开支数据，计算整理得到。

二、地区军费开支

（一）美洲

2018—2019 年美洲的军费支出增加了 4.75%，总额为 8047.97 亿美元，其中北美洲的军费支出增加了 5.07%，总额为 7409.67 亿美元，占美洲地区的 92.07%；南美洲、中美洲和加勒比地区的军费支出分别增长了 0.15% 和 8.09%，因此北美洲或美国的军费开支是整个美洲地区军费开支的主力军。与 2010 年相比，美洲的军费支出下降 12.90%，其中北美洲下降了 14.58%，南美洲上升 8.86%，而中美洲和加勒比地区的军费支出增加了 49.20%。2010 年至 2019 年的十年间，北美洲的军费支出从 2010 年的峰值持续下降，并在 2017 年达到十年内的军费最低值，2017 年后持续增长；南美洲的军费在 2011 年、2015—2016 年有所下降，其余年份都是增加的。中美洲和加勒比地区的军费在 2010 年、2015 年和 2017 年有所下降，其余年份均呈现增加的态势（见图 6.10）。

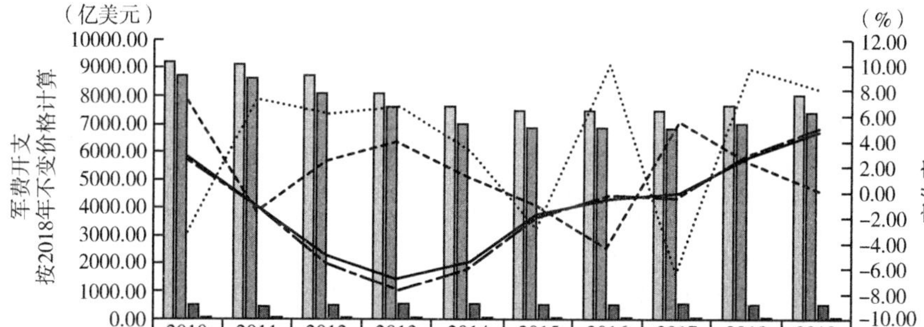

	2010	2011	2012	2013	2014	2015	2016	2017	2018	2019
美洲	9239.7	9141.6	8682.5	8084.3	7644.8	7504.8	7470.4	7464.8	7683.3	8047.9
北美洲	8674.4	8579.8	8104.4	7481.2	7033.5	6901.6	6883.5	6853.8	7052.2	7409.6
南美洲	508.27	500.70	513.16	533.74	539.70	533.71	510.39	539.35	552.46	553.31
中美洲	56.97	61.17	64.97	69.34	71.66	69.53	76.53	71.64	78.63	84.99
美洲变化率	2.78	−1.06	−5.02	−6.89	−5.44	−1.83	−0.46	−0.07	2.93	4.75
北美洲变化率	2.57	−1.09	−5.54	−7.69	−5.99	−1.87	−0.26	−0.43	2.89	5.07
南美洲变化率	7.22	−1.49	2.49	4.01	1.12	−1.11	−4.37	−5.68	2.43	0.15
中美洲变化率	−3.04	7.38	6.22	6.73	3.34	−2.97	10.06	−6.39	9.75	8.09

图 6.10　2010—2019 年美洲军费开支及其变化率

资料来源：图中所用数据是根据斯德哥尔摩国际和平研究所（SIPRI）军费开支数据库中的军费开支数据，计算整理得到。

2019 年美国的军费开支为 7186.89 亿美元，比 2018 年增加 5.3%，比 2010 年减少了 15.44%，这是美国继 2010 年军费开支连续 7 年下降之后，出现的第二年增长，这一时期的增长主要归因于美国招募了 16000 名军事人员，并对其常规武器和核武器库存进行了现代化更新①。

2019 年，南美洲军费的主要贡献国分别是巴西、哥伦比亚和智利，这三个国家占南美洲军费开支的比例分别是 50.66%、19.51% 和 10.05%。其中巴西 2019 年军费开支总额为 280.3 亿美元，与 2018 年相比略有下降，仅为 -0.52%，虽然 2019 年巴西军费整体变化不大，但其支出类别发生了重大的变化，如其军事人员的费用项在 2019 年大幅提高了②。哥伦比亚十年间的军费支出增长率为 18.49%，智利十年间的军费支出增长率为 11.05%，两国自 2013 年以来均出现交替上升、下降的趋势。委内瑞拉是一个值得注意的国家，2013 年该国的军费支出总额为 29.9 亿美元，而后严重的经济危机导致 2014—2016 年军费支出的持续大幅度下降，降幅高达 40.29%、23.96% 和 46.35%。

对比美洲各地区历年的军费开支变化率可知，中美洲的变化率波动是最大的。其军费支出总额的变化主要来源于墨西哥军费支出的变动，2019 年，墨西哥的军费开支占该地区的 74.13%，比 2018 年增加了 7.89%，这主要是因为墨西哥政府利用军队打击贩毒集团所致③。但由于经济低迷和政府债务，在 2015 年和 2017 年，墨西哥的军费支出分别下降了 6.08% 和 9.39%。

（二）欧洲

2019 年，欧洲军费开支总额为 3653.96 亿美元，占全球军费开支的 19.01%，相较 2018 年增长了 4.96%，与 2010 年相比增长了 8.8%。2018—2019 年西欧、东欧和中欧的军费支出均有所增加，其中中欧的增幅最大，为 14.37%。2010—2019 年，中欧的军费支出增长了 61.46%，东欧的军费支出增长了 34.93%，而西欧的军费支出削减了 0.59%。因此，欧洲在这十年间军费支出的增长主要归因于中欧国家军费支出的快速增长。西欧的军费支出占欧洲总额的比例从 2010 年的 78.04% 下降到 2019 年的 71.3%，而东欧的军费支出占比从 2010 年的 15.56% 上升至 2019 年的 19.79%，中欧的军费支出占比从 2010 年的 6.00% 增加至 2019 年的 8.91%（见图 6.11）。

①②③ SIPRI, "Trends in world military expenditure, 2019", https://www.sipri.org/publications/2020/sipri-fact-sheets/trends-world-military-expenditure-2019, accessed.

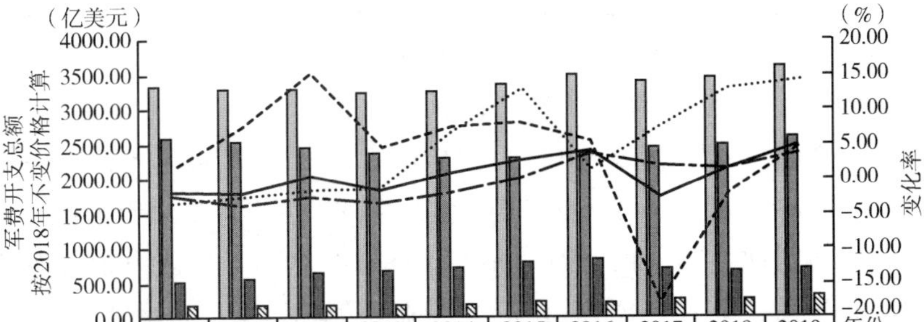

	2010	2011	2012	2013	2014	2015	2016	2017	2018	2019
欧洲	3358.3	3296.1	3314.9	3261.0	3282.8	3373.6	3514.5	3423.6	3481.3	3653.9
西欧	2620.8	2523.2	2457.8	2375.2	2330.4	2333.9	2425.3	2469.6	2507.4	2605.3
东欧	535.85	576.23	663.62	694.58	748.17	808.72	854.78	701.77	689.18	723.05
中欧	201.65	196.61	193.46	191.24	204.16	230.95	234.35	252.28	284.69	325.59
欧洲变化率	−1.81	−1.85	0.57	−1.62	0.67	2.77	4.18	−2.59	1.69	4.96
西欧变化率	−2.39	−3.72	−2.59	−3.36	−1.89	0.15	3.92	1.82	1.53	3.90
东欧变化率	1.76	7.54	15.17	4.66	7.82	8.09	5.70	−17.90	−1.79	4.91
中欧变化率	−3.31	−2.50	−1.60	−1.14	6.67	13.12	1.47	7.65	12.84	14.37

图 6.11　2010—2019 年欧洲军费开支及其变化率

资料来源：图中所用数据是根据斯德哥尔摩国际和平研究所（SIPRI）军费开支数据库中的军费开支数据，计算整理得到。

2010—2014 年，西欧地区的军费开支一直呈下降趋势，并在 2014 年到达谷底，为 2330.4 亿美元，随后自 2015 年开始增加并于 2019 年达到最大值，为 2605.3 亿美元（如图 6.11 所示）。西欧的军事大国也较多，如法国（在世界军费开支中排名第六），德国（排名第七），英国（排名第八）和意大利（排名第十二），同时，这四个国家总共占了整个西欧地区的 69.62%，其中法国占比最大，为 20.05%。2019 年法国的军费开支总额为 522.29 亿美元，比 2018 年增长了 1.59%，法国军费开支总额的增加是因为其通过 2019—2025 年军事规划法，该法旨在使法国的军事支出在 2025 年前达到北约（NATO）设定的占 GDP 2% 的目标①。其次是德国和英国，这两个国家的占比相当，其中德国占整个西欧地区的 19.65%，英国占 19.16%。但与 2018 年军费开支相比，德国增长了 10.06%，而英国基本和 2018 年一样，变化率仅为 0.05%。意大利的军费开支水平和 2018 年也基本相同，变化率为 0.82%。

东欧地区自 2010 年以来，连续增长 7 年，2016 年其军费支出总额也达到

① SIPRI, "Trends in world military expenditure, 2019", https://www.sipri.org/publications/2020/sipri-fact-sheets/trends-world-military-expenditure-2019, accessed.

十年内的最高值854.78亿美元，之后连续两年出现下降趋势，但在2019年其军费支出增长了4.91%。俄罗斯是构成东欧地区的军费开支的重要国家，其占东欧地区军费开支的88.71%。2019年，俄罗斯军费开支总额为641.44亿美元，比2018年增长了4.49%，比2010年增长了30.38%。俄罗斯的军费支出排名从2018年的第6上升到2019年的第4，这主要是由于美国在2019年密集的军事活动引起了俄罗斯的不安，导致其增加了国防力量方面的投入，此外，俄罗斯在2018年对外出口了500亿美元的装备，也增加了其扩大军事支出的底气。亚美尼亚和阿塞拜疆由于长期处于冲突状态，两个国家在2019年均增加了军费支出，分别增加了8.13%和7.87%，预计将来两国的军费支出会继续增长。

2013年之前，中欧地区军费开支下降幅度较小，2014—2019年开始大幅增加，并在2019年达到最大增幅14.37%，此时军费开支总额也达到325.59亿美元。2010—2019年间，中欧地区有四个国家军费开支增长率超过150%，其中立陶宛增长率最高为232.01%，其次是拉脱维亚，增长率为176.31%；保加利亚，增长率为165.48%，最后是罗马尼亚，增长率为154.24%。2018—2019年间，保加利亚的增长率是同时期的世界之最，为127.48%。

（三）亚洲

2019年，亚洲军费开支总额为5008.92亿美元，比2018年增加了4.92%，而且所有次区域的军费支出均呈现增长的态势，增长幅度最大的是中亚，增长率为16.41%，其次为南亚地区（6.38%）。2010—2019年的十年间，亚洲的军费支出增长了52.71%，其中中亚地区的军费支出增长幅度最大，达到63.11%，其次为东亚（58.12%）。这是SIPRI首次将中亚数据单独公开，由此可见中亚地区的军费开支变化是巨大的，也是2010—2019这十年间军费开支变化最大的地区（见图6.12）。

全球军费开支最高的二十个国家中有四个位于亚洲，除中国外，印度居第三位，日本居第九位，韩国居第十位，这四个国家军费支出的总和占全球总额的22.38%。印度2019年的军费支出为711.25亿美元，比2018年增长了6.85%，超过沙特阿拉伯成为世界第三大军费开支国家。2019年日本的军费支出为476.09亿美元，与2018年相比，下降了0.12%，与2010年相比，日本增长幅度仅为2.05%；2019年韩国的军费支出为438.91亿美元，比2018年上升了7.45%，与2010年相比其涨幅高达36.29%，可见自2010年

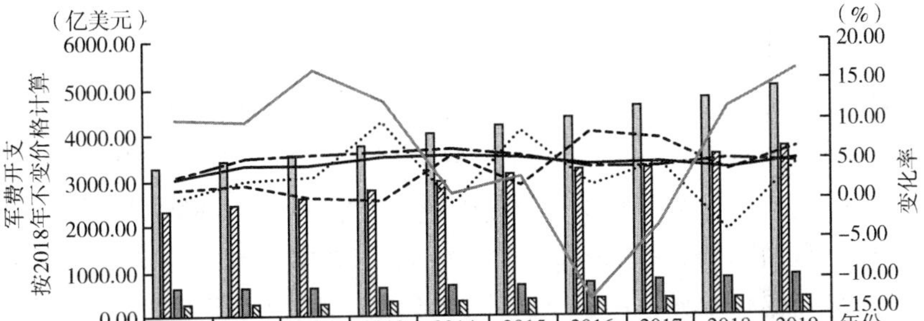

	2010	2011	2012	2013	2014	2015	2016	2017	2018	2019
亚洲	3280.07	3423.87	3576.68	3768.48	3978.74	4185.13	4374.35	4587.57	4773.85	5008.92
东亚	2339.97	2464.34	2604.86	2764.43	2941.21	3104.54	3230.03	3368.34	3537.80	3700.07
南亚	630.56	641.49	642.83	641.98	678.04	689.77	748.99	806.84	837.88	891.35
东南亚	296.78	304.03	313.66	343.69	340.98	371.74	378.78	396.38	380.30	396.70
中亚	12.75	14.01	16.33	18.37	18.50	19.08	16.54	16.01	17.87	20.80
亚洲变化率	2.45	4.38	4.46	5.36	5.58	5.19	4.52	4.87	4.06	4.92
东亚变化率	3.07	5.32	5.70	6.13	6.39	5.55	4.04	4.28	5.03	4.59
南亚变化率	1.22	1.73	0.21	-0.13	5.62	1.73	8.59	7.72	3.85	6.38
东南亚变化率	0.04	2.44	2.84	9.93	-0.79	9.02	1.90	4.65	-4.06	4.31
中亚变化率	10.17	9.83	16.56	12.52	0.72	3.13	-13.33	-3.23	11.66	16.41

图 6.12　2010—2019 年亚洲军费开支及其变化率

数据来源：图中所用数据是根据斯德哥尔摩国际和平研究所（SIPRI）军费开支数据库中的军费开支数据，计算整理得到。

以来，韩国的军费开支大幅增加，用以应对来自朝鲜的局部挑衅威胁①。

亚洲的军费支出持续增长的原因主要包括两个方面：一是亚洲的安全局势还存在诸多不安定因素，地区热点不断增多，领土领海争端频现，也有一些国家调整了亚洲战略导致军费增加。二是亚洲多数国家经济保持良好发展态势，为军费支出增长奠定夯实的经济基础。与巴基斯坦、中国的竞争和紧张关系是印度军费猛增的主要原因，印度更具侵略性的政策可能会导致对武器装备的需求和军费开支的大量增加。日本和韩国的军费也是亚洲军费开支的重要组成部分，驻日、驻韩美军成本直接影响两国的军费支出，2019 年，日本为驻扎的美军（约 54000 人）支付了 17 亿—20 亿美元，韩国为驻扎的美军（约 28500 人）支付了近 10 亿美元；来自美国的压力以及中国、朝鲜的竞争压力将使得日、韩军费进一步增加②。

---

① 대한민국국방부，“2018 국방백서——Defense White Paper”，https：//www. mnd. go. kr/user/mnd/upload/pblictn/PBLICTNEBOOK_ 201901160236460390. pdf.

② SIPRI，“Trends in world military expenditure，2020”，https：//www. sipri. org/publications/2020/sipri - fact - sheets/trends - world - military - expenditure - 2020，accessed.

（四）大洋洲

2019 年大洋洲的军费支出额为 305.71 亿美元，比 2018 年增长了 3.53%，2010—2019 年十年间，大洋洲的军费支出增长率达到 24.87%。如前所述，大洋洲在 2009—2019 年间军费开支呈现上下波动态势，澳大利亚是大洋洲最大的军费开支国，其变化趋势和大洋洲的大致相同。2019 年，澳大利亚军费开支为 273.95 亿美元，占大洋洲的 89.61%，与 2010 年相比增长了 22.91%，这主要是因为澳大利亚意识到周边地区和全球军事威胁加剧。2019 年新西兰军费开支占大洋洲军费开支的 9.86%，是大洋洲的第二大军费开支国家（见图 6.13）。

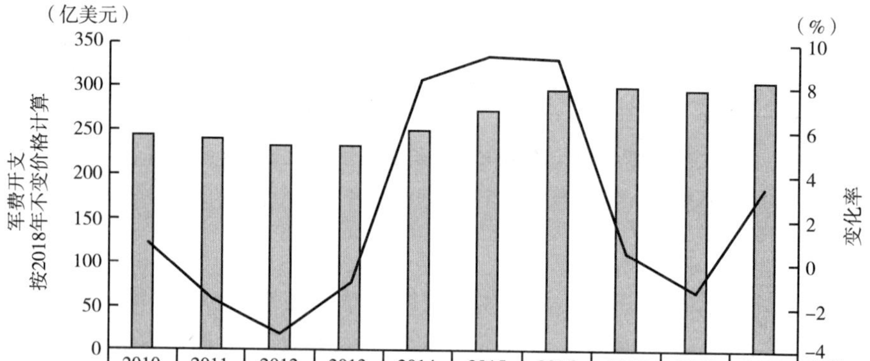

	2010	2011	2012	2013	2014	2015	2016	2017	2018	2019
大洋洲	244.82	240.7	232.71	230.74	249.74	273.01	298.32	299.44	295.28	305.71
大洋洲增长率	1.0583	−1.681	−3.321	−0.847	8.235	9.3179	9.2693	0.3766	−1.39	3.5321

图 6.13 2010—2019 年大洋洲军费开支及其变化率

资料来源：图中所用数据是根据斯德哥尔摩国际和平研究所（SIPRI）军费开支数据库中的军费开支数据，计算整理得到。

（五）非洲

2019 年，非洲的军费支出为 415.68 亿美元，相较 2018 年增长了 1.47%，其中，撒哈拉以南非洲军费有所下降，降幅为 2.22%，北非的军费有所上升，增幅为 4.55%。在 2010—2019 年十年间，非洲的军费增长 17.23%，这主要是北非军费的增长带动的，北非军费十年增长率高达 66.87%，虽然 2017 年和 2018 年有所下降，但 2019 年北非地区重新恢复上升趋势。撒哈拉以南非、洲的军费自 2015 年以来一直呈下降趋势（见图 6.14）。

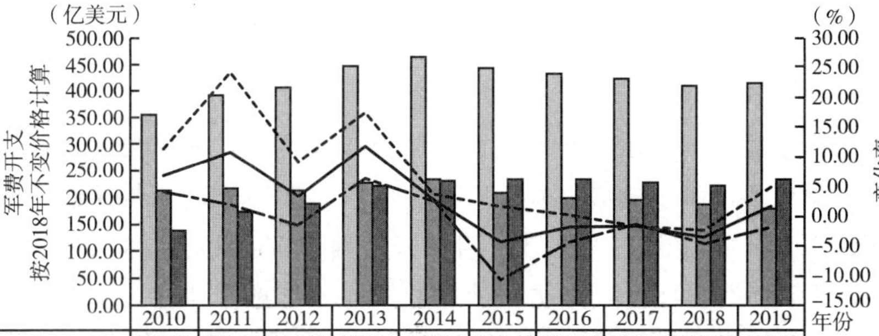

	2010	2011	2012	2013	2014	2015	2016	2017	2018	2019
非洲	354.59	391.88	404.17	450.64	463.73	442.66	433.08	424.85	409.65	415.68
撒哈拉以南非洲	214.64	218.39	215.04	228.72	234.44	209.35	199.23	195.75	186.28	182.14
北非	139.96	173.49	189.13	221.92	229.29	233.31	233.86	229.10	223.37	233.54
非洲变化率	6.87	10.52	3.14	11.50	2.91	−4.54	−2.16	−1.90	−3.58	1.47
撒哈拉以南非洲变化率	4.04	1.75	−1.53	6.36	2.50	−10.70	−4.83	−1.75	−4.84	−2.22
北非变化率	11.54	23.96	9.02	17.34	3.32	1.75	0.23	−2.04	−2.50	4.55

图 6.14　2010—2019 年非洲军费开支及其变化率

资料来源：图中所用数据是根据斯德哥尔摩国际和平研究所（SIPRI）军费开支数据库中的军费开支数据，计算整理得到。

2019 年，北非国家的军费总额为 233.54 亿美元，占非洲军费总额的 56.18%。阿尔及利亚是构成北非军费开支的重要部分，2019 年其军费支出总额为 103.34 亿美元，占北非军费开支总额的 44.25%，比 2018 年增长了 7.83%，与 2010 年相比增长了 92.53%。阿尔及利亚军费开支的快速增长与其和摩洛哥长期紧张局势有关。同时，“9·11”事件后，阿尔及利亚作为西方国家反恐的新盟友，得到了德国、意大利和美国的大力的军事支持①。撒哈拉以南地区的军费开支占非洲军费开支总额的 43.82%，在 2010—2019 年间，该地区军费开支变化剧烈，主要是因为这一地区的武装冲突不断所致②。马里、布基纳法索和多哥在这一期间的军费开支增长幅度超过 200%，具体分别为：马里涨幅为 240.28%、布基纳法索涨幅为 207.43%、多哥涨幅为 204.98%。马里、布基纳法索军费开支增长主要是因为卷入针对“博科圣地”、“伊斯兰国”西非省和反叛武装的武装冲突；多哥军费开支增长则是由于其购买货物、服务开支增长，以及 2019 年为应对圣战团体威胁而参加的多

① 和讯新闻：“非洲军费开支缘何连年涨？原因复杂……”，来源：https://news.hexun.com/2019-06-16/197540301.html. 最后访问时间：2020 年 10 月 9 日。

② SIPRI, “Trends in world military expenditure, 2019”, https://www.sipri.org/publications/2020/sipri-fact-sheets/trends-world-military-expenditure-2019, accessed.

次军事行动①。

（六）中东

由于缺乏卡塔尔、叙利亚、阿联酋以及也门的军费数据，SIPRI 从 2015 年开始就不再评估中东的军费开支总额。在 2010—2014 年这四年间，中东地区的军费开支总额一直上升，四年来增幅为 28.74%，达到 1875.97 亿美元（见图 6.15）。虽然 SIPRI 并没有提供中东整体的军费开支总额，但其统计了中东地区可获得数据的 11 个国家 2010—2019 年军费开支情况，即图 6.15 中的中东 1。可以看出 2010—2014 年中东地区的军费开支一直呈上升趋势，2015—2019 年则呈波动变化趋势。2015—2016 年，中东 11 个国家的军费开支总额有所下降，降幅为 14.11%，2017—2018 年呈上升趋势，2019 年又再次下降，降幅为 7.51%。

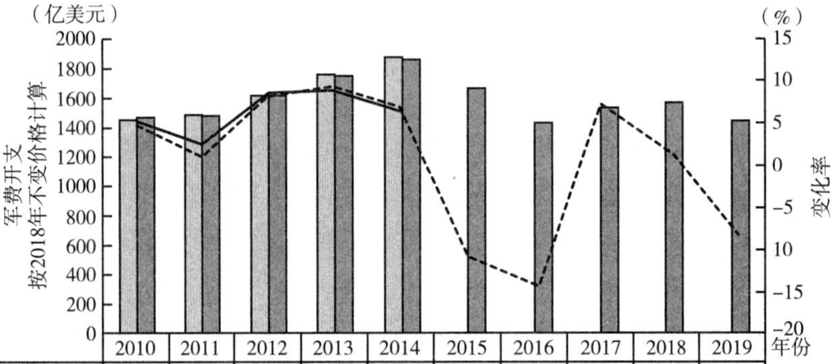

	2010	2011	2012	2013	2014	2015	2016	2017	2018	2019
中东	1457.2	1491.2	1614.6	1760.8	1876					
中东1	1457.2	1468.8	1591	1735.9	1851.3	1657.4	1423.5	1527	1556	1439.1
中东增长率	5.0968	2.3376	8.2747	9.0546	6.5386					
中东1增长率	5.0968	0.7911	8.319	9.107	6.651	−10.48	−14.11	7.2697	1.9004	−7.513

图 6.15　2010—2019 年中东军费开支及其变化率

资料来源：图中所用数据是根据斯德哥尔摩国际和平研究所（SIPRI）军费开支数据库中的军费开支数据，计算整理得到。中东 1 表示的是中东地区可获得军费数据国家的军费开支总额。

2019 年全球军费开支排名前二十的国家中有四个位于中东，沙特阿拉伯位居第五、以色列位居第十五、土耳其位居第十六、伊朗位居第十八。沙特阿拉伯作为中东最大的军费开支国，2019 年军费开支为 625.25 亿美元，比

① SIPRI，"Trends in world military expenditure，2020"，https：//www. sipri. org/publications/2020/sipri – fact – sheets/trends – world – military – expenditure – 2020，accessed.

2018 年下降了 15.96%，比 2010 年上升了 14.28%。但沙特阿拉伯 2019 年的军费下降出乎意料，因为沙特阿拉伯在也门的军事行动仍在继续，并且在 2019 年 9 月导弹袭击对其石油工业造成重大损害后，与伊朗的关系也更加紧张。以色列是中东地区军费开支第二大的国家，其 2019 年的军费开支为 201.02 亿美元，与 2018 年相比增长了 1.74%。在 2010—2019 年间，以色列军费稳步增长，涨幅为 29.69%。自 2010 年以来，土耳其军费开支一直保持增长趋势，十年间其涨幅达 85.95%，其中 2017—2018 年增长速度最快，高达 26.93%，2018—2019 增速下降，仅为 5.84%。自 2018 年以来，由于美国对伊朗实施的经济制裁，导致伊朗经济大幅衰退，伊朗军费开支也随之大幅下降。与 2010 年相比，伊朗的军开支下降了 35.97%。

此外，中东由于长期处于战乱之中，国家的军费负担均较重，在全球军费负担前二十个国家中就有 8 个国家属于中东地区，并且前五名均是中东国家，分别是：阿曼（排名第一）、沙特阿拉伯（排名第二）、阿尔及利亚（排名第三）、科威特（排名第四）、以色列（排名第五）、约旦（排名第七）、巴林（排名第十二）和伊拉克（排名第十三）。2011 年发端于突尼斯的“阿拉伯之春”，几乎横扫整个中东地区，利比亚内战、叙利亚内战、也门内战等接踵而至，中东地区主要大国近年来发起数次大规模军事行动，因此中东地区军费负担高也就不足为奇①。

三、主要国家军费开支

（一）美国的军费开支

美国军费总支出（实际支出）包括以下方面：（1）“基础预算”，即国防部常规行动支出；（2）美国能源部对美核武库的支出；（3）其他政府部门的军事开支；（4）海外应急行动（overseas contingency operations fund，OCO）支出，即美军在世界各地军事行动支出；（5）国务院对外军事援助支出。其中从预算拨款项目来看，美国国防部军费主要包括行动与维持支出、军事人员支出、采购支出、研究、开发、测试和评估支出（RDT&E）、军事建设支出以及其他支出。2019 年美国军费开支继续保持增长趋势，达 7186.89 亿美元，

① 王啸臻：“中东地区局势动荡不安，军费增长速度领跑世界”，《军事文摘》2017 年第 11 期。

占全球军费总开支的37.39%，超过排在其后的9国军费开支的总和，是俄罗斯军费的11.2倍。自冷战结束之后，美国军费在2010年达到8498.67亿美元的峰值，之后连续7年下降，而2018—2019年美国军费重新出现增加现象，两年增幅分别为3.01%和5.3%。

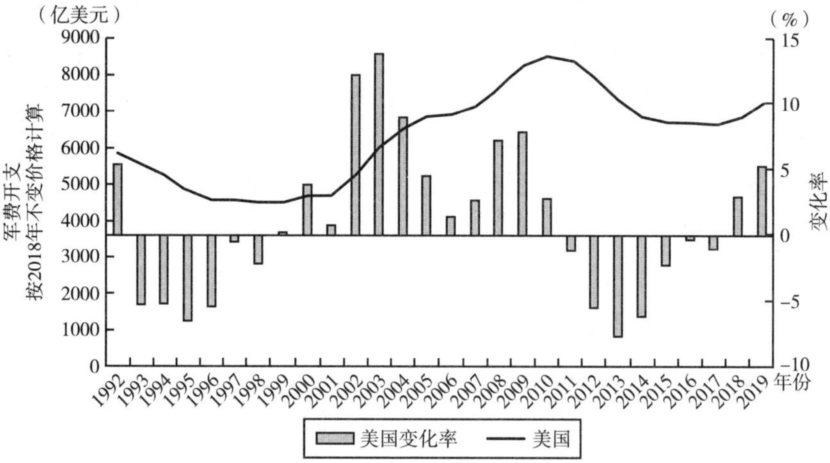

图6.16 1992—2019年美国军费开支及其变化率

资料来源：图中所用数据是根据斯德哥尔摩国际和平研究所（SIPRI）军费开支数据库中的军费开支数据，计算整理得到。

根据图6.16可知，1992—1998年，美国的军费开支呈现明显的下降趋势，降幅高达22.94%，其中1992年美国军费为5816.71亿美元，1998年美国军费开支为4482.66亿美元，是美国自1981年以来的最低值。这一趋势出现主要是由于冷战结束，美国面临的主要威胁消失。1999—2001年，美国军费开支有小幅增加，涨幅为4.71%。2001年发生“9·11”恐怖袭击事件后，为了寻求国内的“绝对安全”，以及打击恐怖主义，美国大力增加军费开支，以用于建设一支防御兼备、军事力量一流的军队①。最终导致美国军费开支连续9年高速增长，其中2003年的增幅最大，为13.82%，更是使美国2010年军费开支高达8498.67亿美元，是1949年以来美国的最高值。持续的高额预算以及开支，导致美国公共债务和联邦赤字连创纪录，为了缓解这一局面，奥巴马政府采取了一系列削减军费开支的政策，如2010年8月，美国裁掉十大司令部的“联合部队司令部”；2011年1月，美国国防部宣布在未来5年内

① 王庭东：“‘9·11’事件与全球恐怖主义治理”，《世界经济与政治》2002年第4期。

逐步降低军费增速，并于2015年完全冻结军费开支增长；2011年7月，奥巴马政府开始实施从阿富汗退兵计划等①。一系列举措使美国军费开支在2015年时仅为6715.09亿美元，比2010年下降了20.99%。

2016年、2017年美国军费支出略有下降，但是降幅不大，仅为0.31%和1.03%，特朗普上台后主张重建美国军事力量，扩张军队人员，推进常规武器和核武器现代化。2018年美国军费支出开始上涨，较上一年度增长3.01%至6824.91亿美元，2019年是美国军费支出上涨的第二年，2019年军费增长至7186.89亿美元，增幅为5.3%，2019年，特朗普总统从军事预算中挪用36亿美元，用于在美国和墨西哥边境修建隔离墙②。此外，特朗普明确提出要通过提高军事实力来维护美国国家安全，因此在2020财年国防预算申请提案中，国防预算相较2019财年的实际支出增长5%，上升至7500亿美元，美国军费开支将呈现连续三年保持增长的态势。

（二）俄罗斯的军费开支

2019年，俄罗斯的军费开支为641.44亿美元，相较2018年上升了4.49%，这是俄罗斯军费开支持续下降两年后首次出现提升，使得俄罗斯从2018年的全球军费开支第六名变为第四名。俄罗斯的军事开支主要为军事人员的工资和培训成本、设备和设施的维护、新的或正在进行的行动的支持以及新武器、设备和车辆的开发和采购提供资金③。

根据图6.17可知，俄罗斯在1992—1998年大力缩减军费开支以用于恢复国内经济，这一时期俄罗斯军费开支下降了66.62%，其中1998年降幅最大，高达40.53%。1999—2016年，俄罗斯军费开支持续增长，1999年至2016年俄罗斯的军费开支达到顶峰为790.07亿美元，18年间增长了4.58倍。1999—2009年，俄罗斯军费开支增加主要得益于俄罗斯为了经济发展而实施的政策。1998年俄罗斯国内爆发金融危机，政府为恢复经济秩序，促进生产发展，实施了宽松的政策，从而促进了俄罗斯的军费开支增加。2008年“俄格战争”之后，俄罗斯与西方关系陡然走低，并且俄罗斯军队的缺点被暴露，

---

① 吕德胜：“美国计划‘裁减’军费”，《晚报文萃》2011年第11期。

② SIPRI，“Trends in world military expenditure，2020”，https：//www. sipri. org/publications/2020/sipri - fact - sheets/trends - world - military - expenditure - 2020，accessed.

③ SIPRI，“The methodology behind SIPRI's military expenditure data for Russia for 2016 - 17”，2018/5/15，https：//www. sipri. org/media/2018/methodology - behind - sipris - military - expenditure - data - russia - 2016 - 17。

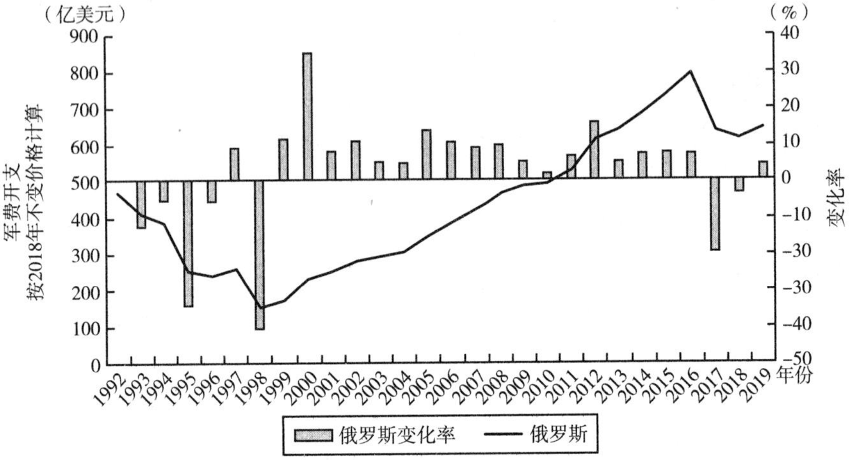

图 6.17 1992—2019 年俄罗斯军费开支及其变化率

资料来源：图中所用数据是根据斯德哥尔摩国际和平研究所（SIPRI）军费开支数据库中的军费开支数据，计算整理得到。

促使其增加军费开支用于军队改革[①]。2010 年，俄罗斯开始实施军事现代化计划，并于同年年底通过了 2011—2020 年的“国家军备计划（GPV）”（简称 GPV-2020），该计划从采购、研发等方面说明了俄罗斯军事改革，旨在使俄罗斯军械库中现代化武器的比例从 2010 年的 15% 提升至 2015 年的 30%，最终在 2020 年提升至 70%。因此，俄罗斯军费开支从 2012—2015 年保持高速增长。2016 年，俄罗斯政府一次性偿还了国内军火生产商 118 亿美元的政府债务，这一举动使其军费开支同比增长了 7.21%，但同时也缩减了 2017 年的军费开支，导致 2017 年其军费开支下降了 19.44%[②]。2018 年，由于俄罗斯军队的武器更新高峰期已经过去，同时国内经济不景气，其军费开支下降了 3.56%。2019 年的俄罗斯军费开支呈现小幅度上升，幅度为 4.49%。根据俄罗斯军费支出预算计划，在未来三年内其军费开支会继续小幅增加，但是随着全球新冠肺炎疫情的影响以及石油和天然气出口的下降，未来俄罗斯军费开支的增长可能会受到限制。

---

① 赵博文、张乃千：“俄罗斯军费：如何在减法中做加法？”，《军事文摘》2017 年第 11 期。

② 徐峰、刘颖：“2018 年世界军费开支 1.8 万亿美元达二十年来峰值”，《国防科技工业》2019 年第 6 期。

四、评估与展望

2019 年，全球军费开支总额为 19220.95 亿美元，与 2018 年相比，增加了 3.63%，达到冷战以来的最高值。2018—2019 年各个地区的军费开支均有所增加，其中北美洲增长速度最快，涨幅高达 5.07%；其次是欧洲，涨幅为 4.96%，近十年来首次增速超过亚洲；亚洲增速为 4.92%，略小于欧洲；大洋洲的涨幅为 3.53%；非洲和拉丁美洲的虽然也有增长，但是涨幅较小，均在 2% 以下。2010—2019 年，除北美洲军费开支有所下降外，其他地区均有所增加，其中亚洲增长速度最快为 52.71%，其次是大洋洲为 24.87%，再次是非洲为 17.23%，欧洲增长得较为缓慢，仅为 8.8%。而北美洲作为唯一的一个在近十年军费开支下降的地区，其降幅较大，为 14.58%。

2019 年全球军费开支排名前十国家为：美国、中国、印度、俄罗斯、沙特阿拉伯、法国、德国、英国、日本、韩国。美国军费开支在 2018 年首次增长后，2019 年继续保持增长趋势，并且增长速度更快达 5.3%。2018—2019 年，印度军费开支增加 6.85%，成为世界军费开支第三大国。经历两年的军费下降期后，俄罗斯军费迎来首次增长，涨幅为 4.49%，这使得俄罗斯重新回归世界军费开支前五行列。在全球军费开支前二十国家中，沙特阿拉伯军费开支下降幅度最大，为 15.96%，导致其世界排名后移两位。德国在 2019 年大幅提升军费开支，涨幅高达 10.06%，这也是近 10 年德国军费开支最大的变动。

2018—2019 年，全球军费开支增长幅度最大的五个国家分别是：保加利亚（127.48%）、多哥（69.92%）、东帝汶（62.89%）、乌干达（52.33%）和海地（50.49%）。全球军费开支降幅最大的五个国家分别是：津巴布韦（-50.30%）、莫桑比克（-21.56%）、贝宁（-20.17%）、尼日尔（-19.98%）和沙特阿拉伯（-15.96%）。除沙特阿拉伯外，剩余 4 个国家均属于非洲。

当今的世界正处于百年未有之大变局之中，全球军费开支持续攀升，亚太地区、海湾地区、中东各国及非洲邻国之间局势紧张，矛盾冲突不断，恐怖主义袭击更是时有发生，大国竞争日渐激烈，全球的不安全与不稳定因素增加。自特朗普上台以来，美国以“重建美军”为口号，一方面，大肆扩张军费开支，基于维系其全球军事霸权的考量，其下一年的军费可能至少维持当前规模。另一方面，美国以寻求“公平贸易”的名义对世界上其他国家实施各种制裁政策，其种种举措加剧了世界安全态势的紧张局面。欧洲地区特别是北约成员国出于美国增加军费开支的施压，及其和俄罗斯关系的持续紧张，其军费可能继续增长。同时，美国在印太地区的战略部署则可能进一步刺激亚洲与大洋洲相关国家军费的增长。然而，由于2020年全球新冠肺炎疫情的蔓延，全球大部分国家的经济都遭受了极大的损失，而疫情也使得安全局势变得更加复杂与不确定。在此艰难背景下，如何权衡安全与发展从而抉择未来的军费资源配置成为各国政府面临的难题。

7. 军工[*]

郝朝艳　朱敬轩[**]

摘　要：全球军工企业防务业务收入在经历了五年不断下滑之后，于2016年出现了增长。2018年、2019年全球军工生产及销售依旧呈现垄断格局，军工生产主要集中在美国、西欧等经济发达国家。特别是美国的防务企业无论在数量还是规模上都占据主导地位，其军工生产的增长也带动了全球的增长势头。2018年、2019年，众多大型防务企业回归并购市场，防务企业并购活动涉及总金额不断刷新纪录，企业强强联手、互补双赢成为战略并购的主题。随着世界军费支出不断增长，全球军火生产和销售预计会继续保持上升势头，而对高新装备和关键技术的关注，会使创新成为军事工业发展的主题。

关键词：军工　军工生产　防务企业

军事工业是国民经济的特殊部门，具有促进国家安全和经济发展的双重作用，其工业与科技能力既是国防实力的重要组成部分，也是国际竞争的重要领域之一。近年来，世界军事工业整体呈现出异常活跃和深刻变革的特征。沿袭之前的做法，本章以2018年的军工数据为基本分析对象，部分涉及2019年数据。

---

* 基金项目：国家社会科学基金项目“产业发展视角下‘军民融合’政策效果评估研究”（19BJY012）；北京高校高精尖学科“战略经济与军民融合”交叉学科（GJJ2019163）支持项目；中央财经大学双一流和特色发展引导学科专项（022959918005）资助。

** 郝朝艳（1977—），北京大学经济学博士，中央财经大学国防经济与管理研究院副教授、硕士生导师，主要研究方向为国防工业、军火贸易、冲突经济学。出版《产权改革与股权拍卖机制设计》、《冲突经济学：理论、模型与方法》、*Cooperation for a Peaceful and Sustainable World* 等中外文专著，主持《冲突经济学原理》、《现代国防工业》、《政府在国防工业中的三重角色》等一系列有影响力的专业书籍的翻译工作，在《经济研究》、《世界经济》、《中国军事科学》等国内外期刊发表多篇学术论文。先后赴美国、韩国、泰国等进行学术访问或国际交流。朱敬轩（1996—），中央财经大学国防经济与管理研究院2020级硕士研究生，研究方向为国防工业。

一、军工生产态势

2018—2019 年，国际局势更为错综复杂，中美贸易争端升级，保护主义继续抬头，危及世界经济增长；传统与非传统安全威胁交织共存，中东、拉美和非洲地区安全局势严峻，恐怖活动频繁发生。面对国际形势的深刻变化和军事变革发展的要求，世界主要国家纷纷加大国防支出和武器装备采购力度，聚焦战略性和颠覆性技术创新，加快国防采办和军工管理改革进程，推进军事工业战略整合。多个机构的统计数据显示，全球军工生产连续三年保持增长。

根据斯德哥尔摩国际和平研究所（SIPRI）的数据，以 2018 年不变价格和汇率计算，世界排名前百的军火生产和军事服务公司（不含中国军工企业）（以下简称“SIPRI 100 强”）军火和军事服务的总销售收入自 2015 年开始恢复增长，并于 2018 年增加至 4203.1 亿美元，较 2017 年增加了 4.6%，相比 21 世纪初（2002 年），“SIPRI 100 强”的防务业务收入已增长了 46.9%（见表 7.1）。

表 7.1　2002—2018 年“SIPRI 100 强”防务业务收入　单位：亿美元，%

年份	2002	2010	2011	2012	2013	2014	2015	2016	2017	2018	2002—2018
防务业务收入（按当年价格和汇率计算）											
总额	2010.6	4204.2	4198.8	4050.8	4063.5	3976.8	3736.9	3758.6	3949.8	4203.1	
变化率		3.9	-0.1	-3.5	0.3	-2.1	-6.0	0.6	5.1	6.4	109.0
防务业务收入（按 2018 年不变价格和汇率计算）											
总额	2861.8	4553.7	4311.5	4126.4	4044.2	3918.1	3941.0	4021.5	4017.2	4203.1	
变化率		1.7	-5.3	-4.3	-2.0	-3.1	0.6	2.0	-0.1	4.6	46.9

资料来源：斯德哥尔摩国际和平研究所（SIPRI）军火工业数据库。

注：表中所列数据是各年度“SIPRI 100 强”军火生产和军事服务公司军火销售总额。为避免歧义，本章使用“防务业务收入”代替“防务业务销售额”一词。由于这些公司主要根据年度防务业务收入进行排名，因此每年进入“SIPRI 100 强”的公司也有所不同。

美国防务新闻网（Defense News）每年也会对全球最大的百家军工企业进行排名①，其公布的 2018 财年和 2019 财年世界百强军工企业数据也反映出类

① 2018 财年美国防务新闻网全球军工百强排名较之前发生了很大变化，主要是因为自 2001 年以来，首次加入了中国军工企业。

似的变化情况。如表 7.2 所示，这些企业在 2019 财年的防务业务收入总额高达 5244 亿美元，比上一财年增加了 349 亿美元，增幅为 7.0%。此外，这百家企业整体的防务业务收入在总收入中所占比重也从 2012 年的 28.3% 上升到 2019 年的 39.2%，防务业务依存度逐年提升。

表 7.2　　2009—2019 财年美国防务新闻网世界百强军工企业防务业务收入总额　　单位：亿美元，%

年份	2009	2010	2011	2012	2013	2014	2015	2016	2017	2018	2019
总额	4000	3913	4143	4012	3955	3857	3567	3650	3755	4901	5244
变化率		-2.2	5.9	-3.2	-1.4	-2.5	-7.5	2.3	2.9	30.5	7.0
防务业务收入占比	37.9	35.4	30.1	28.3	30.6	31.4	31.9	34.1	36.9	37.3	39.2

资料来源：根据美国防务新闻网站公布的各财政年度世界百强军工企业数据计算得到。

注 1：防务业务收入额以当年价格表示。

注 2：表中所列数据是根据各年度美国防务新闻网中的国防承包商企业数据计算而来。由于这些公司根据年度防务业务收入进行排名，因此每年进入名单的企业有所不同。

除全球军工生产的总体规模外，军工企业的排名与地理分布也传递着重要信息。全球军工生产是高度集中的，大型防务企业排名尽管存在波动，但一直比较稳定。根据 2018 年“SIPRI 100 强”数据，全球前十大军火生产和军事服务公司的防务业务收入总额达到 2098.3 亿美元，是 2018 年“SIPRI 100 强”防务业务收入总额的一半，相比 2017 年增加了 116.3 亿美元，增幅达 5.9%。其中，前五强公司全部来自美国，而洛克希德·马丁公司已连续 12 年位居榜首。俄罗斯军工企业金刚石—安泰集团是唯一一家非美国、非西欧国家的“SIPRI 10 强”公司（见表 7.3）。

表 7.3　　2018 年“SIPRI 10 强”军火生产和军事服务公司　　单位：亿美元，%

公司名称	国家	2018 年排名	2017 年排名	2018 年防务业务收入	2017 年防务业务收入	2018 年防务业务依存度
洛克希德·马丁	美国	1	1	472.6	449.4	88
波音	美国	2	2	291.5	275.8	29
诺斯罗普·格鲁曼	美国	3	3	261.9	229.1	87
雷声	美国	4	4	234.4	225.7	87
通用动力	美国	5	6	220.0	199.7	61
BAE 系统	英国	6	5	212.1	223.8	95

续表

公司名称	国家	2018 年排名	2017 年排名	2018 年防务业务收入	2017 年防务业务收入	2018 年防务业务依存度
空中客车集团	跨欧洲*	7	7	116.5	106.9	15
莱昂纳多	意大利	8	9	98.2	94.0	68
金刚石—安泰	俄罗斯	9	10	96.4	82.0	98
泰利斯	法国	10	8	94.7	96.0	50

资料来源：The SIPRI Top 100 Arms - Producing and Military Services Companies, *SIPRI*, 2018.

注 1："防务业务依存度"指防务业务收入占该公司总收入的比例。

注 2：* 被归为"跨欧洲"的"空中客车集团"前身是欧洲宇航防务集团（EADS）。该公司是由位于法国、德国和西班牙的公司组成的联合体。

注 3：防务业务收入按 2018 年不变价格和汇率计算。

全球的军工生产目前仍集中在经济发展水平较高的国家，从地理位置看，北半球是军工生产的核心地区。2018 年"SIPRI 100 强"军火生产和军事服务公司共来自 19 个国家①，按照防务业务收入从大到小依次是美国、俄罗斯、英国、法国、意大利、日本、德国、以色列、印度、韩国、瑞典、土耳其、新加坡、波兰、乌克兰、澳大利亚、西班牙、瑞士和加拿大。其中，美国公司 43 家，西欧和中欧公司 26 家，这 69 家公司在 2018 年的防务业务收入总计为 3466.0 亿美元，占 2018 年"SIPRI 100 强"的 82.5%。如果将俄罗斯也计算在内，那么这些国家就垄断了全球军工生产的 90% 以上（见表 7.4）。

表 7.4　2018 年"SIPRI 100 强"军火生产和军事服务公司的国家、地区分布

单位：亿美元，%

地区	国家	公司数量	防务业务收入		在"SIPRI 100 强"中的占比	
			2018 年	2017 年	2018 年	2017 年
北美洲	美国	43	2460.9	2295.2	58.5	57.1
	加拿大	1	10.1	8.5	0.2	0.2
	小计	44	2471.0	2303.7	58.8	57.3
西欧和中欧	英国	8	351.2	368.8	8.4	9.2
	法国	6	232.4	227.1	5.5	5.7
	德国	4	83.7	87.0	2.0	2.2

① 由于缺少准确的中国数据来源，"SIPRI 100 强"军火生产和军事服务公司榜单中排除了中国公司。

续表

地区	国家	公司数量	防务业务收入		在“SIPRI 100 强”中的占比	
			2018 年	2017 年	2018 年	2017 年
西欧和中欧	意大利	2	117.2	111.6	2.8	2.8
	跨欧洲*	2	154.3	143.1	3.7	3.6
	西班牙	1	12.4	9.7	0.3	0.2
	瑞士	1	9.0	8.9	0.2	0.2
	瑞典	1	32.4	30.9	0.8	0.8
	波兰	1	12.5	12.7	0.3	0.3
	小计	26	1005.1	999.8	23.9	24.9
东欧	俄罗斯	10	362.2	363.7	8.6	9.1
	乌克兰	1	13.0	11.0	0.3	0.3
	小计	11	375.2	374.7	8.9	9.3
亚洲和大洋洲	日本	6	99.4	98.4	2.4	2.4
	澳大利亚	1	11.4	10.2	0.3	0.3
	新加坡	1	15.4	17.3	0.4	0.4
	印度	3	58.5	62.8	1.4	1.6
	韩国	3	52.1	47.4	1.2	1.2
	小计	14	236.8	236.1	5.6	5.9
中东	土耳其	2	28.1	23.0	0.7	0.6
	以色列	3	86.9	80.0	2.1	2.0
	小计	5	115.0	103.0	2.7	2.6
总计		100	4203.1	4017.0	100.0	100.0

资料来源：根据“The SIPRI Top 100 Arms - Producing and Military Services Companies，2018”的相关数据计算。

注 1：*被归为“跨欧洲”的公司“空中客车集团”前身是欧洲宇航防务集团（EADS）公司。该公司是由位于法国、德国和西班牙的公司组成的联合体。因此，在这里被归为“西欧和中欧”地区。

注 2：防务业务收入按 2018 年不变价格和汇率计算。

与 2017 年相比，世界主要武器生产国的防务业务收入在 2018 年都出现了明显增长，俄罗斯则有小幅下降，而英国、德国和印度明显下滑。美国的军工企业无论在数量还是规模上都具有绝对优势，其军工生产的大幅增长也带动了 2018 年全球军火生产的上涨势头（见图 7.1）。

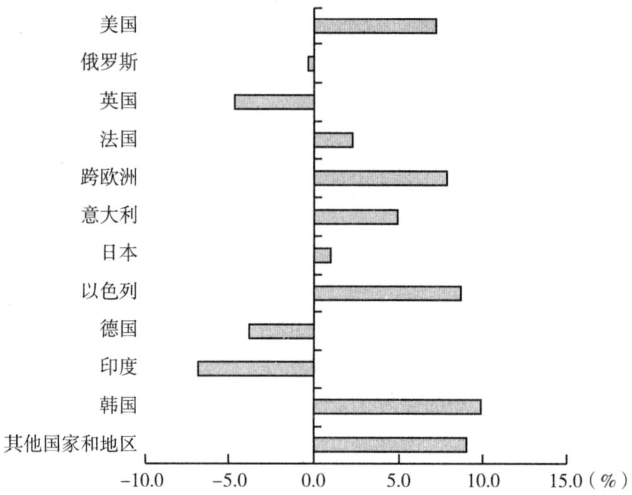

图 7.1 2017—2018 年主要武器生产国防务业务收入变化率

资料来源：SIPRI, "The SIPRI Top 100 Arms - Producing and Military Services Companies, 2018", 2019.

在"SIPRI 100 强"军火生产和军事服务公司中，隶属于经济发展水平较高的经济合作与发展组织（OECD）国家的公司多达 85 家，它们提供了全球防务业务收入的 89.3%，该比例较 2017 年略有上升。

二、主要军工生产国情况

尽管全球军工生产格局在缓慢变化、演进，然而传统武器生产国的优势地位依然稳固。在 2018 年，全球军工生产在国家间、地区间分布极不平衡的特征依然十分突出。

（一）美国

在追求全面军事优势的理念下，美国继续加大国防经费投入，《2019 财年国防预算法案》通过了 7170 亿美元的国防预算。美国一方面优先支持高超声速、新型核武器、新型导弹防御、太空和反太空、远程精确弹药、定向能等具有针对性作战能力的项目；另一方面加大了对可改变未来战争形态的新兴技术领域的支持，如先进计算、大数据分析、人工智能、自主系统、生物技术等。同时，国防部组织商务部、劳工部、能源部、NASA、管理和预算办公室、国家情报局等16个相关部门，全面开展了对国防工业供应链各层级的系统、全面评估，以掌握国防工业对国防和军事能力建设的支持能力。

美国国防支出的持续增加支撑了军工生产的增长。2018年有43家美国企业进入“SIPRI 100强”，防务业务收入较2017年增加了7.2%（见表7.5），合计高达2460.9亿美元，占“SIPRI 100强”防务业务总收入的58.5%。洛克希德·马丁公司自2009年开始一直是全球最大的军火生产公司，2018年防务业务收入高达472.6亿美元，较2017年增加了5.2%，占“SIPRI 100强”全部防务业务收入的11.2%。F-35战斗机的交付及出口是2018年洛克希德·马丁公司军火销售收入增长的重要原因之一。排名第二位的是波音公司，尽管遭遇多起空难事故，但波音公司的防务业务似乎并未受到太大的负面影响，2018年防务业务收入较上一年度增长5.7%，达291.5亿美元，占“SIPRI 100强”的6.9%。2018年诺斯罗普·格鲁曼的防务业务收入为261.9亿美元，比2017年增加32.8亿美元，是2018年“SIPRI 100强”中增幅最大的公司，这主要得益于收购轨道ATK公司，以及国内外对其洲际弹道导弹和导弹防御系统等武器装备的强劲需求。以雷声、通用动力、联合技术公司等为代表的一批排名较前的大型美国军工企业，在2018年表现依然优秀、稳定，除个别公司外，2018年防务业务收入均有不同程度的增长。

表7.5　2018年“SIPRI 100强”军火生产和军事服务公司中的美国公司

单位：亿美元，%

公司名称	2018年排名	2017年排名	2018年防务业务收入	2017年防务业务收入	2018年防务业务收入在全球占比
洛克希德·马丁	1	1	472.6	449.4	11.2
波音	2	2	291.5	275.8	6.9
诺斯罗普·格鲁曼	3	3	261.9	229.1	6.2
雷声	4	4	234.4	225.7	5.6
通用动力	5	6	220	199.7	5.2
联合技术	11	11	93.1	79.7	2.2
L-3通信	12	12	82.5	79.4	2.0
亨廷顿·英格尔斯工业	13	13	72	66.3	1.7
霍尼韦尔国际	14	16	54.3	45.7	1.3
雷杜斯	16	19	50	44.9	1.2
哈理森	17	17	49.7	45.6	1.2
博思·艾伦·汉密尔顿	19	20	46.8	44.2	1.1

续表

公司名称	2018 年排名	2017 年排名	2018 年防务业务收入	2017 年防务业务收入	2018 年防务业务收入在全球占比
通用电气	24	23	36.5	39.2	0.9
德事隆集团	27	22	35	42.0	0.8
CACI 国际	29	33	34.9	30.5	0.8
科学应用国际公司	35	36	28	28.3	0.7
艾益康	36	52	27.7	21.2	0.7
通用原子能公司	37	45	27.5	22.7	0.7
罗克韦尔·柯林斯	41	42	26.3	23.6	0.6
凯洛格·布朗·路特	42	56	26	17.9	0.6
佩斯佩克塔	43	—	25.9	21.8	0.6
贝克特尔	49	30	20	32.3	0.5
奥什卡什	51	55	18.5	18.8	0.4
戴恩国际	59	63	15.6	14.5	0.4
美泰科技国际公司	63	67	14.3	13.9	0.3
嘉科工程集团	65	90	13.7	9.2	0.3
福陆公司	66	88	13.5	9.5	0.3
泛图集团	68	74	13.3	12.2	0.3
联合发射联盟公司	70	53	13.2	20.0	0.3
特利丹技术	75	99	12.4	8.8	0.3
Vectrus	78	79	12.3	11.5	0.3
洛克达因喷气飞机公司	79	73	12.2	12.5	0.3
塞拉内华达公司	81	81	11	10.4	0.3
BWX 技术公司	85	70	10.7	13.3	0.3
英吉利缇	86	69	10.7	13.3	0.3
麻省理工学院	88	97	9.8	8.9	0.2
柯蒂斯—莱特公司	90	94	9.7	9.1	0.2
航空公司	91	93	9.7	9.1	0.2
波尔公司	92	115	9.3	6.9	0.2
穆格	93	98	9.2	8.8	0.2
卫讯	96	111	8.6	7.2	0.2
奥科宁克	98	128	8.4	5.3	0.2
安费诺公司	100	109	8.2	7.2	0.2
小计			2460.9	2295.2	58.5

资料来源：斯德哥尔摩国际和平研究所（SIPRI）军火工业数据库。

注：防务业务收入按 2018 年不变价格和汇率计算。

特朗普政府认为，美国的战略重心应从应对恐怖主义转向国家间战略竞争，维持美国在全球的军事优势，必须更加关注国防工业的安全性、响应能力和战备状态。美国会继续并加强自2017年开始的大规模武器现代化计划，加大经费支持力度。在这样的政策引导下，2017年和2018年以来，美国军工企业出现了较为活跃的并购整合，且呈现出一些新的特点。一是并购规模大，例如诺斯罗普·格鲁曼公司以将近80亿美元收购了轨道ATK公司，通用动力公司以约97亿美元的总价格收购信息技术供给商CSRA公司，联合技术公司以300亿美元收购罗克韦尔柯林斯公司。二是并购频繁，除上述大型防务公司参与的并购之外，还有一些规模较小的交易，如CACI国际收购通用动力的一个业务部门，英吉利缇收购科学应用国际公司的信息技术（IT）部门，以及美国阿勒格尼技术公司收购金属增材制造商阿达艾罗公司，以扩大航空航天业务等。三是并购活动主要集中于先进技术领域，体现出当前防务企业合并的动机主要是更好地应对设计和生产新一代武器系统的技术挑战，并通过增加新的能力来提升其竞争优势。例如，诺斯罗普·格鲁曼公司在收购轨道ATK公司后，成为了美国第三家同时掌握研制卫星整星、火箭、战术导弹、洲际导弹等技术的大型公司。

（二）西欧和中欧

自2017年12月，欧盟25个成员国签署《永久框架合作防务协议》后，欧洲国家加速了共同安全防务和国防市场一体化的进程，在国防新技术、重点武器项目研发和采办方面加大了投入。

西欧和中欧聚集着英国、法国、德国和意大利等传统军工生产大国，一直是仅次于美国的军火生产和军事服务公司最多、防务业务收入最大的地区。2018年该地区的26家大型军火生产和军事服务公司防务业务收入总和为1005.1亿美元，占2018年“SIPRI 100强”军火生产的近四分之一，比2017年略有增长。2018年“SIPRI 10强”中有4家西欧公司，即英国BAE系统公司、法国、德国和西班牙共同组建的空中客车集团、意大利莱昂纳多公司以及法国泰利斯公司，分别位于第6、第7、第8、第10位。

英国2018年国防预算为366亿英镑，其中15.6%用于装备采办，直到2020年，计划每年将武器装备采办支出增加0.5个百分点，重点支持网络、反潜战、“无畏级”核潜艇建造等项目。尽管如此，2018年，英国的军工生产整体呈减少态势。有8家英国公司进入2018年“SIPRI 100强”，其防务业务收入总计为351.2亿美元，较2017年下降了4.8%，占全球防务业务收入的比重也下降至8.4%。BAE系统是英国最大军火生产和军事服务公司，也是一家典型的国际化大型防务供给商，自2002年起军火生产稳居全球前5名。但在2018年，由于对“台风”战斗机的需求骤减，BAE系统的防务业务收入较2017年下降了5.2%，为212.1亿美元，也使其在“SIPRI 100强”中的排名下降至第6位。由于国内采办减少，英国海军舰船的主要维修和制造商之一的巴布科克国际集团，其防务业务收入也出现了显著降低，2018年较2017年下降了7.5%。2018年，梅罗思工业公司（Melrose Industries）收购了生产包括军用系统部件在内的吉凯恩集团，这使得梅罗思工业公司2018年的军售额达到13.2亿美元，并首次进入“SIPRI 100强”（见表7.6）。

表7.6　2018年“SIPRI 100强”军火生产和军事服务公司中的英国公司

单位：亿美元，%

公司名称	2018年排名	2017年排名	2018年防务业务收入	2017年防务业务收入	2018年防务业务收入在全球占比
BAE系统	6	5	212.1	223.8	5.0
劳斯莱斯	20	18	46.8	47.1	1.1
巴布科克国际集团	32	28	31.8	34.4	0.8
科巴姆	58	60	15.9	16.8	0.4
梅罗思工业	69	64	13.2	15.0	0.3
斯科	73	71	12.6	13.3	0.3
美捷特	89	95	9.7	9.4	0.2
奎奈蒂克	94	104	9.1	8.7	0.2
小计			351.2	368.8	8.4

资料来源：斯德哥尔摩国际和平研究所（SIPRI）军火工业数据库。

注：防务业务收入按2018年不变价格和汇率计算。

2018年法国的军火生产总体保持上升态势，达到232.4亿美元。有6家法国公司进入了2018年“SIPRI 100强”，共占全球军火生产的5.5%。然而这6家公司的绩效表现差异较大。尽管在2018年，泰利斯的军火生产相比上年度下降了1.4%，但它仍是唯一一家位列2018年“SIPRI 10强”的法国公司。排名第21位的海军集团和排名第47位的CEA（法国原子能和替代能源委员会）2018年的防务业务收入也分别下降了4.1%和0.4%。与此形成对比的是，达索航空集团的军售额增至29.3亿美元，相比2017年增长了30.2%，这主要是由于卡塔尔、埃及和印度对“阵风”战机的需求拉动的（见表7.7）。

表 7.7　**2018 年“SIPRI 100 强”军火生产和军事服务公司中的法国公司**

单位：亿美元，%

公司名称	2018 年排名	2017 年排名	2018 年防务业务收入	2017 年防务业务收入	2018 年防务业务收入在全球占比
泰利斯	10	8	94.7	96.0	2.3
海军集团	21	21	42.2	44.0	1.0
赛峰	31	34	32.4	31.1	0.8
达索航空	34	51	29.3	22.5	0.7
CEA	47	48	23	23.1	0.5
奈科斯特	83	85	10.8	10.3	0.3
小计			232.4	227.1	5.5

资料来源：斯德哥尔摩国际和平研究所（SIPRI）军火工业数据库。

注：防务业务收入按 2018 年不变价格和汇率计算。

两家跨欧洲军工集团——空中客车集团和欧洲导弹集团（MBDA）分别位于 2018 年“SIPRI 100 强”的第 7 位和第 23 位。空客集团 2018 年防务业务收入达到 116.5 亿美元，比上年度增长 9.0%，这主要得益于军用直升机和 A400 运输机的交付。欧洲导弹集团的防务业务收入也比 2017 年增长了 4.4%，达到 37.8 亿美元。

意大利有两家军火生产和军事服务公司进入了 2018 年“SIPRI 100 强”，莱昂纳多公司和芬坎蒂尼公司分别位列第 8 名和第 50 名。莱昂纳多收购了一家多元化的信息技术和军事服务公司 Vitrociset，这也促进了其 2018 年军火生产的增加，防务业务收入为 98 亿美元，较上一年度增长了 4.4%。造船企业芬坎蒂尼公司 2018 年的军事产品和服务销售收入增长了 8.0%，达到 19 亿美元。意大利 2018 年 57 亿美元的国防采购支出，重点采购“支奴干”直升机、U212 型潜艇等装备，是芬坎蒂尼军火生产增长的原因之一。

莱茵金属公司、马劳斯—马菲·魏格曼、蒂森克虏伯以及亨索尔特公司是四家进入 2018 年“SIPRI 100 强”的德国公司，分别排在第 22 位、第 55 位、第 57 位和第 77 位。它们的防务业务收入总额在 2018 年下降了 3.8%，为 84 亿美元。德国最大的防务企业莱茵金属公司由于德国增加了国产装甲车辆的采购，使其军售额上涨了 4.1%。而蒂森克虏伯公司的防务业务收入则下降了 19.4%。这也是比较正常的现象，由于舰船的采购周期很长，军舰制造商的防务业务收入经常会出现大幅波动。

（三）俄罗斯

俄罗斯实施了2011—2020年军队现代化计划，高度重视国防工业和国防技术的自主发展。2018年2月，普京签署了19万亿卢布预算的《2018—2027年国家武器装备计划》，将战略核威慑力量、战略机动能力列为优先发展项目，以"建设新一代创新式、技术型军队"。2018年9月，联邦国防部"时代"军事创新科技园正式投入使用。这是俄罗斯首个集国防科研、试验、生产、教育于一体的国家科技创新平台，通过汇聚各方科研力量，与军工企业共同探索新技术发展路径。

在2016年俄罗斯颁发的《国防工业发展》规划中，再次强调加通过集中化重组等方式完善国防工业的管理和投资效率。2018年8月，俄罗斯联合航空制造集团并入"俄罗斯技术"国家公司，以提升俄罗斯航空工业的整体实力，这标志着俄罗斯航空工业重新回到了单一机构统一管理的模式。除此之外，俄罗斯整合国家航天公司、金刚石—安泰空天防御公司、战术导弹武器集团和无线电技术体统公司，创建统一导弹航天控股公司；重组多家科研院所建立国防工业信息分析研究机构；推动克里米亚与塞瓦斯托波尔地区军工企业及国防部维修厂整合，等等，军工企业一体化整合进程不断加速。

在这样的政策支持和产业调整之下，俄罗斯军工生产在2009—2018年间呈现大幅增长。2018年，共有10家公司进入"SIPRI 100强"，防务业务收入总额达到362.2亿美元，占"SIPRI 100强"的8.6%（见表7.8）。

表7.8　2018年"SIPRI 100强"军火生产和军事服务公司中的俄罗斯公司

单位：亿美元，%

公司名称	2018年排名	2017年排名	2018年防务业务收入	2017年防务业务收入	2018年防务业务收入在全球占比
金刚石—安泰	9	10	96.4	82.0	2.3
俄罗斯联合航空制造集团	15	14	54.2	61.7	1.3
俄罗斯联合造船集团	18	15	47.0	47.6	1.1
俄罗斯战术导弹武器集团	26	24	36.0	34.4	0.9
俄罗斯联合发动机制造公司	33	32	29.5	29.3	0.7
俄罗斯高精密度系统控股公司	40	35	26.3	27.1	0.6
俄罗斯电子集团	45	43	23.3	21.7	0.6

续表

公司名称	2018 年排名	2017 年排名	2018 年防务业务收入	2017 年防务业务收入	2018 年防务业务收入在全球占比
俄罗斯直升机公司	52	37	18.1	26.0	0.4
俄罗斯无线电电子技术集团	53	46	17.7	21.1	0.4
乌拉尔车辆制造厂	64	68	13.7	12.8	0.3
小计			362.2	363.7	8.6

资料来源：斯德哥尔摩国际和平研究所（SIPRI）军火工业数据库。

注：防务业务收入按 2018 年不变价格和汇率计算。

俄罗斯最大的军火公司、先进防空系统制造商金刚石—安泰在全球军火生产和军事服务公司的排名已从 2009 年的第 24 位上升至了 2018 年的第 9 位，防务业务收入达 96.4 亿美元，较 2017 年增长了 17.6%，占据入围“SIPRI 100 强”俄罗斯公司防务业务收入总额的 26.6%。金刚石—安泰军火生产快速增长，一方面得益于俄罗斯在这段时期内武器采购支出的增加；另一方面得益于向其他国家武器出口的持续增长，特别是 S－400 防空系统的出口。此外，还有 4 家俄罗斯百强军工企业的军火生产在 2018 年有所增长，而另外 5 家则出现了下降，其中俄罗斯直升机公司的降幅达到了 30.3%，降至 18.1 亿美元。位于第 15 位的俄罗斯联合航空制造集团和第 53 位的俄罗斯无线电电子技术集团防务业务收入的降幅都超过了 10%，分别下降了 12.2% 和 16.1%。

所有进入“SIPRI 100 强”的俄罗斯军工企业均为国有企业，并且很大程度上依赖本国需求。为了降低这种依赖性，俄罗斯于 2016 年提出了旨在提高军工企业生产多样性的议案，即将民品生产纳入国有军工企业的业务范围当中。该方案的目标是到 2020 年民品占比不低于 17%，到 2025 年和 2030 年分别提高到 30% 和 50%。2018 年 7 月，俄罗斯国家技术公司的下属公司成立了科学生产企业，专门从事军工技术商业化，开发民用 IT 产品，包括量子计算、大数据存储、区块链技术等。俄罗斯图拉地区还设立了军工企业民品研发奖金，鼓励民品开发。

（四）其他主要军火生产国

日本、以色列、印度、韩国、土耳其、澳大利亚、加拿大和新加坡等，尽管军工生产能力无法与传统军工大国相比，但也是具有成熟生产、技术能力的主要武器生产国。

2018年，有6家日公司本进入了“SIPRI 100强”军火生产和军事服务公司，提供了全球军火产出的2.4%，防务业务收入为99.4亿美元。总体而言，日本军工企业的防务业务收入基本稳定，相比2017年，只有富士通公司的军火生产增幅达10.4%。日本军工企业的军火销售主要依赖国内需求。不过，富士通公司确实通过向其他国家提供军事信息技术服务创造了较为可观的收入，也成为唯一一家在日本境外有大量军售的日本公司（见表7.9）。

表7.9 2018年“SIPRI 100强”军火生产和军事服务公司中的日本公司

单位：亿美元,%

公司名称	2018年排名	2017年排名	2018年防务业务收入	2017年防务业务收入	2018年防务业务收入在全球占比
三菱重工	25	25	36.2	36.7	0.9
川崎重工	48	49	22.6	22.0	0.5
富士通	72	78	12.7	11.5	0.3
石川岛株式会社	82	80	10.9	11.0	0.3
三菱电机	97	103	8.6	8.5	0.2
日本电气	99	101	8.4	8.6	0.2
小计			99.4	98.4	2.4

资料来源：斯德哥尔摩国际和平研究所（SIPRI）军火工业数据库。

注：防务业务收入按2018年不变价格和汇率计算。

近年来，韩国的防务产业已经成熟，涵盖了所有主要的武器生产部门，包括舰船、飞机、陆地系统、弹药和电子产业。韩国从国家层面高度重视武器出口，瞄准东南亚、中东、拉美等地区市场，大力推动，使得韩国武器出口持续增长。2018年，韩国制定了国防工业基础发展的新战略，明确人工智能、大数据分析、机器人技术是国防工业4.0技术能力的战略重点，并明确了加大研发投入、促进国防工业与中小企业融合发展等支持政策和举措。

不过，近三年来，韩国入围“SIPRI 100强”的军火企业和军事服务公司的数量逐年递减，2018年仅有3家公司进入百强榜单。韩华集团的防务业务收入增长了4.5%，达到23.2亿美元，排名第46位。2018年3—4月，韩华集团成立了新的航空航天与防务部门，拓展地面武器、电子通信、海上作战即防空导弹系统。韩国航空航天工业公司的防务业务收入涨幅高达72.2%，达到15.5亿美元，成功从2017年的销售低迷中恢复过来。而大宇造船海洋株式会社在经历2017年防务业务收入24.5%的下跌之后，2018年的情况仍并未好转，并未能入围2018年“SIPRI 100强”（见表7.10）。

表 7.10 2018 年“SIPRI 100 强”军火生产和军事服务公司中的韩国公司

单位：亿美元，%

公司名称	2018 年排名	2017 年排名	2018 年防务业务收入	2017 年防务业务收入	2018 年防务业务收入在全球占比
韩华集团	46	50	23.2	22.2	0.6
韩国航空航天工业公司	60	100	15.5	9.0	0.4
LIG Nex1	67	61	13.4	16.2	0.3
小计			52.1	47.4	1.2

资料来源：斯德哥尔摩国际和平研究所（SIPRI）军火工业数据库。

注：防务业务收入按 2018 年不变价格和汇率计算。

作为新兴武器生产国，印度和土耳其都有着雄心勃勃的目标，都强调武器装备本土化生产，致力于建设本国高水平的武器生产能力。

印度 2018 财年国防预算为 599 亿美元，同比增长 7.8%。为了加强国内国防工业基础能力，印度颁布了“战略伙伴关系”政策，鼓励私营企业参与特定的国防生产项目，并要求装备采购资料中的固定额度必须授予本国企业。印度是最大的新兴武器生产国。印度斯坦航空公司和印度军械制造厂也是新兴武器生产国中最大的两家军火生产和军事服务公司，在 2018 年分别排在“SIPRI 100 强”第 38 位和第 56 位，它们同巴拉特电子公司一起自 2002 年以来就一直位列“SIPRI 100 强”之中。由于印度军方的订单减少，印度军械制造厂 2018 年的军工生产降幅较大，达 27.0%。所有这三家公司都是国有企业，几乎完全依赖本国需求维持军火销售，这也解释了为什么印度军械制造厂销售额会大幅下降（见表 7.11）。

表 7.11 2018 年“SIPRI 100 强”军火生产和军事服务公司中的印度公司

单位：亿美元，%

公司名称	2018 年排名	2017 年排名	2018 年防务业务收入	2017 年防务业务收入	2018 年防务业务收入在全球占比
印度斯坦航空	38	38	27.4	26.5	0.7
印度军械制造厂	56	44	16.5	22.6	0.4
巴拉特电子	62	66	14.6	13.8	0.3
小计			58.5	62.8	1.4

资料来源：斯德哥尔摩国际和平研究所（SIPRI）军火工业数据库。

注：防务业务收入按 2018 年不变价格和汇率计算。

为了实现其地区强国的目标，土耳其在过去几年中一直在增加军费开支，并致力于建设一个全面的国防工业基础。这也促进了土耳其军工企业的发展。2018 年“SIPRI 100 强”中有两家土耳其公司，即土耳其军事电子工业公司和土耳其航空工业公司，防务业务收入总计较 2017 年增长了 22.2%，达到 28 亿美元。特别是排名第 54 位的军事电子产品生产商土耳其军事电子工业公司 2018 年的军工生产同比增长了 41%，达到 17 亿美元。土耳其还有几家规模较小的军火生产商，尽管没有进入 2018 年“SIPRI 100 强”，但其军火生产也同样增长迅速。

以色列一直是中东地区的军工强国。2018 年“SIPRI 100 强”中有 3 家以色列公司，其防务业务收入总计为 86.9 亿美元，占“SIPRI 100 强”的 2.1%，相比 2017 年增长了 8.6%，与德国、日本军事工业的规模相当。

此外，澳大利亚、加拿大、波兰、新加坡和乌克兰各有 1 家公司进入 2018 年“SIPRI 100 强”，分别位于第 80 位、第 87 位、第 75 位、第 61 位和第 83 位。2017 年进入“SIPRI 100 强”的唯一一家南美公司——巴西航空工业公司没能进入 2018 年的百强榜单，而自 2004 年以来，非洲公司从未进入过全球 100 大军火生产和军事服务公司之列。

三、军工企业并购

据《简氏防务周刊》发布的数据，近年来防务领域并购金额不断增加，从 2014 年至 2016 年的年均 200 亿美元，增加至 2017 年和 2018 年的 820 亿美元和 600 亿美元。而 2019 年全球防务领域内的公司并购活动更是刷新了近十年来的纪录。一系列可能改变市场结构的公司整合将国防和安全领域的并购金额推高到 1530 亿美元，达到了近十年来的最高水平（见图 7.2）。美国雷声公司与联合技术的合并涉及金额高达 1210 亿美元，这与美国安宏企业管理有限公司并购英国科巴姆公司的 50 亿美元一起，共占据了 2019 年防务领域并购总金额的 82%。

从并购的数量看，2019 年共有 123 起防务公司并购，相较过去五年年均的 126 次，2019 年的并购活动数依旧保持稳定。雷声和安宏两起并购以及其他并购活动一起将深刻影响着国际防务市场的格局。美国著名控制元件制造商派克·汉尼汾（Parker Hannifin）花费 36.8 亿美元收购美国洛德（Lord Corporation）公司，后者主要生产保温涂料，应用于航空航天、建筑、制造以及能源领域。法国凯捷公司（Capgeminni）投入 40 亿美元收购了亚创（Altran）在法国的全部业务，后者主要提供包括航天、国防、海上力量、动力、能源、铁路及基础设施建设领域的技术研发以及生产制造业务（见图 7.2）。

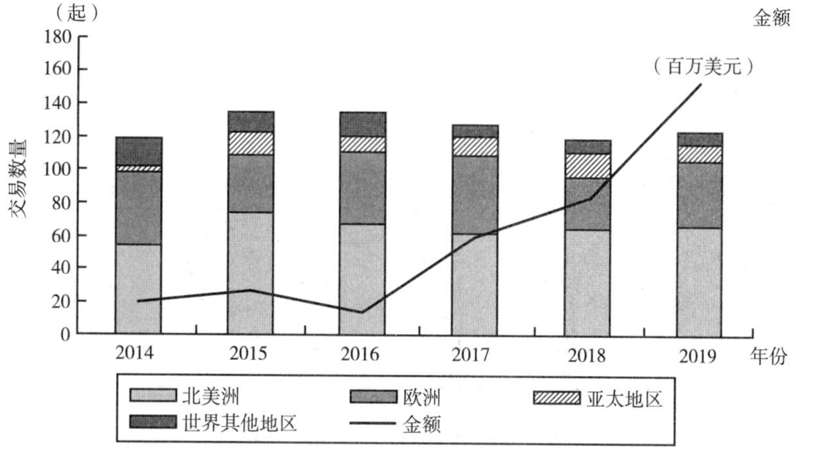

图 7.2　2014—2019 年防务企业并购中目标企业的地区分布及并购金额

资料来源："Mergers and Acquisitions 2019: Full - year Report", *Jane's Defence Weekly*.

从地区角度看，2019 年全球防务领域并购活动的地区分布同前几年基本没有变化。2019 年北美地区的并购数量约占全球的 54%，32% 的并购交易发生在欧洲地区，与 2014 年至 2018 年均值相比没有太大变化。亚太地区及其他区域的并购态势同样几乎保持不变。

北美是全球最大的防务市场，也是防务领域并购活动发生的主要地区。在 2019 年第一季度所发生的防务企业并购交易金额占全球的 44%，第二季度是 31%，第三季度则达到 67%，第四季度是 65%。第三、四两个季度的激增反映了对美国市场逐渐增长的信心。然而，美国发生的大部分并购交易都是国内并购，只有 30% 来自于国外资金。2019 年收购美国防务与安全企业的公司主要来自澳大利亚、法国、德国、以色列、日本、挪威、新加坡、韩国和英国。BAE 系统公司收购了生产水下无人航行器的激流自主解决方案公司（Riptide Autonomous Solutions），泰利斯收购了人工智能领域的 Psibernetix 公司，空中客车公司收购了 MTM 机器人公司（MTM Robotics）。

从目标公司所属领域的看，2019 年并购活动在各个领域的分布延续了过去五年的趋势。37% 的目标企业集中于工程作业及工程子系统和零部件生产商。这表明低层次防务企业进行整合，而高层次防务企业不断通过并购拓展企业能力。29%的目标企业分布在电子或C4ISR领域。发生在系统整合以及终端平台制造领域的并购活动增长了，占比为13%，高于过去五年的平均值，反映出2017年以来高层次防务领域和变革性防务领域并购活动显著增加了（见图7.3）。

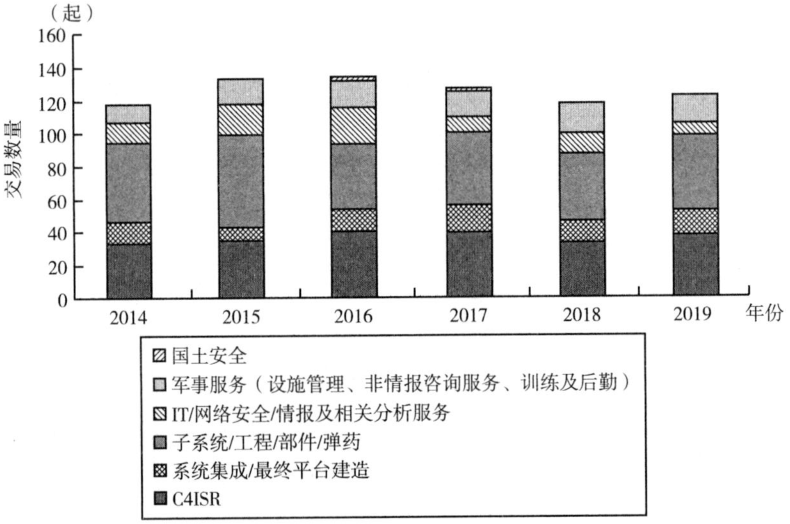

图7.3　2014—2019年全球防务企业并购目标企业所属部门分布图

资料来源："Mergers and Acquisitions 2019: Full - year Report", *Jane's Defence Weekly*.

从并购活动的买方看，顶层大型防务企业作为购买方的并购数量占2019年总并购次数的41%，与过去五年的平均水平（36%）基本一致。中低层次防务企业参与了将近37%的并购交易，这反映了欧洲和北美市场持续进行低层级承包商整合的结果。而私募股权基金支持的并购交易数占15%，而2018年和2017年分别为17%和18%（见表7.12）。

表7.12　2019年全球防务领域十大并购案（以并购价值计算）　单位：亿美元

买方公司		目标公司			金额
名称	国家	名称	国家	所属领域	
雷声	美国	联合技术	美国	航空航天及防务服务领域一级供应商	1210
安宏	美国	科巴姆	英国	航空航天及防务服务	50

续表

买方公司		目标公司			金额
名称	国家	名称	国家	所属领域	
派克·汉尼汾	美国	洛德公司	美国	航空航天使用粘合剂和涂料	36.7
凯捷	法国	亚创	法国	工程及研发	40
铂金资本	美国	韦斯科航空	美国	航空航天供应链管理	19
现代重工	韩国	大宇造船海洋株式会社	韩国	船舶制造	18
派克·汉尼汾	美国	外来金属成型公司	美国	航空器件	17
雷多斯	美国	戴内提克斯	美国	情报信息技术	16.5
CVC 资本基金公司	卢森堡	Ontic	英国	航空部件服务	13.7
西班牙电力公司	西班牙	Hispasat（89.7%）	西班牙	西班牙防务卫星系统	10.7

资料来源："Mergers and Acquisitions 2019: Full - year Report", *Jane's Defence Weekly.*

四、评估与展望

全球军工生产延续了2016年以来的增长势头。2018—2019年，国际局势更为错综复杂，大国竞争加剧，军工领域在国际竞争中的战略地位愈显重要。面对军事变革发展的要求，世界主要国家纷纷加大国防支出，聚焦战略性和颠覆性技术领域，积极推进军事工业的战略整合。美国、欧洲等传统武器生产大国普遍调整国防工业发展战略，继续在全球武器生产中保持主导地位，领先优势仍十分明显。以日本、以色列、韩国和印度为代表的亚洲军工生产国表现不尽相同，除印度的军火生产在2018年有所下降外，日本、以色列和韩国的防务业务收入均出现不同程度的增长。

2018年和2019年防务企业并购市场非常活跃，近年来防务企业的并购次数稳定在高位水平，保持每年120起以上，并购活动涉及金额也逐年增加，2019年更是达到了十年来的最高位——1530亿美元，几乎是上一年的两倍。2019年防务企业并购活动主要发生在北美和欧洲，航空、网络安全等领域的新兴技术和颠覆性技术是并购资金流入的重点方向。创新是未来军事工业发展的主题与核心。

随着世界安全局势趋于复杂，亚太、欧洲地区的地缘政治风险依然存在，恐怖主义、民粹主义等问题不断涌现，局部冲突时有发生，美国、欧洲加大了对国防工业基础和国防科技创新的投入，中东和非洲的一些国家也在谋求本国国防工业的自主发展与武器装备快速引进。全球军火生产预计在2019年会继续保持上升势头，随着大型防务企业参与并购，预计2019年世界百强企业构成和排名会出现一些明显波动。由于新型冠状肺炎疫情的影响，2020年全球经济形势进一步恶化，2020年的全球军火生产预计会受到影响。不同影响因素的叠加效应会逐步显现，但全球武器生产布局与结构的变化和调整仍是一个相当缓慢的进程。

8. 军贸*

郝朝艳　张华清**

摘　要： 进入21世纪以来，全球武器贸易规模呈稳步增长态势。2015—2019年延续了这一趋势，主要常规武器转让量比2010—2014年增加了5.5%。相比2010—2014年，美国和法国武器出口显著增加，分别增长了23%和72%，所占全球军贸市场份额上升到36%和7.9%，达到1990年以来每五年期的最高水平。此外，韩国和以色列武器出口增长迅猛，德国和西班牙的武器出口也有不同幅度的增加。而俄罗斯的武器出口显著减少，从2010—2014年到2015—2019年，下降了18%。在武器进口方面，亚洲和大洋洲武器进口规模虽比上一个五年下降了7.9%，但仍是全球进口武器最多的地区，占全球武器进口总量的41%。由于地区冲突和紧张局势加剧，中东地区武器进口从2010—2014年至2015—2019年增加了61%。而发生冲突的国家或地区，如印度、阿拉伯联合酋长国（以下简称阿联酋）、巴基斯坦在2015—2019年武器进口也显著增加了。飞机、导弹、舰船和装甲车是近年来交易量最大的武器类型，飞机占比在2019年有了极大提升。

关键词： 军火贸易　武器出口　武器进口

在国际政治、安全和经济局势复杂多变的背景下，军火贸易既是主要武器生产国的重要经济利益来源，也是国家间政治和军事博弈的重要手段。军事技术的进步，新兴工业化国家武器研发、制造能力的发展，局部战争和地

---

* 基金项目：北京高校高精尖学科“战略经济与军民融合”交叉学科（GJJ2019163）支持项目；中央财经大学双一流和特色发展引导学科专项（022959918005）；国家社会科学基金项目“产业发展视角下‘军民融合’政策效果评估研究”（19BJY012）。

** 郝朝艳（1977—），北京大学经济学博士，中央财经大学国防经济与管理研究院副教授、硕士生导师，主要研究方向为国防工业、军火贸易、冲突经济学。出版《产权改革与股权拍卖机制设计》《冲突经济学：理论、模型与方法》、*Cooperation for a Peaceful and Sustainable World* 等中外文专著，主持《冲突经济学原理》、《现代国防工业》、《政府在国防工业中的三重角色》等一系列有影响力的专业书籍的翻译工作，在《经济研究》、《世界经济》、《中国军事科学》等国内外期刊发表多篇学术论文。先后赴美国、韩国、泰国等进行学术访问或国际交流。张华清（1995—），中央财经大学国防经济与管理研究院2019级硕士研究生，研究方向为国防工业。

区冲突的发生与结束都会对全球军品贸易格局和世界和平发展带来不可忽视的影响[①]。

一、军火贸易态势

进入21世纪后，尽管全球军火贸易存在着周期性波动，但近年来保持着整体增长态势。这不仅是由于局部地区冲突导致了对武器的高需求，还源于各大国对未来武器创新的投入与竞争，使得武器装备更新换代十分迅速。然而军火贸易往往受到国际关系的制约，供给—采购关系存在长期惯性。

（一）总量

2018年，全球武器贸易总量出现了大幅减少。尽管不同来源的数据差异较大，但都体现出2019年全球武器贸易的回升迹象。俄罗斯国际武器贸易研究中心公布的2019年世界武器贸易总额为920.41亿美元，比2018年增加了8.6%。而斯德哥尔摩国际和平研究所（SIPRI）提供的武器转让数据显示，2019年全球主要常规武器转让额为271.94亿美元，比2018年的271.65亿美元仅增加了千分之一[②]。但如果以5年为一个周期考察武器贸易的长期变动趋势，可以发现，全球武器贸易规模呈稳步增长态势，与2010—2014年相比，2015—2019年全球主要常规武器转让增长了5.5%（见图8.1），达到2000年以来，每5年时期主要常规武器转让的最高值。

（二）产品结构

武器贸易的产品结构相对稳定。飞机、导弹、舰船和装甲车是2019年交易量较大的武器类型，分别占全部主要常规武器贸易的53.3%、11.4%、

---

① 武器装备类型大体可分为三种：常规武器、中小型武器以及大规模杀伤性武器。考虑到数据的可获得性、准确性以及在武器贸易中的重要性，本章仅涉及常规武器贸易和转让。

② 俄罗斯国际武器贸易研究中心与斯德哥尔摩国际和平研究所提供的数据之所以有如此大的差异，主要原因是指标定义不同。由于武器转让情况复杂，一是很多情况下无法获得武器转让金额的可靠数据；二是即使知道武器转让的金额，往往也不知道此项转让财务安排的重要细节，如信贷、租借条件、折扣等。斯德哥尔摩国际和平研究所定义了武器转让的趋势指示值（TIV），它虽然以“美元”为单位，并不代表武器转让的金额，而是武器转让量的一个指示值，其含义是一件武器装备所蕴含的军事资源的价值。由于斯德哥尔摩国际和平研究所的武器转让数据定义明确，且连续性好，本文的分析主要以该数据为基础。

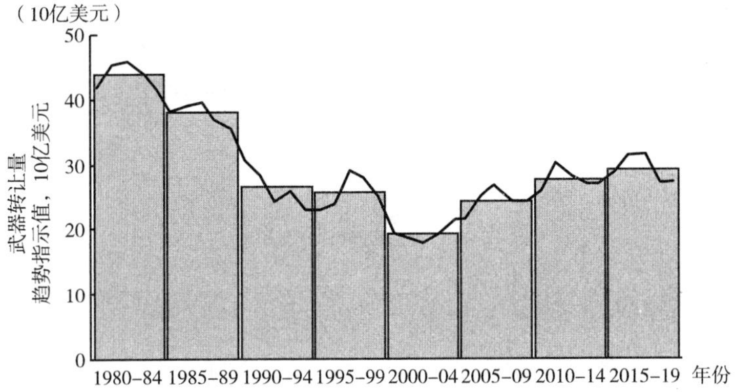

图 8.1　1980—2019 年 SIPRI 全球主要常规武器转让趋势图

注：柱状图显示了每一年主要常规武器转让的总数量。由于武器转让数据年度之间波动较大，图中给出了每 5 年的移动平均值（曲线上的每个点代表前 5 年的平均值），以得到一个更加平稳的趋势值。

资料来源：SIPRI，"Trends in International Arms Transfers，2019"，*SIPRI*，2020.

8.6% 和 8.3%。但出现了不同的变动方向，飞机占比在 2019 年有了极大上升，而导弹、舰船和装甲车的占比则明显下降了。这与近十年来主要常规武器转让的类型结构十分相似，如图 8.2 所示。从 2010—2019 年的平均占比看，飞机交易量一直最大，约占全球主要常规武器贸易总量的 44.6%；其次是舰船、导弹和装甲车，这三类武器相差不大，占比分别为 13.1%、12.7% 和 11.3%；防空系统、传感器和发动机平均各占 2010—2019 年全球军火贸易总量的 5% 左右。其余四类武器占比总计大约为 3%。

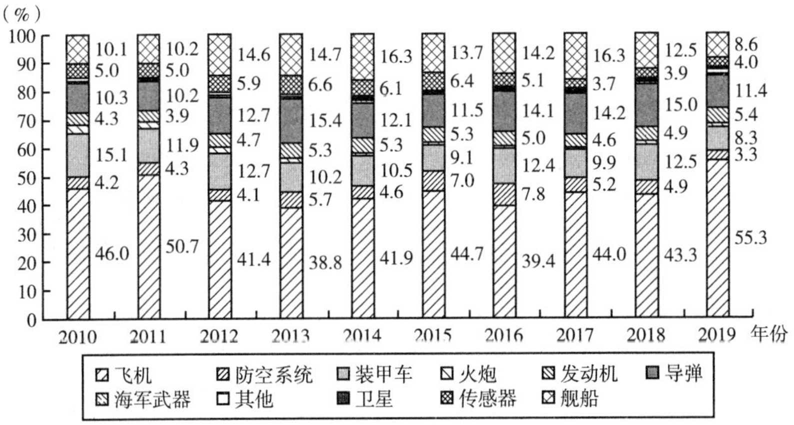

图 8.2　2010—2019 年全球主要常规武器转让的类型结构图

资料来源：根据"SIPRI Arms Transfer Database"相关数据计算。

随着信息技术的发展，特别是近些年来，以无人机为代表的智能武器装备在战场中应用越来越多。未来包括人工智能等颠覆性技术必然会带来新的战争模式和作战理念，因此对武器的需求和武器贸易类型都会随之改变。

二、武器出口

2019 年，武器出口依然高度集中。美国稳居全球武器出口国首位；俄罗斯仍然是第二大武器出口国，但出口规模下降，与美国的差距进一步扩大；欧洲武器出口约占全球的三成，其中尤以法国的武器出口增长最为显著。

（一）武器出口趋势

2015—2019 年，全球共 68 个国家有武器出口记录，武器出口总量近九成来自北美和欧洲国家。前二十五大武器出口国提供了全球 98.8% 的主要常规武器出口，但只有 12 个国家的出口市场份额达到或超过了 1%（见表 8.1）。世界前几大常规武器出口国分别为美国、俄罗斯、法国、德国，共占据全球军火出口总额的 76.3%。美国和俄罗斯提供着全球一半以上的出口武器，出口规模和市场份额遥遥领先于其他国家。除美国和俄罗斯外，其他武器出口国在市场份额方面都没有明显优势。

在 2015—2019 年，韩国、以色列和法国的武器出口量增速惊人，比上一个五年期分别增长了 143.3%、77%.5 和 72.2%（见图 8.3）。美国和德国的武器出口规模和市场份额也均出现了显著增长，而俄罗斯和意大利的武器出口则呈现出较大幅度下降。

如果仅考察 2019 年的情况，主要常规武器出口国排名及变动情况则有较大不同。2019 年的前几大武器出口国是美国、俄罗斯、法国和德国，各自提供了全球武器出口总量的 39.5%、17.3%、12.4%、5.2% 和 4.4%。西班牙、英国、韩国、意大利和以色列则分别位于第六至第十名。前十大国家共提供了 2019 年全球武器出口量的 92.0%。相比 2018 年，俄罗斯、以色列、意大利和韩国的武器出口均出现了不同程度的下降，其中尤以俄罗斯降幅最大，较 2018 年减少了 27.5%，而美国、法国、德国、英国和西班牙的武器出口则出现上升，特别是法国的武器出口同比增加了 90.0%。

表 8.1　2015—2019 年全球前二十五大主要常规武器出口国及其主要接受国情况

单位：亿美元，%

2015—2019 年排名	2010—2014 年排名	出口国	占全球武器出口的比例		2015—2019 年武器出口 TIV 值*	2010—2014 年武器出口 TIV 值*	2019 年武器出口 TIV 值*	主要接受国进口武器比例（2015—2019 年）		
			2015—2019 年	2010—2014 年				第一大	第二大	第三大
1	1	美国	36.4	31.3	530.3	432.1	107.5	沙特（25）	澳大利亚（9.1）	阿联酋（6.4）
2	2	俄罗斯	20.6	26.6	300.7	367.8	47.2	印度（25）	中国（16）	阿尔及利亚（14）
3	5	法国	7.9	4.8	115.4	67.0	33.7	埃及（26）	卡塔尔（14）	印度（14）
4	4	德国	5.8	5.3	85.2	73.0	11.9	韩国（18）	希腊（10）	阿尔及利亚（8.1）
6	6	英国	3.7	4.6	54.5	64.0	9.7	沙特（41）	阿曼（14）	美国（9.1）
7	7	西班牙	3.1	2.9	45.4	40.2	10.6	澳大利亚（33）	新加坡（13）	土耳其（11）
8	12	以色列	3.0	1.8	43.3	24.4	3.7	印度（45）	阿塞拜疆（17）	越南（8.5）
9	9	意大利	2.1	2.7	31.3	37.7	4.9	土耳其（20）	巴基斯坦（7.5）	沙特（7.2）
10	14	韩国	2.1	0.9	30.9	12.7	6.9	英国（17）	伊拉克（14）	印尼（13）
11	10	荷兰	1.9	2.0	27.0	27.8	2.9	印尼（17）	美国（14）	约旦（13）
12	8	乌克兰	1.0	2.8	14.2	38.5	0.9	中国（31）	俄罗斯（20）	泰国（17）
13	13	瑞士	0.9	0.9	13.5	13.1	2.5	澳大利亚（18）	中国（14）	沙特（14）
14	19	土耳其	0.8	0.5	11.6	6.2	2.5	土库曼斯坦（25）	阿曼（12）	巴基斯坦（12）
15	11	瑞典	0.6	1.8	8.8	25.6	2.1	美国（22）	阿尔及利亚（12）	阿联酋（10）

续表

2015—2019年排名	2010—2014年排名	出口国	占全球武器出口的比例		2015—2019年武器出口TIV值*	2010—2014年武器出口TIV值*	2019年武器出口TIV值*	主要接受国进口武器比例（2015—2019年）		
			2015—2019年	2010—2014年				第一大	第二大	第三大
16	15	加拿大	0.6	0.9	8.4	12.5	1.9	沙特（34）	印度（11）	阿联酋（10）
17	16	挪威	0.4	0.6	5.8	8.2	0.3	阿曼（35）	美国（20）	芬兰（14）
18	23	阿联酋	0.4	0.2	5.4	2.9	1.0	埃及（41）	阿尔及利亚（13）	无法确定的国家（12）
19	20	澳大利亚	0.3	0.3	5.1	4.5	1.5	美国（42）	印度尼西亚（17）	加拿大（18）
20	18	白俄罗斯	0.3	0.5	5.0	6.6	1.2	越南（31）	苏丹（16）	塞尔维亚（15）
21	34	捷克	0.3	0.1	4.9	0.9	0.1	伊拉克（39）	美国（17）	乌克兰（9.0）
22	17	南非	0.3	0.5	4.2	6.6	1.5	美国（23）	阿联酋（20）	马来西亚（11）
23	39	印度	0.2	0.0	3.0	0.6	1.2	缅甸（46）	斯里兰卡（25）	毛里求斯（14）
24	24	巴西	0.2	0.2	3.0	2.8	0.1	阿富汗（38）	印度尼西亚（17）	黎巴嫩（11）
25	47	葡萄牙	0.2	0.0	2.4	0.2	0.03	罗马尼亚（95）	乌拉圭（2.9）	佛得角（1.2）

资料来源："Trends in International Arms Transfers, 2019", *SIPRI*, 2020。部分数据根据"SIPRI Arms Transfer Database"相关数据计算。

注：* TIV 值，即趋势指示值，是 SIPRI 根据主要常规武器转让数量计算得到的指标，虽以"美元"为单位，但并不代表武器转让的金额，而是体现转让数量。

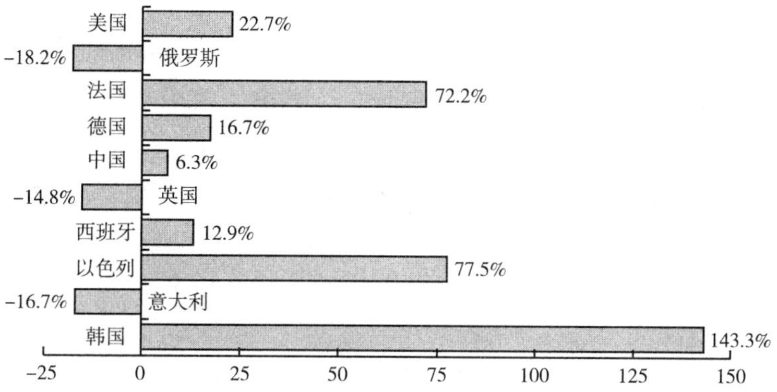

图 8.3　2015—2019 年前十大武器出口国主要常规武器出口量较 2010—2014 年的变化百分比

资料来源：“Trends in International Arms Transfers, 2019”, *SIPRI*, 2020.

（二）美国

美国是全球武器市场的绝对领导者。据俄罗斯武器贸易研究中心估算，2011—2018 年间，美国签订的军品贸易订单总额为 3676.36 亿美元，占同期全球订单总额的 45.7%。美国实际武器出口额在经历了 2013 年的较低水平后，从 2014 年开始稳定增长，由于与中东国家（主要是沙特阿拉伯）的“特大合同”顺利进入到交付阶段，在 2017 年创造了武器出口的历史新高。此外，特朗普政府积极支持武器贸易，主张简化武器出口审批流程，特别是提出退出《武器贸易公约》后，美国国内制约武器出口的因素明显减少，客观上也促进了美国在全球武器市场份额的不断增长。美国通过国防部对外出口的装备以及对外有偿军事援助合同批准额在 2017 财年、2018 财年和 2019 财年分别为 759 亿美元、556 亿美元和 553.9 亿美元。而美国军工企业对进口国政府的直接商业销售合同金额在 2017 年为 1281 亿美元，2018 年为 1366 亿美元。

虽然在 2018 年美国的武器出口有所下降，但 2019 年出现小幅回升，并保持了近 10 年来仅次于 2017 年的最大出口量。根据斯德哥尔摩国际和平研究所提供的武器转让数据，2015—2019 年全球主要常规武器贸易中，美国的武器出口相比 2010—2014 年增加了 22.7%（见图 8.3），是全球武器出口总量的 36.4%，进一步拉大了美国与其他国家在国际军火供给方面的差距：2010—2014 年美国主要常规武器出口量是第二大武器出口国俄罗斯的 1.18

倍，到了 2015—2019 年则扩大到了 1.77 倍。

2015—2019 年，全球至少有 96 个国家和地区进口了美国的武器装备。但从出口目标看，美国仍主要向其盟友出口，且主要集中于亚太和中东地区。中东地区获得了 2015—2019 年美国主要常规武器出口的一半。沙特阿拉伯进口的美国武器装备最多，占 2015—2019 年美国武器出口总量的四分之一，是紧随其后的澳大利亚武器进口量的 2.7 倍（见图 8.4）。尽管美国国会讨论可能在 2019 年对沙特阿拉伯的武器出口实施一些限制，但在 2019 年美国还是向其交付了 30 架战斗机，并授权向沙特阿拉伯出售 5.9 万枚制导炸弹。澳大利亚是 2015—2019 年进口美国武器装备第二多的国家，进口量相比 2010—2014 年增加了 41%。

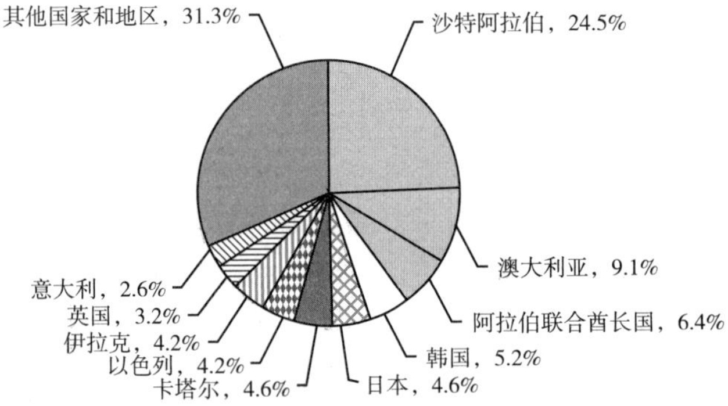

图 8.4　2015—2019 年进口美国武器装备的前十大武器进口国和地区

资料来源：根据“SIPRI Arms Transfer Database”相关数据计算。

2015—2019 年美国向亚洲和大洋洲的武器出口占其武器出口总量的 30%，相比上一个五年下降了 20%。澳大利亚、日本、印度、新加坡、韩国和中国台湾地区是美国的主要出口目标市场。在 2015—2019 年，美国向印度、巴基斯坦、新加坡、韩国和中国台湾地区的武器出口占比均有所下降，而向澳大利亚和日本的武器出口占比则出现了大幅增加。

此外，相比上一个五年时期，2015—2019 年美国对欧洲的武器出口量增加了 45%，对非洲的武器出口增加了 10%，而对美洲的武器出口则下降了 20%。

在出口武器类型方面，飞机仍然是美国 2015—2019 年出口最多的武器类型，占美国武器出口总量的 56.4%，该比例在 2019 年高达 72.7%。接下来是导弹，占 2015—2019 年美国全部武器出口的 17.4%，该比例在 2019 年为

11.0%，较2018年的20.8%出现了大幅下降。装甲车的出口情况近些年来比较稳定，五年来平均占比为12.2%，2019年为8.1%。防空系统出口量在美国武器出口中占比不是很大，且近些年来持续下滑，从2015年的9.1%下降到2019年的2.6%，2015—2019年平均为5.6%（见图8.5）。

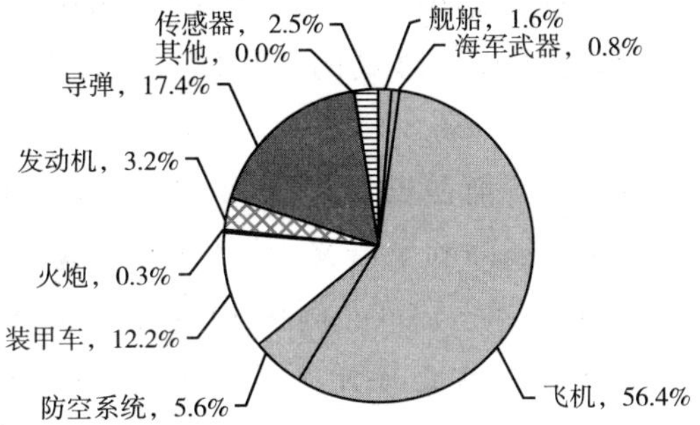

图8.5　2015—2019年美国主要常规武器出口中各类武器出口量占比

资料来源：根据“SIPRI Arms Transfer Database”相关数据计算。

（三）俄罗斯

尽管在西方制裁和其他武器出口国的竞争压力下，俄罗斯仍然通过多种努力维持武器出口稳定势头，近年来一直是世界第二大武器出口国。2015—2019年俄罗斯向全球47个国家和地区出口武器，约占全球武器市场的五分之一。据俄罗斯国家技术集团首席执行官对外透露的信息，2019年俄罗斯对外武器出口签约额可达137亿美元。俄罗斯在传统武器出口市场是比较稳定的，2019年与印度签订了145亿美元的新合同，并开始向白俄罗斯交付首批苏-30SM战斗机，向塞尔维亚交付首批米格-29战斗机。但由于俄罗斯国内装备采购量减少，独立国家联合体（以下简称独联体）国家间的军工合作项目受到一定程度拖延（殷晓阳，2019）[①]。

然而如果以5年为一个周期考察趋势性变化，相比2010—2014年，俄罗斯主要常规武器出口在近5年减少了18%，其中四分之一的武器出口流向印度，但相比2010—2014年，印度从俄罗斯进口的主要常规武器减少了47%。

从地区层面看，亚洲和大洋洲是俄罗斯最大的军贸市场，占其2015—2019年武器出口的57%，接下来依次为中东（19%）、非洲（17%）、欧洲

---

① 殷晓阳：“2019年全球武器贸易市场发展一览”，《国防科技工业》2019年第12期。

（5.7%）和美洲（0.8%）。俄罗斯向中东地区的武器出口比2010—2014年增长了30%，埃及和伊拉克作出了主要贡献，相比2010—2014年，从俄罗斯的武器进口分别增加了1.9倍和2.1倍，占俄罗斯出口到中东地区武器总量的49%和29%。尽管俄罗斯从2015年开始在叙利亚冲突中支持叙利亚政府，但俄罗斯出口到叙利亚的武器从2010—2014年到2015—2019年却下降了87%，仅占俄罗斯出口到中东地区武器总量的3.9%，是俄罗斯全部武器出口量的0.7%。

从出口武器类型看，俄罗斯是世界武器市场中直升机和其他飞行器的主要供给国。根据斯德哥尔摩国际和平研究所提供的数据，飞机出口占2015—2019年俄罗斯武器出口的50.8%，该比例在2019年为52.9.0%，比2018年的48.5%有所上升，接下来依次是导弹（12.5%）、装甲车（9.9%）、发动机（9.2%）、防空系统（7.6%）、舰船（6.5%）和传感器（1.8%），其他类型武器出口量占比均不足1%。

（四）欧洲的主要武器出口国

欧洲主要的武器出口国包括法国、德国、英国、西班牙和意大利，2015—2019年主要常规武器出口占世界军贸市场的23%，相比2010—2014年提高了3个百分点。法国、德国和西班牙的武器出口增加了，而英国和意大利则出现了不同程度的降低。

法国近年来基本上是世界第三大主要常规武器出口国，2015—2019年占全球武器出口量的7.9%，比上一个五年时期武器出口量增加了72%，这也是1990年以来法国武器出口的新高峰。法国武器出口额在部分年份曾超过俄罗斯，成为全球第二大武器出口国，但市场并不稳固。在2015—2019年，有75个国家进口了法国的武器。中东地区是法国武器最大的接收地，进口了法国武器出口的52%，相比2010—2014年增加了3.63倍。购买法国武器装备最多的三个国家是埃及、卡塔尔和印度，共获得了这段时期法国出口武器的54%。这也是自20世纪80年代以来，这三国首次成为法国武器的主要进口国。而且向这三个国家出口的“阵风”战斗机占2015—2019年法国武器出口总额的四分之一。在2019年底，法国又签订了一系列武器出口大单，包括未来向印度和卡塔尔出口“阵风”战斗机，向巴西和印度出口潜艇，向埃及、马来西亚和阿拉伯联合酋长国出口小型护卫舰。因此，法国的武器出口在未来五年仍然会保持在较高水平。

法国出口的武器种类多样，飞机、舰船、导弹和传感器占比较高，在2015—2019年分别为41.9%、22.1%、13.5%和9.9%。从各类型武器占比的变化情况来看，尽管相比2018年舰船出口有所回升，但近几年一直呈下降趋势，相比最高的2016年（41.2%）已下降至2019年的11.8%；飞机出口占比近五年呈上升趋势，2019年高达55.8%，较2015年（29.0%）增加了近乎一倍；导弹出口占比在2018年达到19.4%的高位后，在2019年有所回落，占比为17.8%，仍高于5年来的平均值；传感器的出口占比则保持了快速下滑的趋势，从2015年的20.5%下降到2019年的5.1%。

德国的武器出口在2015—2019年有了大幅增加，比上一个五年期增长了17%，是全球第四大武器出口国。韩国、希腊和以色列是这期间进口德国武器最多的国家，分别占德国武器出口总量的19%、10%和8.3%。而从地区层面看，2015—2019年德国武器出口的30%流向了亚洲和大洋洲，26%流向了欧洲，24%流向了中东地区，另有11%和8.3%分别流向了美洲和非洲。由于几个大型武器出口合同已经完成，并且德国加大了对沙特阿拉伯、土耳其的武器禁运程度，导致德国武器出口在2018年出现大幅下滑。但值得注意的是，2019年德国放松了武器出口管制，增加了对埃及的武器出口。据德国公布的数据，仅2019年1月—10月，政府批准的出口额便高达81亿美元，这意味着德国经过2018年、2017年和2016年三年武器出口持续下降后，在2019年会迎来出口额增加（殷晓阳，2019）[①]。

从出口武器类型来看，舰船是德国2015—2019年出口最多的武器，约占其全部武器出口的一半。其中，交付给韩国、埃及、希腊、哥伦比亚、意大利和以色列的潜艇就占到2015—2019年德国武器出口的39%。除舰船外，德国武器出口的主要武器类型还包括装甲车、飞机、发动机和导弹，在2015—2019年的占比分别为13.3%、12.4%、9.4%和7.9%，虽然存在波动，但没有呈现出稳定的上升或减小趋势。

2015—2019年，世界第六大武器出口国英国的主要常规武器出口比2010—2014年下降了15%，主要是因为向沙特阿拉伯、印度和美国的武器出口减少了。在英国出口的武器装备中，飞机占比高达60.2%，发动机、导弹和舰船也相对较多，在2015—2019年的占比分别为10.7%、9.5%和7.7%。

西班牙凭借其在运输机、加油机、护卫舰等产品和相关技术的出口，

① 殷晓阳："2019年全球武器贸易市场发展一览"，《国防科技工业》2019年第12期。

2015—2019 年武器出口量相比 2010—2014 年增加了 12.9%。并且从 2018 年开始，西班牙武器出口生效额大幅度增加，未来几年的武器出口排名有可能前移。

（五）其他主要武器出口国

在新兴武器出口国中，韩国可以说是异军突起，凭借独特的技术和特定产品，如自行榴弹炮、轻型护卫舰和高级教练机等，明显提高了武器出口业绩。韩国在 2015—2019 年全球主要武器出口国中排名第十位，相比 2010—2014 年增加了 143%。进口韩国武器的国家也从 2010—2014 年的 7 个增加至 2015—2019 年的 17 个。在 2015—2019 年，韩国武器出口的 50% 流向亚洲和大洋洲，24% 流向欧洲，中东地区得到 17%。在十年前，韩国的武器出口超过一半流向土耳其，而在 2015—2019 年韩国武器出口分布更加均匀，因英国是最大的进口国，武器进口量也仅占韩国武器出口量的 17%，之后依次为伊拉克和印度尼西亚。

以色列的武器出口在 2015—2019 年创造了历史新高，武器出口量比 2010—2014 年增加了 77%，是第八大武器出口国，占这段时期内全球武器出口的 3.0%。

而其他新兴武器出口国在全球市场中是比较艰难的。2015—2019 年，土耳其和巴西的市场份额所有增加，但变化并不大，而乌克兰、白俄罗斯、南非等国的出口份额则下降了，长期的武器出口前景并不乐观。

三、武器进口

全球几乎所有的国家都要进口武器，即使主要的武器生产国也不例外，只是不同国家对武器进口的依赖程度存在差异。各个国家由于军贸合同周期性影响、需求的变化，以及国家武器装备本土化的努力，国家层面的武器进口量波动较大。

（一）武器进口趋势

相比武器出口市场，武器进口在国家层面上要分散得多，且武器进口国排名经常出现较大变动。根据斯德哥摩国际和平研究所的武器转让数据，2015—2019 年全球共有 160 个国家进口武器。沙特阿拉伯、印度、埃及、澳大利亚和中国是2015—2019年前五大主要常规武器进口国，其武器进口量在全球占比约为36.3%（见图8.6）。最大的武器进口国沙特阿拉伯，其进口的主要常规武器占世界军贸市场的12.1%。

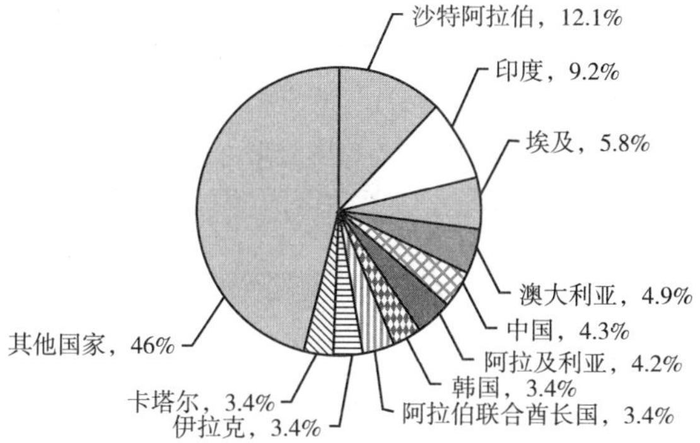

图8.6 2015—2019年前十大武器进口国市场份额

资料来源："Trends in International Arms Transfers, 2019", *SIPRI*, 2020.

全球武器进口在地区层面上比较集中，亚洲和大洋洲武器进口最多。相比2010—2014年，2015—2019年亚洲和大洋洲的主要常规武器进口总量在全球占比虽有所下降，但仍是最主要的武器进口地区，占全球武器进口的41%，紧随其后的是中东地区（占35%）、欧洲（占11%）、非洲（占7.2%）和美洲（占5.7%）（见图8.7）。其中，中东地区武器进口显著增加（见表8.2）。

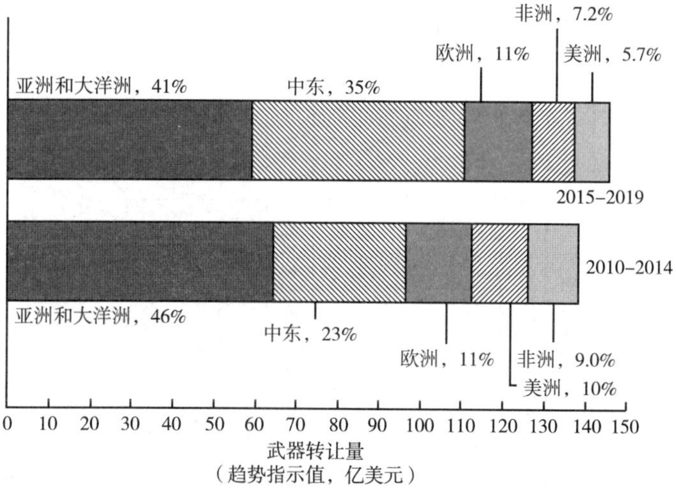

图8.7 2010—2014年和2015—2019年主要常规武器进口地区分布对比图

资料来源："Trends in International Arms Transfers, 2019", *SIPRI*, 2020.

表 8.2　2015—2019 年全球前四十大主要常规武器进口国和地区及其主要供给国

单位：亿美元，%

2015—2019 年排名	2010—2014 年排名	进口国和地区	占全球武器出口的比例		2015—2019 年武器进口 TIV 值*	2010—2014 年武器进口 TIV 值*	2019 年武器进口 TIV 值*	从主要供给国进口武器比例（2015—2019 年）		
			2015—2019 年	2010—2014 年				第一大	第二大	第三大
1	2	沙特阿拉伯	12.1	5.6	176.9	76.9	36.7	美国（73）	英国（13）	法国（4.3）
2	1	印度	9.2	14.2	134.1	196.2	29.6	俄罗斯（56）	以色列（14）	美国（12）
3	14	埃及	5.8	1.9	84.0	26.9	11.9	法国（35）	俄罗斯（34）	美国（15）
4	6	澳大利亚	4.9	3.7	71.3	50.9	14.0	美国（68）	西班牙（21）	法国（3.6）
6	10	阿尔及利亚	4.2	2.6	61.5	36.0	1.4	俄罗斯（67）	中国（13）	德国（11）
7	8	韩国	3.4	3.5	50.0	48.5	15.1	美国（55）	德国（30）	西班牙（7.8）
8	4	阿拉伯联合酋长国	3.4	4.4	49.8	61.1	6.4	美国（68）	法国（11）	荷兰（3.4）
9	17	伊拉克	3.4	1.8	49.6	25.0	1.8	美国（45）	俄罗斯（34）	韩国（8.6）
10	46	卡塔尔	3.4	0.5	49.4	6.8	22.6	美国（50）	法国（34）	德国（9.2）
11	3	巴基斯坦	2.6	4.5	38.3	62.8	5.6	中国（73）	俄罗斯（6.6）	意大利（6.1）
12	11	越南	2.2	2.6	32.1	35.4	1.6	俄罗斯（74）	以色列（12）	白俄罗斯（4.9）
13	9	美国	2.0	3.3	29.3	46.3	10.5	德国（21）	英国（17）	意大利（15）
14	33	以色列	2.0	0.7	28.7	10.2	5.1	美国（78）	德国（16）	荷兰（6.2）
15	7	土耳其	1.8	3.7	26.2	50.9	8.3	美国（38）	意大利（24）	西班牙（19）
16	23	日本	1.8	1.1	25.7	15.0	8.9	美国（96）	英国（2.4）	瑞典（1.6）

续表

2015—2019 年排名	2010—2014 年排名	进口国和地区	占全球武器出口的比例		2015—2019 年武器进口 TIV 值*	2010—2014 年武器进口 TIV 值*	2019 年武器进口 TIV 值*	从主要供给国进口武器比例（2015—2019 年）		
			2015—2019 年	2010—2014 年				第一大	第二大	第三大
17	15	印度尼西亚	1.8	1.9	25.5	26.8	2.2	美国（20）	荷兰（18）	韩国（16）
18	19	英国	1.7	1.5	25.0	21.3	3.8	美国（67）	韩国（21）	德国（4.7）
19	12	新加坡	1.7	2.5	24.1	34.2	6.1	美国（37）	西班牙（24）	法国（18）
20	28	孟加拉国	1.6	0.9	22.9	11.9	7.4	中国（72）	俄罗斯（15）	英国（2.4）
21	40	意大利	1.5	0.6	22.5	8.2	1.9	美国（62）	德国（25）	以色列（6.5）
22	31	泰国	1.2	0.8	17.4	10.5	3.0	韩国（46）	中国（21）	乌克兰（14）
23	26	阿曼	1.2	1.0	17.1	13.7	1.1	英国（45）	美国（13）	挪威（12）
24	35	挪威	1.1	0.7	16.3	9.7	4.4	美国（77）	意大利（7.9）	韩国（7.2）
25	55	哈萨克斯坦	1.0	0.3	15.2	4.5	3.1	俄罗斯（90）	西班牙（3.2）	中国（2.1）
26	18	中国台湾地区	0.9	1.7	13.8	23.5	0.5	美国（100）	—	—
27	27	加拿大	0.9	0.9	13.3	12.8	2.0	美国（56）	荷兰（11）	以色列（9.6）
28	36	希腊	0.9	0.7	13.3	9.5	1.7	德国（64）	美国（19）	英国（7.5）
29	20	阿富汗	0.9	1.5	13.0	20.8	3.9	美国（87）	巴西（8.8）	加拿大（1.2）
30	21	阿塞拜疆	0.8	1.5	12.3	20.7	0.3	以色列（60）	俄罗斯（3.1）	土耳其（3.2）
31	13	摩洛哥	0.8	2.3	12.3	32.4	0.3	美国（91）	法国（8.9）	英国（0.3）

续表

2015—2019年排名	2010—2014年排名	进口国和地区	占全球武器出口的比例		2015—2019年武器进口TIV值*	2010—2014年武器进口TIV值*	2019年武器进口TIV值*	从主要供给国进口武器比例（2015—2019年）		
			2015—2019年	2010—2014年				第一大	第二大	第三大
32	41	约旦	0.8	0.5	11.6	7.5	0.9	美国（30）	荷兰（30）	俄罗斯（10）
33	24	缅甸	0.7	1.1	10.1	14.7	2.5	中国（49）	俄罗斯（16）	印度（14）
34	25	巴西	0.6	1.0	8.7	13.8	1.7	法国（26）	美国（20）	英国（17）
35	75	菲律宾	0.6	0.1	8.7	1.7	1.9	韩国（32）	印度尼西亚（20）	美国（19）
36	43	墨西哥	0.6	0.5	8.6	7.4	0.0	美国（64）	西班牙（9.5）	法国（8.5）
37	63	白俄罗斯	0.6	0.2	8.3	2.9	3.3	俄罗斯（98）	乌克兰（1.2）	中国（0.5）
38	32	荷兰	0.6	0.7	8.1	10.3	4.9	美国（76）	德国（13）	意大利（7.6）
39	34	科威特	0.5	0.7	7.8	10.0	0.7	美国（70）	法国（9.5）	俄罗斯（7.1）
40	39	波兰	0.5	0.6	7.6	8.9	3.1	美国（29）	德国（18）	意大利（14）

资料来源："Trends in International Arms Transfers，2018"，*SIPRI*，2019. 部分数据根据"SIPRI Arms Transfer Database"相关数据计算。

注：* TIV 值，即趋势指示值，是 SIPRI 根据主要常规武器转让数量计算得到的指标，虽以"美元"为单位，但并不代表武器转让的金额，而是体现转让数量。

（二）亚洲和大洋洲

相比2010—2014年，亚洲和大洋洲的武器进口量在2015—2019年下降了7.9%，但仍是全球武器进口最多的地区。俄罗斯、美国是该地区的主要供给国，分别提供了这个地区29%、27%和10%的武器进口。

印度是2015—2019年全球第二大武器进口国，但进口量比上个五年时期下降了31.7%。尽管长期以来，印度致力于自主地生产武器装备，但仍在很大程度上仍然依赖进口，并有大量尚未交付的主要武器进口订单和计划。俄罗斯是印度武器进口的最大供应国，提供了印度2015—2019年武器进口量的56%，但较之2010—2014年的72%还是有了大幅减少。随着与美国发展成为战略伙伴关系，美国在2010—2014年成为印度的第二大武器供应国。然而，在2015—2019年，印度继续推行供应商多元化政策，从美国进口的武器装备比2010—2014年下降了51%，而从以色列和法国的武器进口分别增加了175%和715%，这两个国家成为2015—2019年印度武器的第二和第三大来源国。

2015—2019年巴基斯坦主要常规武器进口比2010—2014年下降了39.0%，这与美国决定停止向巴基斯坦提供军事援助有关。在巴基斯坦2010—2014年的武器进口中，美国武器占比30%，而在2015—2019年，该比例下降到了4.1%。而巴基斯坦也在继续加强同欧洲国家的军贸关系，例如，2018年从土耳其订购了30架战斗直升机和4艘护卫舰。

从2010—2014年至2015—2019年，日本的武器进口增长了72%。由于签订了105架F-35战斗机的新订单，日本的武器进口可能会继续上升。

（三）中东

中东地区由于特殊的历史和地理环境，冲突不断，局势紧张，客观上刺激了中东地区武器进口一直处于活跃状态。特别是2015—2019年中东国家主要常规武器进口相比2010—2014年增加了61%，在全球前十大武器进口国中占据五席，即沙特阿拉伯、埃及、阿拉伯联合酋长国、伊拉克和卡塔尔。中东地区的武器进口来源比较集中。美国是该地区最大的武器供给国，提供了该地区2015—2019年主要常规武器进口的53%，沙特阿拉伯、埃及、阿拉伯联合酋长国、伊拉克和卡塔尔等都是美国的主要军贸出口对象国。其次是俄罗斯和法国，也分别提供了中东地区2015—2019年主要常规武器进口的12%和11%。

沙特阿拉伯是2015—2019年全球最大的武器进口国，主要常规武器进口量较2010—2014年上涨了130%。这五年间，沙特武器进口的73%来自美国，随后依次是英国和法国。由于沙特对也门的军事干预，美国、加拿大和许多西欧国家考虑限制向沙特出口武器，但在2019年，沙特仍然继续从这些国家获得了武器，包括从美国进口了30架战斗机和大量导弹与制导炸弹，从加拿大进口了装甲车，从法国进口了装甲车和巡逻艇，从英国进口了导弹和教练机。唯有德国暂停了对沙特阿拉伯的大部分武器出口。俄罗斯于2019年首次向沙特出口武器，主要提供了火箭弹发射器。

土耳其的武器进口近年来一直呈下降趋势。土耳其是1995—1999年世界第三大武器进口国，到了2015—2019年，其排名为第15位。2015—2019年，土耳其的武器进口量比上个五年时期下降了48.5%。这一方面是因为土耳其介入叙利亚和利比亚的冲突，对库尔德武装采取行动，导致欧美国家限制对土耳其的军售，如德国延迟向土耳其交付潜艇。2019年，在土耳其从俄罗斯进口S-400防空系统后，美国就停止了向土耳其出售100架F-35战斗机的计划。另一方面是因为随着本国国防工业能力的增长，土耳其正努力使用国产军舰和装甲车代替进口。

埃及是2015—2019年世界第三大武器进口国，武器进口量比2010—2014年高出了212.2%。在1980年至2014年的每个五年时期，美国都是埃及最大的武器出口国。然而自2013年军事政变与美国发生摩擦以来，埃及加大了武器进口多元化的力度。2015—2019年，埃及35%的武器进口来自法国，34%来自俄罗斯。美国仅为埃及的第三大武器供应国，占埃及武器进口的15%，大大低于2010—2014年的47%。

卡塔尔武器进口增长令人瞩目，2015—2019年的武器进口量比2010—2014年增长626.5%。这个人口只有260万人的国家首次进入了全球前十大武器进口国之列。而该地区国家间的军备竞赛，将进一步刺激武器进口需求。卡塔尔一大批单笔成交额数十亿美元的军购合同将于2020年开始生效，如从意大利采购的舰艇，与英国签订的“台风”战斗机以及与美国签署的F-15QA战斗机。因此，预计卡塔尔的武器进口国排名会继续跃升。

（四）欧洲

从2005—2009年至2010—2014年，欧洲国家的武器进口下降了37%，但在2015—2019年出现了逆转，武器进口量比2010—2014年增长了3.2%，占全球武器进口总额的11%。其中，41%的武器进口来自美国，德国和俄罗斯分别提供了14%和10%。

欧洲的武器进口一方面受地区冲突的影响。例如，由于与阿塞拜疆发生小规模冲突，亚美尼亚的武器进口在2010—2014年至2015—2019年增长了415%，其中94%来自俄罗斯。而阿塞拜疆的武器进口量虽然下降了40%，但2015—2019年，其武器进口量是亚美尼亚的3.3倍，60%来自以色列，31%进口自俄罗斯。尽管乌克兰在东部对亲俄分裂分子采取了行动，但乌克兰在2015—2019年的武器进口量非常低，它最大的武器进口包括来自捷克的50辆二手装甲车和来自美国的210枚反坦克导弹。

另外，在美国的压力下，欧洲各国普遍增加了军费开支，并且随着北约与俄罗斯对抗升级以及参与中东地区军事行动，对新型武器的需求不断增加。2015—2019年，西欧和中欧国家共进口了59架新型战斗机，在2020—2029年还将陆续交付356架F-35战斗机和24架F-16战斗机。

（五）非洲

从2010—2014年到2015—2019年，非洲国家主要常规武器进口总额降低了16%，其中49%的武器进口来自俄罗斯，14%来自美国。非洲国家武器进口情况差异很大，个别国家武器进口大幅增加。

由于阿尔及利亚和摩洛哥之间的紧张关系，这两个国家成为2015—2019年非洲武器进口最多的国家。此外，阿尔及利亚还受到本国内部局势不稳，以及与马里和利比亚的冲突等因素影响。俄罗斯仍然是阿尔及利亚最大的武器来源国。

撒哈拉以南非洲国家2015—2019年的武器进口相比2010—2014年减少了49%，是1995—1999年以来的最低水平。尽管经济衰退，但安哥拉是2015—2019年撒哈拉以南非洲国家中武器进口最多的，相比2010—2014年增加了21.2倍。

（六）美洲

从2010—2014年至2015—2019年，中美洲和加勒比地区的武器进口增加了23%，美国、法国和德国是主要供给国。该地区各国的武器进口呈现出“北升南降”的特点。墨西哥武器进口量增长了17%，占中美洲和加勒比地区武器进口总量的70%。而南美洲最大的武器进口国巴西，其进口量比

2010—2014 年下降了 37%，占南美洲武器进口量的 31%。但截至 2019 年底，巴西还有大量未交付的军火订单，包括来自瑞典的战斗机，来自法国的潜艇，预计未来五至十年，巴西的武器进口会有明显增加。

四、评估与展望

近年来，恐怖主义的威胁有所减弱，大国竞争却不断加剧，对全球军贸市场的调整和转型带来了一定影响。一方面，可用于传统大国竞争的大型武器研发逐渐恢复，而技术发展促进了对信息化和智能化武器装备的需求不断增加。另一方面，各国军队对武器装备的“经济性、可持续性、可实现性”要求很高，全球军贸市场在分系统、配套领域的竞争依然。但面对世界经济、政治、国际贸易环境的极大不确定性，越来越多的国家日益强调武器供给，特别是先进武器核心技术的自主化。多种影响因素相互叠加，使全球军火贸易出现周期性波动，但从总体看，全球军火贸易近年来一直处于增长阶段。

全球主要常规武器出口格局相当稳定。2015—2019 年全球共有 68 个国家出口了主要常规武器，但武器出口市场仍然是高度集中的。美国、俄罗斯、法国、德国、英国、西班牙、以色列、意大利和韩国占据着全球军火出口贸易的主要位置。美国继续稳居武器出口国首位，提供了全球武器贸易的 36%，相比 2010—2014 年增加了 6 个百分点，进一步扩大了与俄罗斯的差距，武器出口量是俄罗斯的 1.8 倍。法国武器出口创历史新高，而且未来五年仍有继续增长的势头，在部分年份甚至超过了俄罗斯成为世界第二大武器出口国。德国和西班牙的武器出口也表现突出，而以色列和韩国的武器出口增长则令人瞩目，这种发展态势将加剧全球军火市场的竞争程度。

2015—2019 年全球共有 160 个国家进口了主要常规武器。从地区层面看，尽管亚洲和大洋洲依然是进口武器最多的地区，但由于地区冲突和紧张局势加剧，中东地区武器进口增长迅猛，特别是沙特阿拉伯、埃及和卡塔尔的武器进口从 2010—2014 年至 2015—2019 年成倍增长。中东地区的武器进口有一半以上来自美国，其次是俄罗斯和法国。

军火贸易的武器类型结构相对稳定，飞机、导弹、舰船和装甲车是近年来交易量最大的武器类型。但也存在变化，2019 年，飞机占比极大增加，而导弹、舰船和装甲车占比则明显下降了。随着信息技术和智能武器的发展，世界军贸市场的产品结构将发生变化。俄罗斯武器贸易研究中心预测，未来几年内，航空装备和无人机的市场份额会大幅增加，而直升机、舰船、装甲车、导弹和火炮等市场份额将减少。

2020 年的新冠疫情对全球经济造成了较大的负面冲击，很多国家已相继压缩国防预算，预计会对未来全球军贸市场产生较大且持续的影响。但无论是美国、俄罗斯、法国等传统军火出口大国，还是韩国、印度、土耳其等新兴武器出口国，都在积极推行各种举措，扩大武器出口，包括优惠灵活的金融安排和财政补贴，以支持武器贸易。2020 年的全球军贸市场存在着较大的不确定性。俄罗斯武器贸易研究中心认为，如果世界经济能够避免出现新的动荡，并且全球军贸市场能够恢复正常竞争，则在未来 3—4 年内，世界主要常规武器交易额将进一步增加。

9. 军控

刘建伟　段昊月[①]

摘　要：受大国战略竞争加剧影响，全球战略稳定和国际军控裁军进程在2019年遇到重大挑战。以美俄退出《中导条约》为标志，美俄双边及全球军控裁军机制受到严重破坏。美国单方面退出伊朗核协议之后，不断增加对伊经济和军事压力，导致伊朗核问题出现较大反弹。主要大国之间、部分大国和中小国家之间在生化武器的使用及调查方面互有指责，围绕网络空间、外层太空和人工智能等新兴领域的军事化及其控制相互博弈。与此同时，国际社会为推动全球军控和裁军也进行了大量努力，是各国人民向往和平、稳定和安全的最基本反映。

关键词：中导条约　生化武器　太空安全　人工智能

在大国战略竞争不断加剧的背景下，全球军控和裁军机制在2019年受到巨大冲击，全球军控和裁军进程面临更加严峻的挑战。本文将依次从核武器、生化武器、常规武器和新兴武器四大领域对过去一年来全球军控和裁军领域的新问题、新进展、新挑战进行梳理和评估。

一、核武器

（一）美俄军控

1.《中导条约》正式终止

美俄围绕《中导条约》的争执继续升温。2019年1月15日，两国在日内

---

① 刘建伟，1985年9月出生，现为中央财经大学国防经济与管理研究院副研究员、硕士生导师，兼任《政治与国际关系智库丛书》学术委员会委员。先后毕业于上海外国语大学、复旦大学，获法学（国际关系）硕士、博士学位，目前主要从事经济制裁、经济外交、国际安全等领域的研究。近5年来，主持“美欧在对外制裁问题上的战略协作及我国应对策略研究”等国家社科基金、教育部人文社科基金、北京市社科基金等10多项研究课题，在《世界经济与政治》、《国际问题研究》、《国际经济评论》等中英文学术期刊发表20余篇论文，主持或参与翻译《和平的无形之手》、《国防管理手册》等著作5部。段昊月，现为中央财经大学国防经济与管理研究院硕士研究生。

瓦举行磋商，双方仍相互指责，无果而终。2 月 1 日，美国以俄罗斯没有在 60 天的宽限期内销毁所涉导弹及相关设备为由，正式启动退约的程序，并暂停了美国在该条约下的义务。作为美俄核裁军条约体系的三大支柱之一，《中导条约》失效为美俄乃至全球战略安全带来巨大风险。中国、法国、德国和日本等多国敦促美俄采取措施阻止该条约的崩溃，以降低欧洲和全球核竞争风险①。

8 月 2 日，美国正式退出《中导条约》。作为回应，俄罗斯外交部也宣布该条约终止。12 月 3 日，美法举行元首会晤，就《中导条约》后的欧洲安全愿景做出阐述。法国总统马克龙认为，由于条约终止后欧洲国家面临的风险加大，欧洲应该成为未来新条约谈判的一部分。与此同时，在退出《中导条约》过程中，美国不断渲染中国核导威胁。美国总统特朗普在 4 月首次公开提出“中美俄三边核军控倡议”，强调将中国纳入核军控进程，成为 2019 年国际核军控领域最为引人注目的新议题之一②。

2. 新 START 条约延期前景不明

美俄继续执行 2011 年《美俄关于进一步削减和限制战略进攻性武器措施的条约》（以下简称新 START 条约）。根据该条约，两国每年必须交换两次关于各自核弹头及其运载工具规模的数据。数据显示，两国均已经达到条约规定的削减要求（见表 9.1）。2019 年 4 月和 11 月，条约双边协商委员会举行了会议。7 月，美俄代表团还在日内瓦举行了战略稳定磋商。

《中导条约》失效后，新 START 条约成为美俄之间仅存的一项主要军控条约。但是，两国在安全和政治领域相互指责，在条约延期问题上矛盾重重。12 月 5 日，俄罗斯总统普京表示，俄将准备在没有任何先决条件的情况下立即延长该条约。同月 10 日，俄外长拉夫罗夫在华盛顿特区重申了普京的提议。但是，美国国防部长马克・埃斯珀辩称，如果新 START 条约期限延长，那么它应该涵盖所有新的核运载系统而非俄方特指的两项。美国认为该条约对俄罗斯更有利，对续约表现出消极态度。美俄在核领域的军备竞赛愈演愈烈，并可能导致其他领域合作的破裂。

---

① “Russian - United States nuclear arms control and disarmament”, *SIPRI Yearbook* 2020 (online).

② 李驰江主编：《2020 国际军备控制与裁军》，世界知识出版社 2020 年版，第 24—37 页。

表 9.1 新 START 条约下的美俄进攻型战略武器 单位：枚或架

类别	条约上限	俄罗斯			美国		
		2011 年 2 月	2019 年 3 月	2019 年 9 月	2011 年 2 月	2018 年 9 月	2019 年 9 月
部署的洲际弹道导弹、潜射弹道导弹及装备核武器的重型轰炸机数量	700	521	524	513	882	656	668
部署的洲际弹道导弹、潜射弹道导弹及重型轰炸机上部署的核弹头数量	1550	1537	1461	1426	1800	1365	1376
部署和非部署的洲际弹道导弹、潜射弹道导弹发射装置及装备核武器的重型轰炸机数量	800	865	760	757	1124	800	800

资料来源："US - Russian nuclear arms control and disarmament", *SIPRI Yearbook* 2020 (online).

(二) 地区核问题

1. 美朝核外交

在 2018 年美朝元首新加坡峰会的基础上，两国在 2019 年展开许多努力，争取政治解决朝鲜核问题。但是，美朝两国在无核化立场、放松制裁等关键问题上互不相让，导致谈判无果而终。在 1 月 20 日至 22 日，朝鲜、韩国和美国特使在瑞典斯德哥尔摩举行非正式工作级别会议，三方会谈进展顺利，为美朝第二次首脑会晤奠定了基础①。2 月 27 日，两国最高领导人在河内举行了第二次峰会，但美朝在解除制裁和弃核范围等问题上分歧严重，未能达成共识②。4 月 13 日，金正恩在朝鲜最高人民会议上发表讲话，把 2019 年底设为美国无核化新策略的最后期限。5 月 4 日，朝鲜进行了 2017 年以来的首次弹道导弹试验。6 月 30 日，两国领导人在板门店进行了第三次首脑会晤，为推动朝鲜半岛无核化、开启美朝关系新进程提供了契机。但是，美国仍坚持要求朝鲜先弃核，朝鲜则希望先放松制裁，再分阶段推进无核化进程。12 月 28 日至 31 日，金正恩在朝鲜劳动党中央委员会全体会议中强调要优先发展核武器和促进国内经济发展。朝鲜半岛无核化进程仍将复杂多变、曲折前行、充满不确定性。

---

① "North Korean - United States nuclear diplomacy", *SIPRI Yearbook* 2020 (online).

② 李驰江主编：《2020 国际军备控制与裁军》，世界知识出版社 2020 年版，第 75—81 页。

2. 伊核协议再受破坏

在2018年5月单方面退出伊核协议后，美国重启对伊朗核相关制裁，不断加大施压力度。2019年5月，美国政府取消了8个伊朗石油进口国的制裁豁免权，6月对伊朗最高领袖哈梅内伊和外交部长扎里夫实施制裁。迫于美国的压力，欧洲各国也对伊朗采取了一系列措施，位于比利时的"环球同业银行金融电讯协会（SWIFT）"断绝了与绝大部分伊朗银行的联系。英法德建立"贸易往来支持工具（INSTEX）"，力图挽救伊核协议，但因遭到美国反对未能实质性开展业务。面对美国采取的经济制裁和军事威胁，伊朗做出强力回应。伊朗总统鲁哈尼在5月8日宣布将不再遵守伊核协议关于浓缩铀和重水库存的限制，同时警告指出，若伊核协议其他签署方不能兑现承诺，伊朗将逐步减少对核协议相关义务的承诺。

（三）多边核军控机制的新进展

《禁止核武器条约》是第一个全面禁止核武器，包括开发、部署、拥有、使用和威胁使用核武器的多边条约，将在50个国家批准或加入后90天生效。截至2019年12月31日，已有34个国家批准或加入，另有47个国家已签署但尚未批准该条约。各国对《禁止核武器条约》仍存在巨大分歧，反对者认为它与《不扩散核武器条约》相抵触，支持者则认为它是对《不扩散核武器条约》的重要补充，两者相辅相成。10月，联合国大会第一委员会通过了一项由49个国家提出的支持《禁止核武器条约》的决议草案。联合国大会在12月12日通过该项决议，呼吁所有尚未签署、批准、接受、核准或加入《禁止核武器条约》的国家尽早签署、批准、接受、核准或加入①。该条约得到支持逐年增多，在未来几年生效的可能性越来越大。

二、生化武器

（一）生物武器

有不少报道指出，美国在开展可疑生物研发活动。2019年4月8日，美国网络媒体披露，美军在格鲁吉亚建立生物武器实验室，其开展的生物计划

① "Multilateral nuclear arms control, disarmament and non - proliferation treaties and initiatives", *SIPRI Yearbook* 2020 (online).

违反了《禁止生物武器公约》。由于美国一直未提交实验室军民两用活动情况信息，俄方也不断提出质询。9 月 4 日，俄罗斯国防部长表示有非上合组织、独联体和集体安全条约组织的国家正在研制生物武器，有必要针对这种威胁采取措施①。

2019 年，坦桑尼亚成为《禁止生物武器公约》第 183 个成员国。《禁止生物武器公约》专家组会议和成员国会议如期举行。7 月 28 日至 8 月 8 日专家组会议在日内瓦召开，会议显示：发达国家与发展中国家在国际合作与援助方面的分歧较大，多国要求加强对生物科技发展的审议，履约遵约机制引起各国广泛关注，援助应对与准备议题推进进度缓慢、美俄等国在公约核查机制上存在严重分歧②。12 月 3 日至 6 日，成员国会议如期召开，会议重点审查了公约的财务状况，但未能就专家组会议形成的 5 份报告的审议工作达成共识。会议主席提议并启动了新程序，将专家组会议的实质性工作纳入成员国会议和 2021 年审议会议。生物武器军控领域的另一发展趋势是市民社会的兴起，越来越多的非政府组织参加到《禁止生物武器公约》的会议和活动中。

（二）化学武器

禁止化学武器组织在 2019 年继续调查叙利亚“多马（Douma）事件”和英国“间谍中毒”事件。2019 年 3 月，叙利亚真相调查团报告称，有足够理由认为 2018 年 4 月多马发生了化学武器袭击，但是报告里提供的证据受到多方质疑。对于“间谍中毒”事件，欧盟在 2019 年 1 月把被控实施袭击的两名俄罗斯公民列入欧洲制裁名单，其中包括俄罗斯联邦武装部队情报局（Main Intelligence Directorate）的局长、副局长③。

截至 2019 年 12 月底，《禁止化学武器公约》已有 193 个成员国，没有国家新加入该条约。2 月，禁止化武组织任命了 10 个性别问题联络人（focal point），以履行对国际性别平等倡议（International Gender Champions Initiative）的承诺。在销毁化学武器方面，截至 2019 年 10 月 31 日，第一类化学武器已在国际监督下销毁 97. 3% 。日本遗弃在中国领土上的化学武器销毁工作也在

---

① 俄罗斯卫星通讯社：“俄防长：非上合组织、独联体和集安组织国家正在研制生物武器”，http：//sputniknews. cn/military/202009041032094076/.

② 李驰江主编：《2020 国际军备控制与裁军》，世界知识出版社 2020 年版，第 149—165 页。

③ “Allegations of use of chemical weapons in Syria”，*SIPRI Yearbook* 2020；“Use of novichok agents”，*SIPRI Yearbook* 2020（online）.

稳步进行。禁止化武组织秘书处在中国进行了12次相关检查，在比利时、法国、德国、意大利、日本、荷兰和英国7国进行了8次旧化学武器检查。美国仍然是唯一拥有尚未销毁的化学武器的成员国①。

三、常规武器及两用物项

（一）常规武器

1. 地雷

各国政府使用杀伤人员地雷（APMs）的情况越来越少。据《地雷监测》报道，只有缅甸在2017年10月至2019年10月使用过杀伤人员地雷。但是，非政府武装组织在冲突中使用杀伤人员地雷成为一个日益严重的问题。自2018年6月至2019年10月，包括阿富汗、印度、缅甸、尼日利亚、巴基斯坦和也门在内的至少6个国家的非政府武装组织使用过杀伤人员地雷。截至2019年，《禁止杀伤人员地雷公约》拥有164个成员国。在清除及销毁地雷方面，各成员国共销毁5500多万枚储存的杀伤人员地雷。1月6日，非国家武装组织波利萨里奥阵线（Polisario Front of Western Sahara）销毁了2485枚杀伤人员地雷，至此已完成所有20493枚销毁任务。截至10月，33个公约成员国中有29个国家把2025年当作履行排雷义务的最后期限②。

2. 集束炸弹

2019年，《禁止集束炸弹公约》增加两个成员国：菲律宾、马尔代夫先后在1月3日、9月27日批准加入该公约。截至12月31日，该公约共有107个正式成员国和14个签字国（signatory states）。自公约通过以来，没有任何成员国使用过集束炸弹，非成员国实际上也遵守禁止使用和生产这种武器的规定。然而，尽管受到国际谴责，叙利亚在2019年仍继续使用集束炸弹，但在使用数量上有所减少。此外，利比亚也被指控使用集束炸弹，但该指控未被核实。在销毁集束炸弹方面，截至2019年7月底，41个拥有集束炸弹的成员国中的35个已经完成了共近150万枚的销毁工作。但是，冲突和不安全使一些国家的清理工作更具挑战性。至少有29个国家或地区仍然受到集束弹药

---

① "Chemical arms control and disarmament", *SIPRI Yearbook* 2020 (online).

② "Global instruments for conventional arms control", *SIPRI Yearbook* 2020 (online).

的污染，老挝是世界上受集束炸弹污染最严重的国家之一①。

3. 人口稠密地区爆炸性武器

2019年与爆炸性武器有关的平民伤亡人数为分别为12908人、6478人，其中，叙利亚、阿富汗、也门、索马里和利比亚的伤亡人数最高。绝大多数伤亡是由在人口稠密地区使用爆炸性武器造成。多年来各国一直在《特定常规武器公约》框架内寻求解决在人口稠密地区使用爆炸性武器问题。2019年，多方积极推动形成一项政治声明，为在城市乡镇使用爆炸性武器设立国际标准，以强化国际人道主义法责任。各国对这一举动持不同意见。7月，非洲联盟和平与安全理事会发表声明对此表示支持。但是，也有一些国家认为现有国际人道主义法已经足够，不应该禁止或限制特定类型的武器。

4.《特定常规武器公约》

《特定常规武器公约》旨在禁止或限制使用某些被认为具有过度伤害力或滥杀滥伤作用的常规武器。截至2019年12月底，该公约及其议定书共有125个成员国。2019年成员国会议审查了公约的遵守情况，并且审议了简易爆炸装置专家组的一份报告。虽然简易爆炸装置的威胁日益突出，但会议并未就拟采取的新措施达成一致。会议议程包括三个实质性问题：法律、燃烧物器、非杀伤人员地雷。由于各国对人道主义和军事需要关系的看法不一致，《特定常规武器公约》的讨论陷入僵局，会议议程进展甚微。2019年最终报告是秘密进行谈判的②。

5.《武器贸易条约》

《武器贸易条约》是联合国为监管八类常规武器的国际贸易而制定的国际标准。截至2019年12月31日，该条约共有105个成员国，33个国家已签署但尚未批准，美国决定将撤回签署。9月，中国在第74届联合国大会上宣布启动加入《武器贸易条约》的国内法律程序。各国在履行《武器贸易条约》时也出现了许多问题。一方面，尽管成员国数量在增加，但各国提交的武器转让报告数量并没有成比例增加（见图9.1）。截至5月31日，只有不到一半的成员国提交了2018年武器转让报告。另一方面，美国是该条约及活动的重要资助方，在2019年提供了相关费用的13%。如果美国退出并停止财政支持，该条约将面临重大挑战③。

---

①② "Global instruments for conventional arms control", *SIPRI Yearbook* 2020 (online).

③ "The Arms Trade Treaty", *SIPRI Yearbook* 2020 (online).

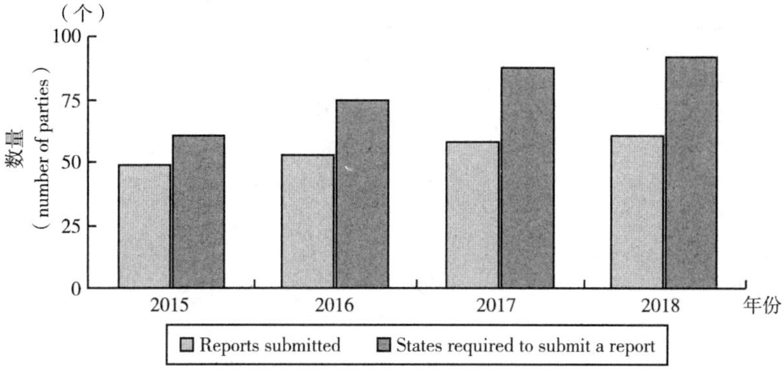

（X 轴翻译：提交报告数量、需提交报告的国家数量；Y 轴：数量）

图 9.1　2015—2018 年《武器贸易条约》年度报告提交情况

（二）两用物项

1. 武器及两用物项禁运

2019 年共有 35 项多边武器禁运项目，其中联合国 13 项，欧盟 21 项，阿拉伯国家联盟 1 项（见表 9.2）。与 2018 年相比，2019 年没有增加新的多边武器禁运，也没有解除任何禁运。欧盟理事会对土耳其武器禁运进行了讨论但并未付诸实施。在欧盟禁运中，有 10 项与联合国武器禁运的范围大致匹配，3 项的地理范围或涵盖的武器类型更广，8 项完全不同于联合国武器禁运。多边武器禁运涵盖对象的种类有所不同，大多数涵盖武器和军事物资，但是联合国和欧盟对朝鲜、伊朗和索马里的武器禁运，以及欧盟对俄罗斯的武器禁运也涵盖了某些两用物项的进出口。

表 9.2　实施中多边武器禁运（2019 年）

禁运对象	开始日期	禁运物品	2019 年主要进展
联合国			
塔利班	2002 - 01 - 16	武器及有关物资和服务	
中非共和国	2013 - 12 - 05	武器及军事物资（政府豁免的小型武器）	延长至 2020 - 01 - 31，政府允许在未经联合国制裁委员会事先批准的情况下获得小型武器
刚果民主共和国	2003 - 07 - 28	武器和军事物资	延长至 2020 - 07 - 01

续表

禁运对象	开始日期	禁运物品	2019 年主要进展
伊朗	2006－12－23	主要武器，与核武器运载系统有关的项目；核燃料循环中使用的物品	
伊拉克	1990－08－06	武器和军事物资	
伊斯兰国极端组织	2002－01－16	武器和军事物资	
朝鲜	2006－07－15	武器和军事物资；与核、弹道导弹和其他大规模毁灭性武器方案有关的项目	
黎巴嫩	2006－08－11	武器和军事物资	
利比亚	2011－02－26	武器和军事物资	
索马里	1992－01－23	武器和军事物资；简易爆炸装置的组件	延长至 2020－11－15
南苏丹	2018－07－13	武器和军事物资	延长至 2020－05－31
苏丹	2004－07－30	武器和军事物资	
也门	2015－04－14	武器和军事物资	
		欧盟	
白俄罗斯	2011－06－20	武器和军事物资	延长至 2020－02－28
中国	1989－06－27	武器	
埃及	2013－08－21	可能用于内部压制的设备	
伊朗	2002－02－27	可能用于内部压制的设备；通信监控设备	
缅甸	1991－07－29	武器和军事物资；通信监控设备	延长至 2020－04－30
俄罗斯	2014－07－31	武器和军事物资，两用物项	延长至 2020－01－31
南苏丹	2011－07－18	武器和军事物资	
苏丹	1994－03－15	武器和军事物资	

续表

禁运对象	开始日期	禁运物品	2019 年主要进展
叙利亚	2011 - 05 - 09	可能用于内部压制的设备；通信监控设备	
委内瑞拉	2017 - 11 - 13	可能用于内部镇压的武器和设备；通信监控设备	
津巴布韦	2002 - 02 - 18	武器和军事物资	延长至 2020 - 02 - 20
阿拉伯国家联盟			
叙利亚	2011 - 12 - 03	武器	

资料来源："Multilateral arms embargoes", *SIPRI Yearbook* 2020 (online).

2. 多边出口管制制度

主要的多边出口管制制度主要有四个：澳大利亚集团、导弹及其技术控制制度、核供应商集团和瓦森纳安排。自成立以来，澳大利亚集团成员国从 18 个增加到 43 个，导弹及其技术控制制度成员国增至 35 个，核供应商集团成员国数增至 48 个，瓦森纳安排成员国增至 42 个。但在 2019 年期间，这些组织均未接纳任何新的参与国。与往年一样，它们面临包括紧跟技术发展、保持有效运作、查明和打击非法采购等共同挑战。同时，地缘政治紧张局势继续对其产生不利影响①。各国对两用物项的出口管制也十分重视。2019 年 7 月，日本以国家安全为由对韩国用于生产智能手机显示器和半导体的化学品实施出口限制。

四、新兴领域与议题

（一）网络安全

网络攻击关乎一国国家安全，是国际社会关注的一个重要问题。2019 年 1 月至 11 月，全球经历了近 100 起重大网络安全事件，涉及广泛范围。国家间网络对抗愈加频繁，强度不断升级。6 月，英国知名智库——皇家国际事务研究所发布报告称，美国及北约的控制系统严重依赖商业卫星传递关键数据，

① "The multilateral export control regimes", *SIPRI Yearbook* 2020 (online).

很可能已经受到来自俄罗斯的网络攻击。在无人机被伊朗击落之后，美国对伊实施报复性网络攻击。同时，伊朗对美恶意网络活动也显著增加[①]。为应对全球网络空间的新态势，各国积极采取行动，但在网络空间威胁的性质以及应对措施方面，各国之间几乎没有共识[②]。

随着信息通信技术的发展和应用，网络空间对于一国政治、经济和社会发展的重要性日益加强，网络空间军事能力建设成为大国战略竞争的重要领域。在2018年《美国国家网络战略》基础上，美国先后出台了《国防部云计算战略》和《国防部人工智能战略》。7月，五角大楼发布了为期5年的数字现代化战略，计划建设两项大型云计算平台，旨在帮助国防部更好地利用数据，应对人工智能等新兴技术发展的挑战。8月，美国五角大楼首次动用军事力量打击假新闻，击退针对美国的大规模、自动化的虚假信息攻击。9月，美国参议院提出《2020财年国防授权法案》，加大对陆军网络司令部和国防信息系统局在网络安全和人工智能领域的支持力度。欧盟、俄罗斯等也不断加强网络安全能力。1月，法国国防部部长弗洛朗丝·帕利宣布法军计划开发和部署攻击型网络武器，并加强对网络的保护。6月，欧盟《网络安全法》生效，欧盟网络与信息安全局正式成立，旨在保护关键网络和信息系统不受侵害。普京在5月签署《俄罗斯互联网主权法》，强调确保在遭遇危机时，政府能够维持俄罗斯境内互联网的独立稳定运行。7月，俄罗斯议会下院批准了在卫星连接、基础设施、网络内容方面加强网络安全建设的法律草案[③]。

（二）太空安全

2019年发生了多起太空安全事件，其中两起反太空能力的事件成为各国关注焦点。一项是3月份印度使用弹道导弹摧毁了一颗位于近地轨道的印度卫星，向世界展示印度打击太空物体的能力。另一项是俄罗斯对一颗共轨卫星开展操作，使之接近商业和军事卫星。虽然没有证据表明该操作造成任何威胁，但美法等国视之为俄罗斯为太空冲突做的准备[④]。

各大国不断采取行动来维护本国太空安全。美国大力推进太空军事化建

---

① 李驰江主编：《2020国际军备控制与裁军》，世界知识出版社2020年版，第115—125页。

② "Global instruments for conventional arms control", *SIPRI Yearbook* 2020 (online).

③ 郎平："国际格局变迁下的网络空间国际治理（2019）"，载张宇燕、李东燕、邹志波：《全球政治与安全报告（2020）》，社会科学文献出版社2020年版。

④ U. S. Department of Defense, Challenges to Security in Space, https://media. defense. gov/2019/Feb/11/2002088710/ - 1/ - 1/1/SPACE - SECURITY - CHALLENGES. PDF.

设，一是建立独立的太空军。2019 年 2 月，特朗普签署“第 4 号太空政策指令”，明确了太空军的任务和职能等重大问题。3 月，美国国防部正式启动太空军五年分阶段建设程序。8 月，美国成立太空司令部，实现对太空作战的集中指挥、统一管理。12 月，美国正式成立第六军种——太空军。二是加强太空演习演练。自 2001 年至今，美军先后举行了十三次战略层次的“施里弗”太空演习，自 2017 年起已完成七次战术层次的“太空旗”演习①。印度在 4 月正式成立了国防太空署，6 月宣布成立国防太空研究组织，以加强印度的太空能力、威慑外国干涉。法军同样建立了太空司令部。日本政府也宣布将在自卫队中建立太空部队，计划部署“守护者”无人机来对抗敌对的太空物体②。除各国政府之外，北大西洋公约组织也宣布，根据条约规定，将进行集体防御应对针对盟国卫星的攻击。联合国就太空安全举行了多次会谈，但是由于大国政治原因，2019 年未就防止太空军备竞赛落实任何实质性工作③。

（三）人工智能

随着人工智能技术不断进步，主要大国高度关注其军事应用，从战略上、技术上和武器装备发展等方面纷纷布局，加强投入，国家间竞争将进一步加剧。2019 年 2 月 12 日，美国国防部发布《2018 年国防部人工智能战略概要：利用人工智能促进安全与繁荣》，标志着美军人工智能战略的正式出台④。美国《2019 财年国防授权法案》要求重点推进人工智能的技术研发工作，国防部直属的联合人工智能中心在 2019 年获得 9000 万美元的拨款，并计划在未来 5 年内投入 17 亿美元，推动约 600 个人工智能项目落地。目前，美国陆军正在研发人工智能炮弹，海军积极推进“幽灵舰队”计划，空军推进军用 5G 网络的覆盖，服务于飞行员在低延时条件下在地面远程操控无人机作战⑤。俄罗斯也在不断推进无人作战平台的开发和应用。7 月，俄罗斯测试运用人工智能指挥的“侦查—打击”作战系统。10 月，普京签署命令批准《2030 年前俄罗斯国家人工智能发展战略》，标志俄罗斯人工智能战略正式出台。从 2020

① 仲晶：“太空战略竞争与博弈日趋激烈”，《人民论坛 · 学术前沿》2020 年第 16 期。
② 谢梓飞：“日美推进太空军事一体化”，《国际研究参考》2020 年第 10 期。
③ “Creeping towards an arms race in outer space”，*SIPRI Yearbook* 2020（online）.
④ 李驰江：《2020 国际军备控制与裁军》，世界知识出版社 2020 年版，第 136—145 页。
⑤ 李驰江：《2020 国际军备控制与裁军》，世界知识出版社 2020 年版，第 115—125 页。

年起，俄军将开始研发新机器人系统。以色列宣称是第一批已部署全自动机器人的国家，其军用机器人已在边境地区执行巡逻和作战任务。韩国国防部表示将在 2019 年之前投入 29 亿韩元用于推动人工智能在情报侦察、指挥控制等领域的运用①。

与此同时，国际社会也越来越认识到人工智能的军事应用特别是致命性自主武器对国际安全的危害。2019 年有关致命性自主武器的讨论仍以政府专家组的形式进行。政府专家组会议达成了一些共识，如对所有致命性自主武器系统要保留适当程度的人工判断、致命性自主武器系统要符合国际人权法。虽然各国达成共识，认为武器系统应具有有限的自主权，但对于是否需要额外的规定仍存在分歧②。反对致命性自主武器的国家主要是阿尔及利亚、阿根廷、古巴等发展中国家，它们认为完全自主的武器是“机器人杀手”，质疑其会侵犯人权，违反《国际人权法案》。美国、英国、韩国等发达国家则青睐致命性自主武器的技术优势，认为通过提升自主攻击目标的精度和有效性能够达到《国际人权法案》的要求③。同时，各国对限制致命性自主武器的具体实施机制仍充满争议。

五、评估与展望

在 2019 年，国际政治形势、全球安全格局发生新调整新变化，大国战略竞争和博弈加剧，全球军控和裁军进程既取得了一定进展，但面临更多挑战。美俄退出《中导条约》后，新 START 条约能否续期前景不明，形成于冷战时期的美俄双边军控体系趋于瓦解。在地区核问题上，朝鲜半岛形势有所缓和，但美朝双边无核化谈判艰难反复，朝核问题的未来仍不乐观；在美国退出伊核协议之后，伊朗分阶段中止履行协议部分条款，伊朗核问题和中东安全形势再次升温。在生化武器方面，国际社会继续对叙利亚“多马”事件和英国“间谍中毒”事件进行调查，过程曲折复杂，生化武器军控依然存在多种困难。不过，各国积极销毁生化武器，市民社会的参与又为生化武器军控的发展注入了活力。国际社会在限制地雷、集束炸弹等常规武器军控方面稳步前

---

① 李驰江：《2020 国际军备控制与裁军》，世界知识出版社 2020 年版，第 136—145 页。

② “The group of governmental experts on lethal autonomous weapon systems”, *SIPRI Yearbook* 2020 (online).

③ 凤凰网：“致命性自主武器（LAWS）发展争议”，https://ishare.ifeng.com/c/s/7pjzbSoiJBd.

进，取得新的成绩。大国之间、大国与中小国家之间在网络安全、太空安全、人工智能等新兴领域竞争与合作并存。

展望未来，在美俄战略互疑增加、安全竞争加剧的背景下，新 START 条约延期前景更加渺茫。不过，面对核武器规模远大于实际需求的现实，以及国际社会对于核裁军的共同期待，两国对新 START 条约续期的可能性还是存在的。军控裁军与全球安全形势尤其是大国战略关系直接相关。在大国战略竞争逐年加剧、地区冲突新旧交织、民族宗教矛盾重重的背景下，未来几年很难期待在全球军控和裁军问题上取得实质进展。

10. 气候变化*

池志培**

摘　要： 气候变化在地球演化史上并不罕见，但是现有的科学证据表明，当前气候变化的主要原因是人类活动产生的温室气体过量排放，而且当前剧烈变化的趋势超出了人类和自然界适应、应变的能力。人类社会有意识地应对气候变化自20世纪70年代开始，主要分为减缓和应对两个方面。最初采用的通过国际协定制定各国减排目标的自上而下的模式面临着诸多困境，成效微弱。近年来转向了更为自下而上的模式，给予各个国家更多的制定气候变化政策目标和实施的主动权。而2019年全球多地大范围的围绕气候变化的民众活动预示着更加分散和广泛动员的气候政策的可能。气候变化政策面临的诸多挑战意味着政治解决的难度极大，而更为有效的路径可能在于全球的科技创新以及相关绿色技术的发展，而中国在其中扮演着至关重要的角色。

关键词： 气候变化　减缓　应对　气候紧急状态　低碳发展

人类的历史进程很大程度上为自然的力量所塑造，毕竟自然提供了人类发展的物质基础。在当前人类生存和发展面临的种种威胁中，来自气候变化的威胁是其中最大的一个，事关人类存亡。因为气候变化的影响是全局性的，它将影响全球范围内的能量和物质循环，使得人类的生产环境发生巨变：极

---

* 基金项目：北京高校高精尖学科“战略经济与军民融合”交叉学科（GJJ2019163）支持项目、中央财经大学双一流和特色发展引导学科专项（022959918005）资助。

** 池志培（1984—），广东韶关人。2002—2009年就读于北京大学哲学系，获哲学学士、硕士学位，同时辅修公共管理。2009年8月至2014年12月就读于美国亚利桑那州立大学政治科学系，获政治科学博士学位。现为中央财经大学国防经济与管理研究院、财经研究院助理研究员，研究方向为国家安全、中美关系、技术政治等。在《国际政治研究》、《中国军事科学》、《国际政治科学》、《太平洋学报》等杂志上发表论文多篇。专著《技术政治：战略、安全与经济》等。参与国家级、省部级纵向以及横向课题15项，主持有关课题5项。译著有“凤凰文库·海外中国研究系列”《认知诸形式：反思人类精神的统一性和多样性》，参译《国际安全新议程》、《和平的无形之手——资本主义、战争机器与国际关系理论》等。

端的天气将导致农作物减产，灾害更为频繁和剧烈甚至将导致人类在某些区域的生产和生活被迫终止。气候变化还将在人类社会产生赢家与输家，带来国际格局的变化和更多的战略动荡。而因气候变化失去家园的大规模气候难民潮也将会像今天的战争难民潮一样冲击我们的世界秩序。因此，联合国警告气候变化也许是人类长期的战略安全面临的最大单一威胁。本章将简要回顾人类对气候变化现象的基本科学认识，并在此基础上讨论人类为应对气候变化所做的努力以及2019年的一些主要发展，接下来将关注人类共同应对气候变化中所面临的困局以及展望。

一、气候变化：科学与事实

在地球漫长的演化历史中，大规模的温度变化并不罕见，既有过漫长的冰期，也有过异常炎热潮湿的地质年代。因此，在当代语境中的气候变化作为一个环境问题是有其特定含义的，它指的是人为原因引起的全球温度上升，而由于气候变化的复杂性，全球变暖并不是指在每一个地区都会温度上升，而是指地球表面平均温度。在多数时候，全球变暖和气候变化①都指的是工业革命后，主要由于人类燃烧化石燃料，导致空气中的温室气体含量急剧上升。它们的温室效应导致地球表面温度过快升高。人类以及其他的生物并非没有应对过气候变化，毕竟地球表面温度在历史上多次发生较大的改变，但当今气候变化问题的关键在于这种人为导致的升温过快，可能超出了社会和自然界适应的能力，从而导致大规模的混乱和灾难性后果。按照科学界的普遍共识，地球目前升温的速度是前所未有的（见图10.1）。

---

① 全球变暖和气候变化可以互换，在当前的语境下，气候变化指的就是全球地表温度升高，但是严格而言，气候变化的涵义要更广，涵盖了人为和自然的变化，也不仅仅包含气温，还包括降雨量等。气候变化的广泛采用也与某些国家的国内政治有关。在进入21世纪以后，全球变暖（global warming）主要为右翼以及其他否认气候变化的人使用，用于污名化气候政策，而气候变化则更多为主流及其他认可气候变化科学的人士使用。有时也用全球升温（global heating）来避免陷入国内政治争论的漩涡。这个问题在美国尤为严重，并蔓延影响了其他国家。可参见 Schuldt, Jonathon P., Sara H. Konrath, and Norbert Schwarz, "'Global warming" or "climate change'? Whether the planet is warming depends on question wording", *Public opinion quarterly* 75, No. 1 (2011): 115 - 124; Benjamin, Daniel, Han - Hui Por, and David Budescu, "Climate change versus global warming: Who is susceptible to the framing of climate change?", *Environment and Behavior* 49, No. 7 (2017): 745 - 770.

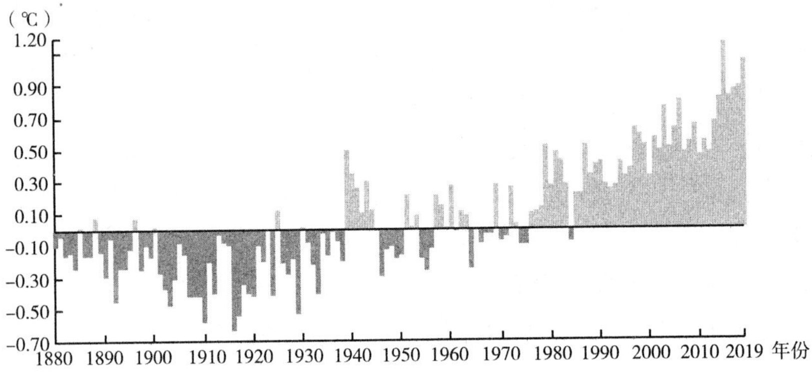

图 10.1 全球地表和海洋温度异常（每年数据为 12 月的数据）

资料来源：NOAA National Centers for Environmental Information, State of the Climate: Global Climate Report for December 2019, published online January 2020, https://www.ncdc.noaa.gov/sotc/global/201912.

从图 10.1 的数据可以看到，近几十年来温度普遍偏高，而且偏高的幅度也在不断上升。最近几年也成了 19 世纪有气象记录以来最热的几个年份。当然，有记录的这百余年相对于地球的年龄而言只是一瞬间，也可能并不能说明太多问题，这种气候变化或许只是自然的正常波动。目前的科学研究通过考察所有自然因素导致的温度变化和人为造成的变化，然后通过计算机模拟来确定各种因素的影响（见图 10.2）。图 10.2 很清楚地表明了人为因素是造成当前气候变化的主要原因。而目前 97% 的科学家都认为这个结论可信。

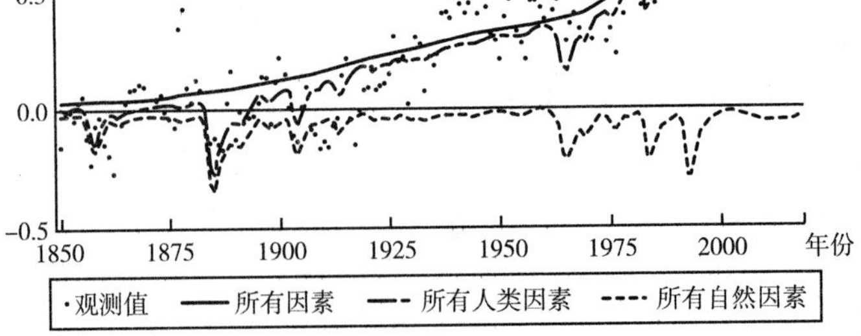

图 10.2 气候变化的原因分类

资料来源：carbonbrief. org.

造成温室效应的温室气体主要包括二氧化碳（76%）、甲烷（16%）和一氧化二氮（6%）。自工业革命以来，大气中的二氧化碳含量快速上升，已经达到了近 80 万年来的最高值，而且上升速度极快，1950 年以后几乎是直线式上升（见图 10.3），到 2019 年已经高达 409.54ppm①。尽管当前气候变化已经引发了全球关注，但是温室气体排放的速度并没有减缓。由于不同温室气体在大气中停留的机制复杂、时间不同，有些二氧化碳气体甚至会停留超过千年，因此，即便人类做出政策反应，从减少或者停止排放到减缓温室效应依然需要一段时间。同时，温室气体累积到一定程度也会产生系统反馈效应，加剧升温的过程。比如，如果两极的冰川融化，那么两极地区对阳光的反射会减弱，地表将会吸收更多的热量从而加剧升温。按照当前的温室气体排放水平（见图 10.4），如若不加控制，那么到 2100 年温度将升高 4 摄氏度左右，而到 2300 年则将达到 7.5 摄氏度左右。而如果人类能在短期内大规模减少温室气体排放，那么到 2100 年温度升高将有可能控制在 1.5 摄氏度。目前人类的目标是将 21 世纪的升温控制在 2 摄氏度以内，并力争实现 1.5 摄氏度②。

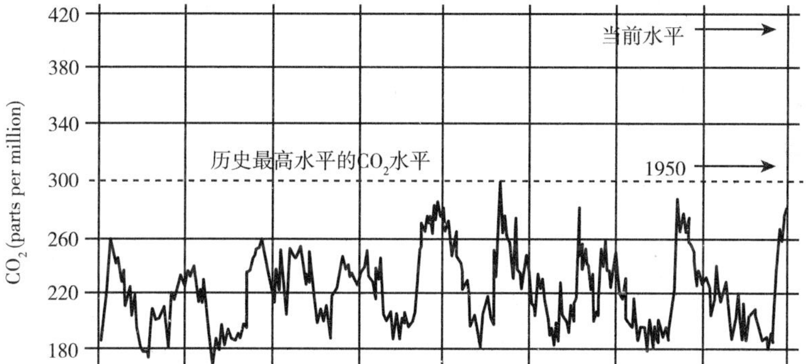

图 10.3　从 80 万年前至今大气中的 CO_2 水平

数据来源：National Centers for Environmental Information.

---

① 科学界认为如果要将升温控制在 2 摄氏度，二氧化碳含量不能高于 450ppm，而 1.5 摄氏度对应的是 430ppm。

② 联合国："采取紧急行动应对气候变化及其影响"，https：//www. un. org/sustainabledevelopment/zh/climate - change - 2/.

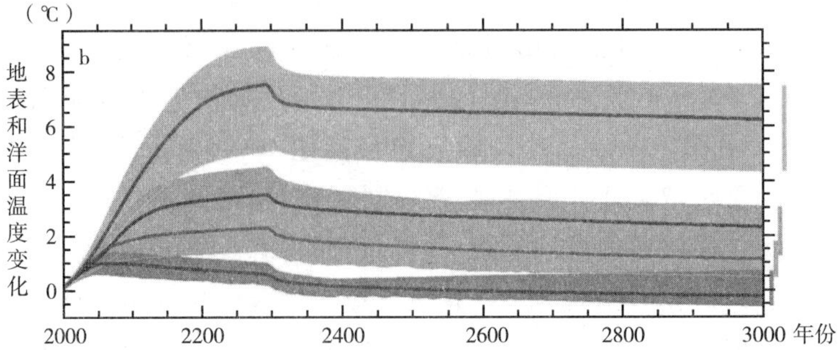

图 10.4 温室气体排放政策与温度变化

资料来源：Zickfeld et al. , 2013.

气候变化的后果是严重和深远的。根据联合国政府间气候变化专门委员会的报告，“气温每上升 1 度，粮食产量就下降约 5% 。从 1981 年到 2002 年，由于气候变暖，全球玉米、小麦和其他主要作物产量每年下降 4000 万吨。”①气候变化还会引发海平面上升、大规模生物灭绝、极端天气增加等严重问题，对人类社会的生存和发展带来严重冲击。近年来的山火、洪水、热浪等都与气候变化直接相关，而许多岛国已经面临着因海平面上升而被淹没的直接危险。

二、气候变化：人类的应对

面对气候变化的严峻现实，人类的应对主要分为两大方面：一是减缓（mitigation），另一是适应（adaptation）。既要采取措施减缓变换的速度，又要改变生活、生产方式来适应气候变化塑造的新环境。从认识气候变化的问题开始，在过去的半个世纪，人类应对的努力主要是联合国层次的从上往下的机制设计。而这种机制下的合作，被认为是浅层的②，目前来看效果也欠佳。当前正在兴起了自下而上的气候运动，给深化气候合作带来了新的动力，但是能否使得人类走出困境则仍是未知。

人类对气候变化的基本原理——温室效应的理解已有一个多世纪的历史。

---

① 联合国：“采取紧急行动应对气候变化及其影响”，https：//www. un. org/sustainabledevelopment/zh/climate - change - 2/.

② Keohane, Robert O. , and David G. Victor, “Cooperation and discord in global climate policy”, *Nature Climate Change* 6, No. 6 (2016): 570 - 575.

随着二战以后科技的发展，特别是大规模的气候观察、人造地球卫星、计算机技术等[1]，科学家们对气候学的研究从描述性转向更为科学和理论化。在1961年，联合国大会通过决议号召世界气象组织和国际科学理事会研究发展新工具和新技术来研究预测，甚至控制天气和气候。这个决议催生了两个研究项目，即世界天气监视网（World Weather Watch）和全球大气研究计划（global atmospheric research programme）。随着这两个项目的开展，在20世纪60年代末科学家们就开始关注到人类行为对气候变化的影响，尤其是大气中二氧化碳浓度的快速上升。但在70年代初，对于气候变化是变暖还是变冷有一个争论，并引起了联合国的关注。1974年的第六次特别联大会议号召世界气象组织专门研究气候变化的问题。世界气象组织随后设立气候专家执行委员小组进行了专门研究，并在1977年公布了最终报告，确认了温室效应带来的气候变暖。在此影响下，世界气象组织联合多个联合国专门组织于1979年2月在日内瓦召开了首次气候大会（World Climate Conference）。此次大会发布了大会宣言，号召人们充分利用现有气候知识来规划社会经济发展，并加大气候相关研究以预见和避免对人类福祉不利的人为原因造成的气候变化。

按照首次气候大会的决议，世界气象组织随即成立了世界气候研究项目，推动气象知识的应用和进一步研究。在1985年关于气候变化和导致温室效应气体问题的菲拉赫会议上，来自29个国家的科学家们通过了《菲拉赫声明》，指出温室气体将会使得世界在21世纪上半叶遭遇前所未有的升温，并提出了应对气候变化的四条战略，呼吁定期评估气候变化的科学研究和影响，并考虑通过国际公约来应对气候变化[2]。在20世纪80年代，由于切尔诺贝利核电事故造成的环境灾难以及那几年破纪录的夏季高温，使得气候变化在当时也开始获得了大众的关注。于是在1988年的多伦多会议上，气候变化进入了国际政治的议题。多伦多会议的声明号召各国政府、联合国专门机构、教育机构、非政府组织等联合起来采取具体行动减少大气污染带来的迫近的危机，也号召各国政府支持世界气象组织和联合国环境规划署联合成立的政府间气候变化专门委员会（Intergovernmental Panel on Climate Change，简称IPCC），投入资源支持相关研究，发展一个全球性的框架协议，并在2005年减少20%

---

① John W. Zillman, “A history of climate activities”, *WMO Bulletin* 58 (3), July 2009, p. 141-2.

② 韩缨：《气候变化国际法问题研究》，浙江大学出版社2012年版。

的二氧化碳排放。当年 12 月联合国大会支持成立政府间气候变化专门委员会，后者也成为当代气候科学的代名词①。政府间气候变化专门委员会全会是其最高决策机构，目前有 195 个成员国。这个委员会本身不从事研究，它的工作主要是总结已有的研究，给决策者和对气候变化有兴趣的人提供客观的气候变化的知识。每 6—7 年，全世界近千名科学家将联合提供过去一段时间内，对人类社会活动与五大气候圈层变化之间相互影响的研究进展的评估，为相关谈判提供科学基础。评估分成三部分，由三个不同的小组完成，分别负责评估气候变化的基本科学，评估社会经济和自然系统对气候变化的脆弱性和后果以及适应的方法选择，评估限制温室气体排放和减缓气候变化的方法选择。每一次的报告都要经过专家和各个成员国政府的审查和同意。第一次评估在 1990 年完成，并成为联合国气候框架协议的基础。目前第五轮评估已经完成，正在进行第六轮评估，预计于 2022 年完成。

1990 年召开了第二次世界气象大会，大会号召全球开始谈判一个气候框架协议。1992 年，在巴西里约热内卢的地球峰会上，155 个国家签署了《联合国气候变化框架公约》（UN Framework Convention on Climate Change，简称 UNFCCC），并于 1994 年 3 月 21 日起生效。该公约协议为应对气候变化提供了一个政策框架，确立了主要的目标和原则。目标是稳定大气中的温室气体浓度在一定程度以内，以避免因危险的人类活动干扰气候系统。由于大气中累积的温室气体绝大多数来自发达国家的历史排放，所以协议原则上区分了三类国家，即发达国家、负有特别财政责任的发达国家和发展中国家，分别承担不同责任，又称附录 1、2、3 国家。附录 1 的国家最初是 38 个发达国家和欧盟，附录 2 的国家是附录 1 国家减去正在转型的东欧国家。协议明确了附录 1 国家和地区的目标是在 2000 年的温室气体排放维持在 1990 年的水平，而附录 2 的国家则需给其他国家提供技术和财政支持。这个协议比较弱，没有目标实现的时间表，也没有执行机制。

随后在缔约方大会（Conferences of the Parties）的第一次会议上，各方认为最初的目标并不足够，因此决定要形成一个有具体目标的协议，这就是后来的《联合国气候变化框架公约》的《京都议定书》。《京都议定书》给附录 1 的每一个国家都制定了具体目标，以实现在 2012 年第一个承诺期结束时实现温室气体排放减少 5% 的目标，但对发展中国家没有做具体的要求。《京都

① 秦大河：《气候变化概论》，科学出版社 2018 年版。

议定书》也提出了三种灵活机制来帮助实现减排，包括：共同实施（一国在另一国的项目实现的减排也可以计算在内）；清洁减排机制（发达国家帮助发展中国家的清洁能源项目也可以计入）；排放交易体系（附录1国家之间可以交易排放指标）。这些复杂的设计也使得发达国家可以设法减少减排指标，比如第二个机制就提供了通过会计方式来实现纸面上减排的可能。欧盟排放交易体系是运行最为成功的一个体系。美国一直没有加入《京都议定书》，而加拿大则在2011年退出，俄罗斯和日本则在第一个承诺期结束后不再继续执行下一阶段目标。主要由于独联体和东欧国家的大幅减排，《京都议定书》的目标名义上实现了，但美国、加拿大、澳大利亚等国都未能实现减排。当然，2008年的经济危机也减少了经济活动，帮助实现了第一个承诺期的目标。

2009年在丹麦首都哥本哈根召开了联合国气候变化会议，192个国家的代表召开峰会，讨论《京都议定书》第一阶段到期以后的后续安排，即2012—2020年的减排方案。虽然会前被寄予厚望，但是美国和主要的新兴经济体（中国、印度、巴西和南非）主导的《哥本哈根协议》被普遍认为是很弱的协议。协议虽然强调气候变化是我们时代最大的威胁，也认可了实现不比工业革命前升温2摄氏度的目标的必要性，但没有制定出有法律约束力的减排目标，也没有实现排放峰值的时间表。各国自行提交至2020年的减排目标，发达国家则将在2010—2012年提供300亿美元的资金，且设立了在2020年前每年筹集1000亿美元向发展中国家减排资金援助的目标。各国在《哥本哈根协议》中所做的承诺很大可能不能实现减缓气候变化的目标①。《哥本哈根协议》也引入了一个很大的变化，即自下而上的方式，每个国家自行决定减排的目标，而不是由国际协议确定一个目标给各国。同时，发展中国家也加入了减排的承诺中。

《哥本哈根协议》的承诺期限是2020年，所以2020年以后的国际应对气候变化的安排在哥本哈根会议之后继续进行磋商。在2015年，各国在法国巴黎附近的会议就文本达成了一致，即《巴黎协定》，并在第二年签署了该协定。这个协定也采取了《哥本哈根协议》的方式，各国自行设定目标，并且也不具有法律效应，但是与《哥本哈根协议》不同的是，《巴黎协定》强制了每两年的汇报和审查，而且设立的目标要比之前的更高。协议也确认了比工业革命前升温不超过2摄氏度的总体目标，并力争不超过1.5摄氏度。截

① Vogler, John. *Climate change in world politics*. Springer, 2016.

至2019年12月，所有的《联合国气候变化框架公约》的签署国都签署了协议，但是有部分国家退出或者在退出过程中（包括人均排放量最大的美国）。在具体措施上，也强调了发达国家对发展中国家资金支持的义务，以及很大程度上保留了前文所述的《京都议定书》中设计的协助各国完成减排任务的灵活机制。但是，最近的研究表明，《巴黎协定》中各国制定的减排目标即便实现了，温度上升低于工业革命前2摄氏度的目标依然无法实现，更不用说1.5摄氏度，并且各国实施的进度都很缓慢。在2018年10月，政府间气候变化专门委员会发布了《全球变暖1.5℃》的报告，其中指出，如果保持在现有排放水平，在2032年至2050年间全球升温就很大可能会达到1.5摄氏度①。

2019年《牛津字典》将"气候紧急状态"选为年度词汇，以自下而上的方式解决气候问题的趋势进一步下沉和加强。但对于全球控制气候变化的努力而言，2019年依然是令人失望的一年②。各种极端天气现象越来越频繁。美国加州遭遇了山火，欧洲和澳大利亚都经历了创纪录的热浪，而澳大利亚还经历了1902年以来最严重的干旱，亚马孙雨林也遭遇了大量的森林大火，其中巴西的火灾比前一年增加了80%，引发了全球对于亚马孙这个全球气候变化至关重要的森林的关注。甚至处在北极圈的格陵兰岛也遭遇了热浪，从2019年7月30日至8月3日，格陵兰岛的90%的冰面都在融化③。21世纪第二个十年的平均气温创造了有记载以来的最高纪录。2019年的二氧化碳排放量继2018年创历史新高后再次升高，其中2019年5月是人类有史以来最高的水平④。《纽约时报》在2019年末的一篇社论不无忧虑地指出，气候变化还在加速，马上要到不可挽回的境地了⑤。

---

① https：//www. ipcc. ch/sr15/.

② NOAA National Centers for Environmental Information, State of the Climate：Global Climate Report for Annual 2019, published online January 2020, retrieved on July 10, 2020 from https：//www. ncdc. noaa. gov/sotc/global/201913.

③ Tom Di LibertoMichon Scott, "Europe's rogue heatwave melts Greenland", Climate. gov, August 14, 2019, https：//www. climate. gov/news - features/event - tracker/europes - rogue - heatwave - melts - greenland.

④ Patrick Galey, "415. 26 parts per million：CO_2 levels hit historic high", Phys. org, May 13, 2019, https：//phys. org/news/2019 - 05 - million - co_2 - historic - high. html.

⑤ Henry Fountain, "Climate Change Is Accelerating, Bringing World 'Dangerously Close' to Irreversible Change", *The New York Times*, Dec. 4, 2019, https：//www. nytimes. com/2019/12/04/climate/climate - change - acceleration. html.

2019 年政府间气候变化专门委员会发布了三个报告，包括《2006 年国家温室气体清单指南方法学报告：2019 修订》、《气候变化与陆地》和《气候变化中的海洋和冰冻圈特别报告》。后两个报告描绘了气候变化对于陆地、海洋等生态系统的影响。气候变化可能带来粮食安全、生物多样性、海平面上升、洪灾与干旱、热带气旋增加等危机。人类如果不采取有力行动，将面临巨大的灾难。9 月在联合国总部举行了联合国气候行动峰会，联合国秘书长古铁雷斯敦促各国采取可行措施实现《巴黎协定》中的承诺，而一些国家和团体也承诺会在不久的将来实现碳中和。年底的气候大会则又是一次让人失望的大会，关于碳排放的市场和削减排放的决定被推迟到下一年的气候大会。唯一的亮点也许是有更多的国家和团体承诺了在 2050 年实现零排放，包括了欧盟的“欧洲绿色新政”（European Green New Deal）。除了全球性的组织外，各国政府的努力依旧严重不足。美国的特朗普政府公然否认气候变化，并阻止联邦机构采取政策应对，甚至还削弱了一系列奥巴马时期制定的环保措施。而同样是代表民粹主义的巴西总统博索纳罗也否认了人为气候变化的事实，并取消了许多保护森林和环境的政策①。

2019 年关于气候变化最为正面的消息也许是人们对这个问题的意识大大增强了，而这主要是由于以瑞典少女格蕾塔·桑伯格为代表的全球年轻人举行的大规模跨国气候集会游行。在民意推动下，5 月，英国政府率先作为一个国家政府宣布了气候变化的紧急状态，并在 6 月新修订了《气候变化法案》，确立了到 2050 年实现温室气体净零排放的目标，也使得英国成为全球首个以法律形式确立净零排放目标的国家。其他几个国家，包括欧洲议会也宣布了类似的气候变化紧急状态。大量地方政府也做了同样的宣布。由于国家政府受到国内政治的制约，气候变化应对不得不继续下沉到地方政府各自的努力。11 月，超过 11000 名科学家宣布地球毫无疑问面临着气候紧急状态②。对各国政府而言，宣布气候紧急状态不难，但是设计出能为各方接受的解决方式却似乎遥遥无期。

---

① Ishaan Tharoor, “Bolsonaro, Trump and the nationalists ignoring climate disaster”, *The Washington Post*, August 23, 2019, https://www.washingtonpost.com/world/2019/08/23/bolsonaro-trump-nationalists-ignoring-climate-disaster/.

② Justine Calma, “2019 was the year of ‘climate emergency’ declarations”, *The Verge*, Dec 27, 2019, https://www.theverge.com/2019/12/27/21038949/climate-change-2019-emergency-declaration#:~:text=A%20rapidly%20changing%20climate%20drove, states%20of%20emergency%20in%202019.&text=That%20month%2C%20more%20than%2011%2C000, its%20word%20of%20the%20year.

三、气候变化：困局

在气候变化的讨论中，对气候变化重大威胁的描述与各国采取的有限措施之间强烈对比也许是令人难以理解的。一方面，绝大多数国家和政治家都认可气候变化的威胁是严峻的，事关人类存亡；另一方面，在解决气候变化问题上，各国又显得谨慎犹豫，斤斤计较于细节。这既有气候变化作为一个问题的特征，也反映了当今国际体系对于合作解决人类共同问题的巨大缺陷，而西方“自由民主” + “市场”的社会制度也暴露了严重缺陷。

首先，气候变化是一个发展中的科学问题。从科学家们最初提出人为因素导致气候变暖到现在不过半个多世纪，甚至二氧化碳等温室气体的超量排放也是20世纪后半叶最为明显。有限的数据加之气候系统又极为复杂，所以各种严峻后果都依赖于各种计算模型和推断，因此关于气候变化的科学有一定的不确定性，而这也是政府间气候变化专门委员会需要定期总结评估各项科学进展的原因。即便有97%以上的科学家都认可了人为原因导致地球急剧变暖，也有怀疑论者质疑气候科学，认为这不过是自然变化的一部分。这在美国极为明显，作为主要政党的共和党否认了气候变化的科学性，更糟糕的是，气候变化也成为了美国国内身份政治的一部分，保守派人士完全拒斥把应对气候变化纳入政治议程。美国的气候怀疑论还传播到了其他国家，尤其是加拿大等国，影响了民众对相关政策的支持。如何将科学的准确性语言与政治传播所需要的确定性相结合是应对气候变化所需要考虑的一个问题。

气候变化的短期后果与长期后果之间的差别也是一个内在问题。虽然气候变化的中长期后果极其严峻，但是短期来看并没有太明显的后果。也就是说，当下的人可能缺少紧迫感，也难以说服人们去采取严格的措施。此外，工业革命以来，人类经济发展与化石燃料的使用之间是有直接的相关性的。人类社会的运转离不开这些大量排放温室气体的物质的生产和利用，人类的各种经济活动都会产生温室气体。按照目前人类经济运行的物质基础和模式，减排很大程度上就意味着降低经济发展速度，这对于所有国家都是一个艰难的取舍，尤其是对于仍然处在发展初期的大量发展中国家而言，而即使在发达国家，经济发展也是选民们最为重视的指标。

更严重的问题可能是，解决气候变化是一个典型的公共产品，对于公共产品而言，成本和收益之间难以匹配。即便一方不愿意支付成本，其他方也不能拒绝他使用这个产品。一个国家是否采取了措施减少温室气体排放，都不影响它最终享受到气候变化减缓带来的益处。这是一个典型的“搭便车”问题。如果没有机制可以在成本跟收益间建立直接联系，那么各方都会希望其他人多付出，而自己少付出。当前《巴黎协定》自下而上的规则，很大程度上是利用国际声誉来迫使国家采取减排措施。由于缺少有约束力的措施，对各国自行提交的减排目标只有国际舆论压力这个微弱机制。当然，在当前的国际体系下，即便是有法律约束力的目标也没有机制来执行。最终而言，每个国家都有选择退出相关协议的权利。很大程度上，当前世界体系仍是一个无政府状态。

气候变化本身带来的严峻后果对于每个国家而言是不同的，这也使得应对气候变化这个公共产品的提供更为艰难，而且对政策工具的偏好也有不同。虽然各国都公认气候变化是全球问题，但是实际上各国的问题并不相同。对于岛国而言，气候变化带来的海平面上升将是灭顶之灾，大规模减缓排放是解决其问题的唯一可能。而对于大国而言，气候变化带来的损失即使巨大，它也有更大的政策腾挪空间，甚至可以等问题出现以后再进行解决，它们的偏好可能就在于适应而不是减排。沿海和内陆国家也不一样。经济结构的差异也会不同，比如，大规模减排对于产油国而言是难以接受的。这些差异使得各国在气候变化上的举措上更难以达成一致。

气候问题也涉及权利冲突的问题。一方面，它涉及发达国家与发展中国家之间的权利冲突。从历史上看，目前大气中累积的二氧化碳绝大多数都来自发达国家（见图 10.5）。因此，发达国家应该承担较大的责任，而这也是《联合国气候变化框架公约》所确认的原则，也是《京都议定书》中只有附录 1 国家有减排目标的原因。但是发展中国家的经济发展也意味着温室气体的排放会有增加的过程。所以，发达国家认为，发展中国家尤其是几大新兴经济体的碳排放如果不受控制，那么最终而言单靠发达国家减排是不足以实现气候目标的。毕竟，随着世界经济格局的变化，发展中国家在世界经济版图中越来越重要，而由于发展中国家的技术发展水平降低，单位 GDP 的能耗也要远高于发达国家。因此，某些发达国家，尤其是美国反对只要求发达国家减排的协议。而发达国家与发展中国家之间的冲突也是在哥本哈根气候峰会中的主要冲突。

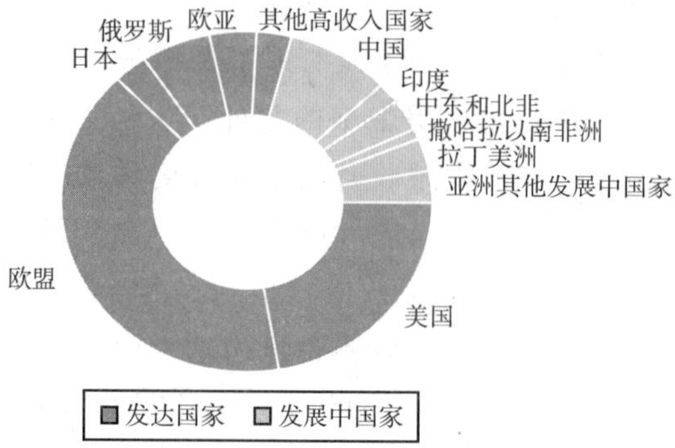

图 10.5 1850—2011 年二氧化碳排放量各国/地区占比

资料来源：Center for Global Development：Developed Countries Are Responsible for 79 Percent of Historical Carbon Emissions，https：//www. cgdev. org/media/who - caused - climate - change - historically.

另一方面，气候变化也涉及代际权利的问题。前文已论及，气候变化的后果对于中长期更为严峻，而对于当下的直接后果则更少。而为了应对气候变化，如果不在当下就采取严格的措施，在升温达到拐点以后，中长期就无法应对了。所以，应对气候变化需要当代人付出成本，而受益者是后代。但在面对当下其他紧迫问题的时候，又有多少人愿意将后代的问题优先呢？而政治上的优先性问题使得国内政治也进入了气候变化的应对之中。当前的政治体制无疑都是优先应对当下急迫问题的，毕竟政府的合法性首先是建立在解决当代人的问题之上的。不仅在国际层面上成本收益分摊不一致，在国家内部，尤其是大国内部，不同地区和人群对于气候变化的应对也有不同的成本收益计算。不同地区受到气候变化威胁程度是不同的，不同行业也有不同利益。临海地区跟内陆地区有不同的偏好，发达地区与不发达地区也不同，而能源行业与其他行业也不一致。气候政策的国内分配后果必然导致国内形成不同利益集团之间的冲突。而在不同的政治体制下，这些国内利益冲突也在不同程度上影响了气候政策的有效性和连续性。在西方的民主—市场体制下，政策的有效性和连续性都会受到当下不同利益集团权力大小的影响。因此，这些国家的政策往往难以保持连续。最明显的例子莫过于美国，在强大的能源利益集团游说下，美国对于气候变化的政策是发达国家中最弱的，而即便这些政策也往往因为政府更迭而巨变。克林顿政府虽然签署了《京都议定书》，但是由于国内政治的阻力也不得不束之高阁，而继任的小布什则直接拒绝了这份协议。奥巴马政府花费了巨大精力谈判和签署的《巴黎协定》在特朗普上台后旋即抛弃。西方的政府模式决定了其难以进行长期投入，反复的选举使得政客们极为短视，他们更为关注那些能够在一个任期内能够有明显结果的政策，没有动力也没有能力去进行长期的政策战略规划。而对于许多发展中国家而言，国家能力也是个巨大问题，无能的政府也使得气候变化政策难以有效地实施。

气候变化也与其他国际问题相关联，使得应对气候变化更为艰难。由于政治解决的困难，技术上解决气候变化的选项就变得有吸引力。比如，如果可以大规模应用绿色能源，那么经济发展与气候问题之间的矛盾可以很大程度上解决。困扰绿色能源普及的问题除了技术问题以外，还有成本问题。不过，在过去几十年间，人类在绿色能源技术的发展和推广上取得了巨大进展。从 2010 年至 2018 年，在岸风电价格下跌了 35%，太阳能发电价格下降了 77%①。在许多地方，绿色能源的价格已经低于传统能源，这也意味着世界转向清洁的绿色能源具有了经济上的可能性，这对解决气候变化问题具有非常重大的意义。而这种变化，很大程度是由于中国的产业政策和工业能力与西方技术的结合②。但是，美国在其最新公布的国家战略和国防战略中都将中国视为其霸权的最大威胁和最大竞争对手，并在技术上对中国进行全方位遏制，打压双边科研合作。这种霸权主义行径加大了地缘政治风险，无疑给世界联合解决气候变化问题增添了额外困难。缺少了大国之间的配合，绿色能源的发展和大规模应用将被推迟，气候问题的解决也将失去现实可能性。地缘政治可能会成为人类应对气候变化的另一难以摆脱的困局。

四、展望：出路

许多研究者都指出了气候变化的威胁与人类现有的努力之间并不匹配，但是应对气候变化的困局也使得短期内发生大转变的可能性很小。当前，国际和许多国家的国内政治体制都无法应对气候变化问题。各国政府很大可能还是继续当前的模式。更为现实的出路可能还是找到一个将温室气体排放与经济发展相分离的技术路线，中国的绿色能源技术结合特高压输电技术以及

---

① IRENA (2019), Renewable Power Generation Costs in 2018, International Renewable Energy Agency, Abu Dhabi, p. 18, p. 21.

② "Solar power is now cheaper than the grid in hundreds of Chinese cities", *CNN*, August 15, 2019, https://edition.cnn.com/2019/08/15/business/china-solar-electricity-scli-intl/index.html.

整个社会的电气化将是一个最有可能的方向。中国的绿色低碳发展不仅对于国内高质量的经济发展有着重要的意义，也关系到能否为世界解决气候变化问题走出一条政治、经济和技术解决方案相融合的道路。同时，世界也需要中国的工业能力来实现绿色技术的民主化。一方面，只有中国能够使得绿色技术产品大规模生产，使得大多数国家可以负担得起。另一方面，2019 年此起彼伏的气候运动也证明和激发了大众对于解决气候变化问题的热情，或许一种真正的自下而上的气候运动能够使得气候问题真正成为国内政治的优先问题。